囚徒健身2

用古老的智慧成就再无弱点的
不败身躯

〔美〕保罗·威德（Paul "Coach" Wade）◎著

谷红岩◎译

北京科学技术出版社

CONVICT CONDITIONING Ⅱ

Copyright © 2011 Paul "Coach" Wade, Published by Dragon Door Publications

Little Canada, MN 55164, USA

www.dragondoor.com

Translation Copyright © 2014 by Beijing Science and Technology Publishing Co., Ltd.

All rights reserved.

著作权合同登记号　图字：01-2014-2095

图书在版编目（CIP）数据

囚徒健身2：用古老的智慧成就再无弱点的不败身躯 ／（美）威德著；谷红岩译. —北京：北京科学技术出版社，2014.11（2024.12重印）

ISBN 978-7-5304-7439-6

Ⅰ．①囚… Ⅱ．①威… ②谷… Ⅲ．①男性－健身运动－基本知识 Ⅳ．①G883

中国版本图书馆CIP数据核字(2014)第226904号

策划编辑：王宁波		电　　话：0086-10-66135495（总编室）
责任编辑：邵　勇		0086-10-66113227（发行部）
责任校对：贾　荣		网　　址：www.bkydw.cn
图文制作：艺典华章		印　　刷：北京宝隆世纪印刷有限公司
责任印制：李　茗		开　　本：720mm×1000mm　1/16
出 版 人：曾庆宇		字　　数：300千字
出版发行：北京科学技术出版社		印　　张：17
社　　址：北京西直门南大街16号		版　　次：2014年11月第1版
邮政编码：100035		印　　次：2024年12月第21次印刷
ISBN 978-7-5304-7439-6		

定价：79.00元

献给皮特（Pete）：

谢谢你给了我一台电脑，并编辑了我写下的每个词；

还给我准备了一个账号，让我可以收到薪水。

第一天，你甚至给了我一支铅笔用于写作!

若没有你和斯特拉（Stella），这一切都不会发生。

你我虽非亲兄弟，却是真兄弟。

声 明

　　没有健康，体格和力量便毫无意义。只要你的锻炼方式正确，这三者自然会同步发展。锻炼者的个人情况各不相同，需要也千差万别，但本书处处都在强调安全锻炼的重要性。小心行事，对自己负责——你有责任好好照顾自己的身体。所有医学专家都认为，锻炼者在根据计划开始锻炼之前应该先咨询医生。切记：安全为上！

　　本书并非传记，书中介绍的人物及他们的姓名、故事和生活环境或有所变动，或已经全部改变。不过书中的锻炼技巧、锻炼方法、锻炼理念等都依然可靠。只要付诸行动，你一定会出类拔萃。

序　言

殊途同归

布鲁克斯·库比克（Brooks Kubik）

在写过数十本有关力量训练的著作与训练教程，还有数以百计的训练方面的文章之后，我才敢轻松接受给他人著作撰写简短序言的任务。说到这本书，保罗·威德做了重体力活，撰写了200多页书稿，我就偷偷懒，聊赘数言。

保罗让我为本书作序，令我很惊讶，这就像我接受作序的任务让你很惊讶一样。毕竟，保罗可是写过《囚徒健身》这种致力于阐述老派体操的著作，而我写过的《绝艺》（*Dinosaur Training*）以及其他书都是讨论老派举重和重量训练的。

你可能会问："那共同之处在哪里？"

别急，听我慢慢道来。

我们先说《绝艺》一书的封面。它是一幅简单的线条画，画的是一位老派体育训练者正在把重重的大桶举过头顶。此图取自旧时的前臂与抓握训练教程，该教程由乔治·乔伊特（George F. Jowett）撰写并销售。他是老派的举重者、摔跤手、大力士以及运动员，在100年前就创了纪录，早在20世纪20年代，他就写了很多教程与著作。如果你熟悉他的著作，那么你就会知道，他是体育史上最佳、最鼓舞人心的作者之一，而且你也会知道，在这么多年当中，确实有很多很多人遵循他的训练建议而真正变得强大了。

不管怎么说，可以想象一下，我读完保罗《囚徒健身2》的书稿，再看到上面那幅线条画后的反应。虽然此书与《绝艺》的封面不同，但却都源于乔治·乔伊特的精神。

为什么一个主要撰写举重方面著作的家伙竟然给本书作序，以上就是原因。真正的联系在于，我和保罗都欣赏老派的体育文化以及旧时代运动员和大力士的训练方法。保罗和我在自己的著作中都多次提到，大多数人想到练力量与肌肉时，都误以为就该去最近的商业健身房（我在《绝艺》中称之为"布满铬和蕨类之地"），然后开始遵循最新的超级训练计划，不管那样练成的肌肉有多么好笑。换言之，他们开始进行现代的健身计

划，因一时兴奋而训练。他们使用最新的健身器械及其仿制品，运用有氧运动器械，暴饮补品，而且还遵循健身人士的增肌与减肥饮食，还常常找可以提供类固醇的人。

我不赞成这种胡扯，反倒相信旧日流行的练力量与肌肉的方式。我相信努力训练、明智的训练计划以及为了终生拥有力量与有机健康而进行的训练，也相信我称为"力量的黄金时代"流行的旧时代大力士的训练建议。力量黄金时代大约从 19 世纪 80 年代起，即法国大力士路易斯·西尔（Louis Cyr）以及肌肉极其发达、能力超强的德国人尤金·山道（Eugene Sandow）的时代，经过 20 世纪三四十年代，出现了成就辉煌的托尼·特拉佐（Tony Terlazzo）、约翰·格里梅克（John Grimek）、史蒂夫·斯坦柯（Steve Stanko）、约翰·戴维斯（John Davis）以及其他人，然后到了 20 世纪 50 年代，这是雷吉·帕克（Reg Park）、汤米·科诺（Tommy Kono）、道格·赫本（Doug Hepburn）与保罗·安德森（Paul Anderson）的时代。

保罗似乎与我所见略同。说起来很有趣，《囚徒健身》和《囚徒健身 2》中他提到的很多人，都是我在各种著作和教程中写到的。我还在整理，而这也并非完整的名单，但我们两人都谈及西格·克莱恩（Sig Klein）、约翰·格里梅克、麦克锡克（Maxick）、道格·赫本、伯特·阿瑟拉提（Bert Assirati）、乔治·乔伊特、尤金·山道、托马斯·英奇（Thomas Inch）的力量、强力与斐然成就。而且，恰如保罗所言，他们每个人都是不朽的铁人，这是说他们远在使用类固醇和营养补剂之前的时代所创造的纪录，即便今日也罕有人能企及，而他们每个人都是颇有造诣的体操运动员、特技演员或把力量训练与某种高级体操结合起来的练习者。

以上就是我们的共同之处。我们两人都反对现代健身，都溯源到老派的体育文化。我们这样做，都是因为老派的东西奏效，而现代的却无济于事。我们两人都希望你——读者——也能以效果而非时尚为目标。我们都希望你能成就大事业，锻炼出黄金时代传奇运动员那样的力量与体能水平。

你手中的这本书就可以帮你练就真正的力量。明智使用，好好使用，强壮便指日可待！

敬候佳绩。

布鲁克斯·库比克

自 序

"我来这儿是为了嚼口香糖和揍人……

刚好口香糖吃光了。"

——罗迪·派彭（Roddy Piper）在电影《极度空间》（1988）中的台词

在大家钻研这堆笔记、旁门左道、苦口良言（有些人很给面子，称此为"著作"）之前，我觉得还需要有言在先。

首先，如果你想找一些基本的训练力量或锻炼肌肉的方法，那可以免读此书——你会在《囚徒健身》中如愿以偿。在《囚徒健身》中，我已经把囚徒们如何运用自身体重练就最大的力量与肌肉的技巧倾囊相授，尤其是那些老派的家伙，他们早在健身器材进入监狱前就在里面待着了。

自从《囚徒健身》一书上架以来，读者问了我很多超出基本训练的问题。比如：

- 身体的细枝末节如何训练？比如颈部、前臂和小腿？
- 如何训练身体侧部？
- 关于练就强壮的关节你有何想法？
- 囚徒依靠狱中饮食如何变成大块头？
- 囚徒处理伤痛有何秘诀吗？
- 监狱里的精神训练如何？

关于这些问题的答案，我都囊括入本书之中。如果你想知道这一类事情，那么，请君捧读。（老兄，能买就更好了，我也可以有进账。）

这让我想到了对读者的第二点告诫。你可以在网上看到成千上万有关力量与健身的书，但本书与之不同。那些书的作者，动辄证书数十本，可能还有博士头衔，有个人网站，还有 YouTube 账号。

那不是鄙人的风格。

如果你想听到下面这些扯淡的废话：

- 举重
- 做 3 组，每组 10 次
- 拉伸
- 每天 6 次进食

- 大量摄入蛋白质

那么，读本书就是浪费时间。我不会讨论这些内容。实际上，我所说的话常常与现代健身行当认为可以接受的想法正相反。（这也正是此书为何奏效的原因。）

直言不讳，我没有证书，也没有官方资质，而且你也不会在 YouTube 上发现我。我不会假装有营养学或人体运动学方面的学位。如果你想要这些的话，那可能会无功而返。

我在狱中学成出师，在美国最难熬的监狱度过近 20 载。我并不引以为豪，也不想美化，但事实如此。我没法向你讲述任何最新的健身器械、营养学或生物化学方面的研究或者新流行的锻炼方法等等。

我可没说可以教你"专家"和私人教练会同意的东西，也不想引起争论。我只是想（尽最大努力）教你我在狱中所学的东西。

请诸位读此书时心存此念，对于有争议的内容，不要太激动，也不要太苛刻。我只想请大家读一读它。如果你不喜欢，那也别当真。如果看着还能入法眼，那就试试，检验一下，不妨用用。

书中内容对我们奏效。保不准，对你也奏效呢？

保罗·威德

目 录

第三部分 狱中箴言

额外章节

把自己关进牢房

想象一下世界上最硬派的健身房。

• 想象这样一处地方，这里没有女人，只有男人在锻炼，就好像他们的生死都依赖于此。这是一个没有正常政治氛围的环境，在这里，锻炼可不是图花哨，也不是为了获得可爱的肌肉或廉价的奖杯，而是为了得到无所畏惧的野兽的力量和可以派上用场的竞技能力，拥有纯粹生猛的强健身躯。

• 想象这样一个"健身房"，在这里，你绝大多数时间都接触不到新的训练器械或华而不实的小工具，所以，也就不会从生猛的自身体重训练体系——这是人类已知最原始、最有效的健身形式——分心。这样的地方，没有果汁小店，没有空调，也没有其他奢侈品。毫不夸张地说，在这里，你被独自囚禁在汗水、挣扎与奋斗之中，没有观众，无人喝彩，只有属于你自己的强大肌肉与心灵。

• 设想一下，这个地方被隔绝在外界过眼云烟一般的健身时尚之外，人们真正关注的只有竭尽全力的日常锻炼以及快速而有效的结果。

假如这样的地方果真存在，只需想象一下就知道，在这样的环境中锻炼身体，你能收获什么以及你真正是什么。

事实上，这样的地方的确存在，它们被称为国家惩戒系统，即大家熟知的监狱。

在美国各地，狭小的牢房代替了硬派的健身房。

监狱训练方法的演变

监狱里的许多健身者，尤其是那些要蹲上一段时间的家伙，经常从其他老囚徒那里学习健身方法，而这些老囚徒则从更早进来的犯人那里学习。在过去，犯人很少能接触到外界流行的新式器械和训练方法。监狱就像气泡，将牢房与其之外的健身界隔离开，因此，狱中孕育的训练方法被完整地保留下来。它们纯粹而有效，只为使人强健，而不是为了美学和时尚。由于接触不到训练器械或新的技巧，囚犯就自然而然地转向那些古老的、已经被人遗忘但经过千锤百炼的健身方式与技术。数百年前，在类固醇和其他锻炼方法诞生之前，这些方法就可以把普通人训练成超人了。

囚徒健身者也必须有所创新，他们经常开创一些新的方法以及有效的训练策略，而这些是外界不知道的。真正的囚徒健身者都是那些数十年如一日坚持不懈训练之人，都是寻求力量和技能极限之人，他们的经验会让你获益良多。或许再过 100 万年，你从杂志和现代私人教练那里也学不到这些秘密与诀窍。

保罗·安德森使用伏地挺身（下斜）强化上身。

狱中往事

我不谙世事，但是对狱中训练尤其是自身体重训练却熟稔在心。我在狱中度过近 20 年，起初是沾染毒品而进了圣昆汀监狱，后来又因为涉嫌参与狱中非法交易而"升级"至联邦监狱。我并非以此为荣，只是事实的确如此。在这期间，我做了 25 万次俯卧撑，还有差不多同等数量的自身体重深蹲。

狱中岁月，锻炼身体就是激情所在，我甚至痴迷于此。正是因为锻炼身体，我头脑清醒，而且直到现在我依然身体健康也有可能受益于此。我不拘泥于此，转益多师，这其中有前海豹突击队队员、海军陆战队队员、空手道练习者。不过，我更愿意向老囚犯学习，那些在牢房里把自身体重训练视为宗教信仰的前辈囚徒。

这些年里，我掌握了在囚徒中代代相传的自身体重锻炼方法，而且还传授给其他囚徒。我的体系来源于更古老的监狱体操，是其中最正宗（并且有效）的精华。而所谓更古老的监狱体操，历史悠久，在监狱中配置健身器械之前就已兴盛。这套体系基于最佳的自身体重训练方法，所需器械最少（或根本不需要），循序渐进，强度极大。狱中锻炼必循此路。

囚徒健身体系

我在狱中所学与外界宣扬的恰好背道而驰。大多数现代私人教练都视体操为"轻而易举"的活动，或仅仅是热身而已。但对狱中锻炼者而言，体操则是以力量为基础的。

力量是基础。你可以按照我的方法练就非常人的耐力，奥运会运动员一样的平衡性与敏捷性，甚至是惊人的反应速度——但力量是中流砥柱。毋庸置疑，如果你专心于力量训练，必定受益匪浅。如果你还没有通过练习普通俯卧撑建立起肌肉力量的稳固基础，就不可能通过击掌俯卧撑练就爆发力和速度。没有力量，就无法练就极佳的耐力。或者说，如果你不够强壮，却尝试通过数小时练习深蹲、俯卧撑、立卧撑来培养耐力，那么只会伤到自己而已。这也就是为什么最基本的、最强悍的动作——狱中力量练习之六艺——构成了整个囚徒健身体系的核心。其他理念都是从六艺衍生出来的（参见上页）。

变得更大更强——进阶指南

《囚徒健身》完全致力于打造基础的力量体系：六艺十式，连同诸多有用的变式练习。本书则随之深入，致力于高级力量体操。（我起初打算一本书就讲完囚徒健身体系，但篇幅实在太大，所以我一分为二。这样也有好处，可以使论述更为集中，本书中只包括高级力量体操。至于该体系中的生存力和人体动力学部分，只要你说出自己想要的东西，就可以自己找到相应的内容。）

高级力量体操并不能取代六艺，而是从六艺衍生出来的。力量与肌肉增长并不是来自华而不实的方法、复杂的技术或是伪科学的路数——那些都不过是骗人的“万灵药”而已。的确，整个身体的变化都来自持之以恒、循序渐进地致力于《囚徒健身》中的基本全身练习。这些基本动作及其变式留下了极大的创造余地；随着不断进步，你就可以改变次数、速度、训练计划等。这一点你可以信任我，《囚徒健身》可以终身使用，让你获益匪浅。

即便如此，但随着进步，健身者经常会有深一层的疑问。他们所需要的信息，通常可以分为以下 3 类。

1. **专门部位**。双手、颈部、小腿、侧腰等等。
2. **关节训练**。肌腱力量、灵活性、减少疼痛等等。
3. **生活方式建议**。减肥、康复、心理等等。

这 3 个领域，就是本书的主题。

本书第一部分为“支援肌肉”。《囚徒健身》包括很多锻炼身体主要肌肉与小块肌肉的内容，但有时，这些小块肌肉，尤其是前臂、侧腰、颈部、小腿的肌肉，由于种种原因而需要专门训练。这一部分的章节犹如琳琅满目的锦囊，里面尽是秘诀、练习以及少有人知的技巧与设备介绍，以此就可以把那些（通常较薄弱的）部位直接提升到“超人”级水平。这些是我在狱中所学的全部技巧，其与《囚徒健身》“少器械—大收获”之理念一脉相承。

现代健身文化中最容易忽视的内容就是关节训练。当你变得更强大时，这一点体现得就更加明显：健身者成为资深人士后，他们的关节和肌腱承受的压力也变得更大。充气般的健身者可能有大块肌肉，但他们的关节通常很脆弱，并经常感到疼痛，锻炼给他们带来了僵硬的、不自然的动作与易于受伤的韧带。

这就是体操的优越之处。老派体操的套路会强化关节与肌腱，久而久之，使之强壮而非脆弱。本书第二部分"刀枪不入的关节"将为你展示如何锻炼出最强的关节，同时消除那些旧伤疼痛——一劳永逸。此外，我将与你分享狱中关于拉伸的传统观念。老派体操是要强化你的关节，而非弱化关节，但要注意——你在外界所学很可能与此背道而驰。在这个部分中，我还会教你"三诀"——我的秘诀和每天几分钟的锻炼计划，只为获得实用的灵活性和最健康的关节。

能否变成超级健身者——不管你是否对运动和个人发展感兴趣，或是否每天 23 小时被禁锢在小牢房里——在很大程度上取决于你如何锻炼自己。本书第三部分"狱中箴言"着眼于通过锻炼之外的生活方式来消除锻炼带来的疲惫和痛苦。我没有资格当私人教练或生活教练，但我可以将囚徒们在这方面所学到的经验传授给你。在这一部分中，你会发现以下内容。

狱中训练可以而且确实可以造就世界级健身者。众所周知，自身体重可以锻炼耐力，但其实自身体重也可以练就肌肉与爆发力。击掌倒立撑需要超神的爆发力。

- 狱中饮食
- 规律生活的价值（靠警报生活）
- 高质量睡眠和休息的重要性
- 克制（战胜心魔）
- 对健身者来说，"简单"的益处（洁净的生活）
- 康复技巧（使用最少量药物和专业医护）

本书以探讨心灵在锻炼中的作用结尾。在健身类书籍中，大多数都略过（或完全忽略）心灵在人类生活中的巨大作用。我认为这很可能是因为人们生活在自由的环境中，有太多事情让他们分心，不能集中于旧时流行的沉思训练。像我这样的人，不得不在数千个夜里独处一室，只与自己的思想与不堪回首的回忆相伴。在这段时间里，我了解了一些心灵可能耍的花招，我也学到一些反击的策略。希望在你自己的锻炼过程中，这些经验可以派上一些用场。

本书还包括一章额外的章节。自从出狱之后，人们向我询问了很多与重量训练相关的问题。看起来，似乎这是一个经久不衰的话题。我只熟悉老派体操的锻炼方法，但人们相当急迫地希望从我这里得到答案，所以我在最后又加了一章，名为"监狱里的健身房"，希望能解答你们心中的疑问。

熄灯！

你知道那些最想变得结实的家伙，在锻炼上所犯的最大错误是什么吗？是浮躁。从一种方法换成另一种方法，走马观花，不停地改变锻炼计划。每当有新工具或锻炼技巧出现的时候，他们就会放下正在练习的内容。像这样不停转换目标与方法，无异于断送自己的健身之路。世上最不可思议的健身者，是那些在自己的囚室里单独训练的囚徒。这些人之所以能成为最好的健身者，并不是因为他们天赋异禀，也不是因为他们能找到世界级教练，更不是因为他们拥有尖端的营养方案和食品，而是因为他们持之以恒地用一种方法锻炼。

方法更换得越少，对外界依赖得就越少；对基础越重视，收获就越多。随着你水平的提高，这条真理不会渐渐失效，而会越来越实在。当你变得更强大时，就要抵制更多可能会诱惑你的因素——无论是重量还是器械。要专注于最基础、最自然的动作练习，不要违背自然。人类的抓握力来自进化过程中把身体悬吊在树上的需要。想要拥有最强大的抓握力吗？那就把那些握力器、特殊的重物和弹簧类器械都丢进垃圾桶吧，然后实实在在地把自己悬吊起来。你想变瘦么？那就抛开减肥药、昂贵的补品和复杂的饮食计划，回到传统的一日三餐吧——像囚徒一样。

明白了么？好，现在把自己关起来，我们开始锻炼吧。

- 第一部分 -
支援肌肉

自身体重训练之六艺，将锻炼你身上所有的主要肌肉，包括大腿、腹部、背部、胸部、肩部、上臂肌肉。这些部位是人的力量真正的基础。但有时在身体末端的小块肌肉也需要强化强化，我是说那些经常被人忽略的部位，比如前臂、侧腰、颈部和小腿肌肉。古代的狱中健身者称这些肌肉群为"支援肌肉"，因为它们通常对主要肌肉有不可或缺的作用。

这部分浓缩了囚徒健身者锻炼小块肌肉的方法和技巧，确保把你纤弱的支援肌肉练成威猛的加农炮。

第二章 仅用两种技巧获得终极力量

钢铁般的双手与前臂

手与前臂训练经常被力量训练者边缘化。许多健身者甚至是专业人士都不擅长训练自己的手与前臂。导致这一现象的原因是他们认为前臂在划船、引体向上和弯举等练习中已经得到了足够的间接锻炼；而双手也在抓握横杠等力量训练中得到了超额的锻炼。

我不同意这种看法。

任何一位工程师都会告诉你，要想知道一台机器有多强大，即它可以做多少工作，你无须看它最强的部分，只需看它最弱的部分。任何系统，即便是简单的链条，其强度也只取决于其最弱的一环。这也同样适用于人类的身体。可惜，大多数现代人都双手缺乏力量，这限制了他们全身作为一个整体的力量发展。随便走进一家健身房，你就会看到一些家伙在做推举或拉力练习时，手腕上缠着腕带和钩子以帮助他们抓牢杠铃。他们可能会告诉你，这样做可以拉举更大重量，但事实并非如此。他们本来就可以举起这样的重量，只是双手力量小才拖了后腿。相信我，如果你需要腕带和钩子才能激发你的身体潜能，那不是一件好事。这样做制造了虚假的最佳锻炼状态，会将锻炼者引入歧途。你可以在健身房里进行这种毫无意义的虚假行为，但在现实生活中怎么办呢？如果你必须花点时间做体力活儿，或是在紧急情况下亲手搬动一些东西，那该怎么办呢？那些骗人的小玩意、小把戏可不会帮上你的忙。

过去的大力士绝不会有这种困扰。其实，几代前的人通常都有着比今天的人更强壮的双手。那个时代，提举重物靠的不是液压机，人们不得不卷起袖子，亲自上阵，而不是像现在一样靠技术解决。这些人在矿山、铸造车间或室外农场一干就是几小时。因此，我们的前辈拥有厚实和生满老茧的双手，强壮的肌腱和强有力的前臂。那是健康的、可以派上用场的双手。当这些人去进行锻炼时，他们肯定不需要腕带和钩子。但是，现在人们对双手的运用看起来只限于敲击键盘和开啤酒瓶盖而已。

强壮而有耐力的双手是极为有用的。无论是打开罐子还是拔出拧紧的螺丝钉，都需要强壮的双手和前臂。对力量型运动员而言，强有力的双手甚至更加重要，因为举起杠铃或哑铃都需要使用双手。甚至，最好的腿部练习——如硬拉或哈克深蹲——也需要你先用双手抓起杠铃。对体操来说，也是如此。没有强大的双手与前臂来支撑你的体重，你就无法完成引体向上。没有极为强大的手指与手掌，你不可能完成自由倒立——更不用提像指尖俯卧撑之类的专家级技巧了。忘掉体操环或双杠上那些令人印象深刻的技巧吧——一名双手无力的体操运动员甚至无法完成那些教给小孩子的基础动作。摔跤手与

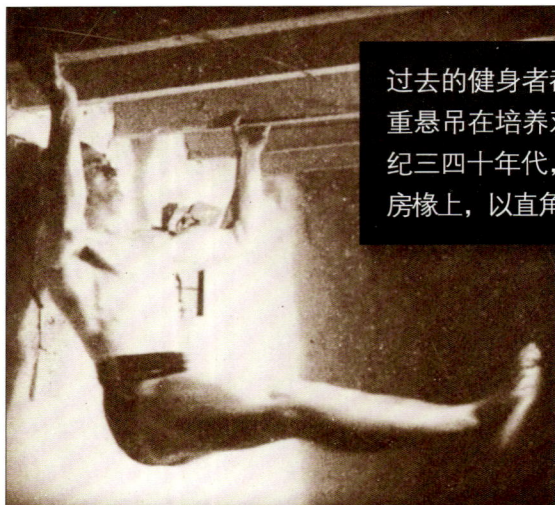

过去的健身者都深知强有力的双手的价值以及自重悬吊在培养双手力量上的作用。图为在 20 世纪三四十年代，阿勒·伯杰（Al Berger）悬吊在房椽上，以直角支撑的方式进行引体向上训练。

武术家也需要强大的双手来提升抓握能力。在基础力量与运动能力方面，无力的双手几乎会限制你要做的一切。

现代方法？忘记它们吧！

不足为奇，在现代运动员之中强有力的双手和前臂是难得一见的。要想知道为什么，就先去看一看当今健身界所推崇的方法。现在，健身房里最流行的两种手部练习就是腕弯举和反握腕弯举。腕弯举只能用较轻的重量练习，它们对于训练手部力量实际效果微乎其微，但从好的方面看，对于旋转你的腕部大有帮助。反握腕弯举主要锻炼前臂的肘关节附近肌肉，忽视了双手、手腕和手指。而且，由于杠杆原理，只允许用较小的重量练习。反握腕弯举所用重量仅为腕弯举的一半。除非你服用大剂量的类固醇，否则，这种小儿科的练习其实根本无助于增大你前臂的力量与肌肉。

在当今的健身房里，几乎没有人知道如何恰当地锻炼前臂，这有点儿讽刺，因为前臂比任何其他肌肉群（脖子除外）都更经常展示在外。当然，这也是锻炼前臂对囚徒来说如此重要的原因之一。结实而强壮的前臂是令人生畏的——这也是前臂仍然为文身的首选部位的原因之一。

老派健身法中的前臂练习

许多囚徒，尤其是二三十年前的囚徒都具有强健有力的前臂，原因之一就是他们知道如何运用合适的自身体重方法训练前臂。好消息是，如果你正投身于自身体重训练之中，那么你已经领先于其他大部分健身者了。尽管大多数健美人士使用器械、绳索或者哑铃来锻炼前臂肌肉，但是，力量型体操运动员不得不选择使用更重的东西，也就是他们的身体。不管你信不信，一般的从健身房里锻炼出来的、抓握力弱的家伙在那种训练下撑不了多久。仅仅是悬吊在单杠上练举腿就能在很大程度上强化手指与抓握力量。

引体向上的好处就更是显而易见。对前臂来说，引体向上是一项绝佳的基础训练。它不仅需要你抓在杠上以支持体重，而且当你弯曲肘部拉起自身时，前臂的大量肌肉都会得到锻炼。受到刺激的肌肉主要是沿着前臂外侧分布的肱桡肌，还有位于上臂肌群深层的肱肌。肱桡肌占据了前臂肌肉的 1/3，肱肌则位于肱二头肌之下，因此当肱肌增大时，会将肱二头肌往外推，使你的上臂看上去更加粗壮（阿诺德·施瓦辛格就有着异常发达的肱肌）。

尽管扎扎实实地进行引体向上训练（详见《囚徒健身》）会增强你的手与前臂力量，但是你应当知道，只需少许额外的训练，你就能将自己的前臂力量提升到一个完全不同的境界。实际上，只需按本章内容进行 6 个月的特别训练，就将使你在手部力量与健康方面领先健身房里那些家伙数光年。同时，那些训练也能够增大你前臂的肌肉。在本章中，我将教你如何把手和前臂锻炼到不仅仅是强大，而且是超人般的强大——手腕、手指、拇指、肌腱都将强大到达到它们的遗传极限。要实现这一目标，只需要从一项基础训练——悬吊开始。

为什么核心技艺只有这一项？因为悬吊是你与生俱来的天赋，宝贝！

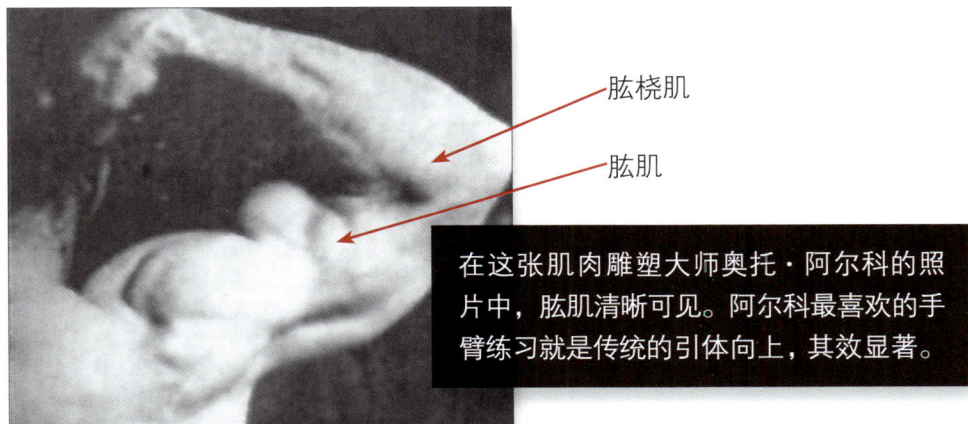

肱桡肌

肱肌

在这张肌肉雕塑大师奥托·阿尔科的照片中，肱肌清晰可见。阿尔科最喜欢的手臂练习就是传统的引体向上，其效显著。

进化与悬吊

双手是功能强大的工具，可以修好手表内部的小齿轮，也可以雕刻出《哀悼基督》这样的雕塑作品。如果没有手的复杂能动性，人类不可能成为这个世界的主导力量——没有灵巧的手指和与四指相对的拇指，最简单的技术也毫无实现的可能。手部的强大功能也反映在其解剖结构上。手像极为精密的仪器，每只手都由 120 多条韧带强化，被 30 多块肌肉控制。这些肌肉与相应的肌腱连接在 27 块骨头上（有些解剖学家认为是 29 块，这相当于长颈鹿颈部骨头数量的 4 倍！）。

尽管如此复杂，但我们没有必要跑到健身房去做十几组不同的练习来单独锻炼手上的每块肌肉。虽然手上的肌肉如此之多，但是所有的主要肌肉都已经进化到能够以自动协作的方式来完成大幅运动——比如说手的首要生存技能，悬吊。人类可以分别运用手部所有相关的肌肉完成精巧灵敏的运动（比如弹奏钢琴曲），然而也可以在顷刻之间让那些独立的肌肉一齐协同发力以产生难以置信的抓握力（比如悬挂在悬崖边缘）。

手部这种复杂的肌肉协同现象在很多灵长类动物身上都可以看到，这很可能是长时间悬挂在树上，身居高处的结果。灵长类动物通常以悬吊的运动方式在树权间移动，寻找食物和躲避天敌。似乎人类天生便适于悬挂。抓握反射是婴儿所具备的最原始的本能之一，而这个本能可以回溯到我们祖先必须抓住父母的皮毛才得以生存的时代。随着人类发展，出生时是否拥有强大的抓握能力简直是关系生死存亡的大事。随着衰老，人的抓握力会逐渐变弱；但众所周知的是，如果考虑到体型的大小，婴儿仍然被认为拥有相当强大的抓握能力（2500 年前的《道德经》的第五十五章中曾经提到婴儿的抓握能力）。甚至人的基本骨骼架构也是根据双手抓握的需要演变的。我们的锁骨就是非常好的例子。锁骨很可能是非常非常古老的返祖现象，可以追溯到脊椎动物还有外骨骼的年代。很少有哺乳类动物还保留严格意义上的锁骨，但其中有一类保留锁骨的就是灵长类，而人类是其中之一。为什么？因为锁骨可以让灵长类动物垂直悬吊而不会使肩部拉伤。很多健身界的有识之士推广这样的观念，即训练应该基于"自然"的动作以获得最大进步并避免受伤。那么，对你我而言，悬吊就是最自然的了。

平衡双手：指尖俯卧撑

就锻炼双手和前臂而言，如果说传统的前臂训练方法像慢炖锅，那么悬吊抓握就像微波炉。其效果立竿见影，而且这些效果不会转瞬即逝，而是会长时期保持。控制双手的肌肉能够获得野蛮的力量，而你可以完全释放其潜能。很多老派大力士认为，手掌力量是"永不会消退的"，我也深以为然。

悬吊抓握对发展那些用来闭合手指的肌肉和肌腱来说非常有效，但这样可能存在小小的风险，那就是这些区域相对于其对立面——那些保持手指打开的肌肉和肌腱——会过于强大，导致不平衡。比起控制抓握的屈肌，手指伸肌较小，但出于平衡力量和手部健康的考虑，对伸肌进行专项训练也是非常必要的——如果你真的想正经强化你的双手的话。

对于伸肌，我唯一的训练建议是指尖俯卧撑。指尖俯卧撑可以从根本上增强伸肌力

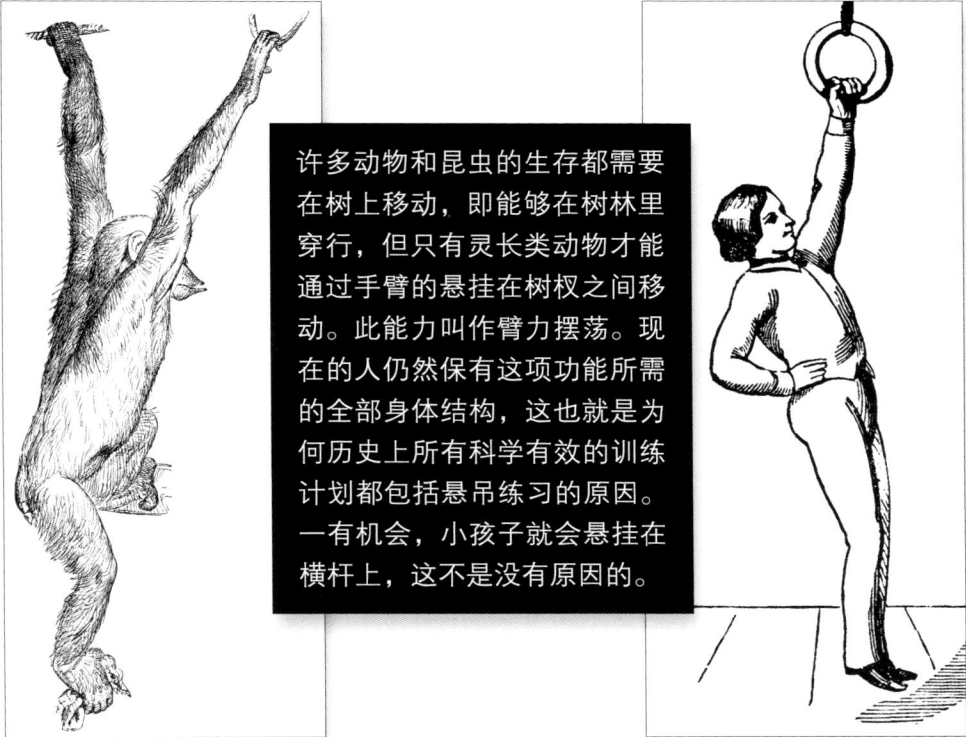

许多动物和昆虫的生存都需要在树上移动，即能够在树林里穿行，但只有灵长类动物才能通过手臂的悬挂在树杈之间移动。此能力叫作臂力摆荡。现在的人仍然保有这项功能所需的全部身体结构，这也就是为何历史上所有科学有效的训练计划都包括悬吊练习的原因。一有机会，小孩子就会悬挂在横杆上，这不是没有原因的。

量以及手和腕关节的力量，因为你必须用指尖来承受自己的体重。这种压力所增强的不仅仅是手部的肌肉和肌腱，还有软骨甚至骨头。如果你还不能够完成标准的指尖俯卧撑，别担心，我将逐步教你如何掌握这项技艺。

有些运动员以在手上绑松紧带再张开手掌的方式来训练伸肌，但这所起到的效果非常有限，而且也并不方便。指尖俯卧撑是悬吊的完美补充，因为这两种技艺都属于静力训练，都不会使目标肌肉发生位移。手部肌肉的自然运用方式便是处于静力状态的，而且静力训练还可以保护指关节以及手上易受伤的部位。

现在你应该知道囚徒健身系统训练手与前臂的秘诀了：以悬吊来增强其力量，以指尖俯卧撑平衡力量。仅此两种练习足矣，无须其他。

遥控肌肉与"柴油机"一般的前臂

当然，许多用心良苦的健身者所进行的前臂训练远远不止以上两种，但那些方法中的绝大部分都是白费力气。比如，这些健美者在他们的训练中加入各种腕弯举、反握腕弯举和杠杆动作，误以为那样能给自己的前臂增加更多肌肉。他们的想法很容易理解：前臂肌肉是用来活动腕关节的（就像肱二头肌是用来活动肘关节的那样）。乍一看，这似乎非常合理，但实际上这只是对于运动学的一种误读。前臂中绝大多数的肌肉不是用来活动或弯曲腕关节的；事实上，运动腕关节的肌肉相对较少，而且较弱；前臂中最大最强壮的那些肌肉（尤其是靠近肘部下方的那些肌肉）只有一个功能——它们属于抓握肌肉。

这听起来似乎非常奇怪：前臂肌肉是为了控制手指运动而非手腕运动而存在的。特别是你已经接受了这种概念——肌肉应该就在它所控制的关节旁边。对肱二头肌、肱三头肌、三角肌等大多数肌肉来说，这是真理；但对前臂肌肉来说，这是谬论。前臂肌肉（同时包括手掌上一些肌肉）隔着稍远的距离操控着手指，这有点像提线木偶。这是必然的，因为手指本身并无多少肌肉，它们必须以手臂肌肉远程控制的方式来进行运动。这使得手指成为人体中的一个特殊部位。我们躯体的其他部位都是被紧靠着那些部位的肌肉所带动的，而手指是人身上唯一被"远程控制"的部位。

那么，结论是什么呢？如果你想要获得强壮的前臂，那么愚蠢的腕关节训练（比如腕弯举、反握腕弯举、扭腕等等）绝不是聪明的选择。因为前臂中最强大的肌肉不是用来控制腕关节，而是用来控制手指的。所以如果你真的想给前臂增肌，就忘掉健身房式的小玩意，开始悬吊训练吧！

达·芬奇所画的前臂解剖图表明他懂得手指的"远程控制"。注意，肘部附近鼓起的肌肉附着于纤细的、如线缆般的肌腱上，肌腱则一直连接至手指。

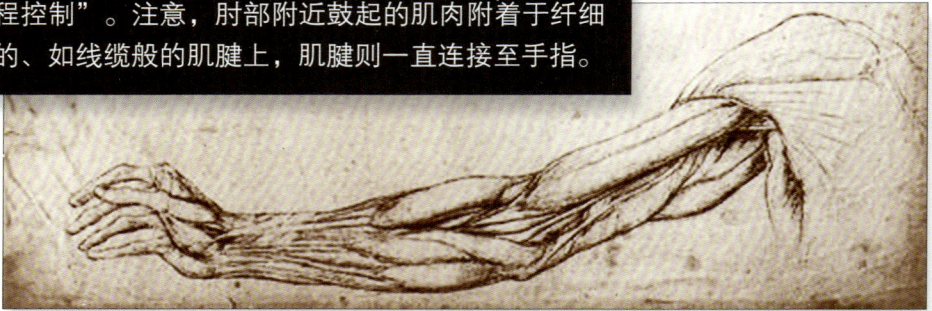

为什么要悬吊抓握？

在如今的健身房里，有各种各样的锻炼抓握力的方式。人们在使用各种设备——如哑铃、杠铃、弹簧拉力器——时都离不开抓握。如果打算锻炼抓握力，我坚持认为自然的方法就是最好的——通过悬吊，只用自身的体重而不是其他重物来训练。如果你认为这很酷，那么我想占用你一点时间，探讨一下不同的抓握姿势，并明确解释我为什么相信悬吊抓握是最好的。

力量型运动员常用的抓握方式至少有十余种。让我们来看看其中最常用、最基本的7种抓握方式，分析其利弊。

支撑抓握

向上拉起或拿住直杆并抵抗重力，拇指位于其他手指之上。

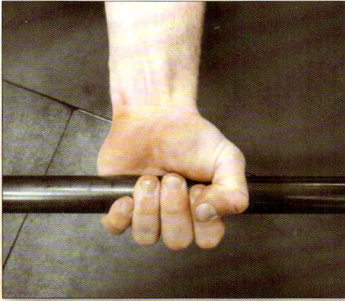

利：对重量训练来说，这是一个非常实用的姿势，经常用于大重量训练，比如单臂硬拉、铁链式硬拉等等。通过这种抓握，手指变得强壮，前臂得到发展。你可以看看举重运动员的前臂。

弊：要以这种方式开发双手的力量潜能，你必须使用非常大的重量。这将对你的脊柱、髋关节以及其他关节部位造成极大压力。此外，这种抓握姿势对拇指的锻炼效果极小。

钩式抓握

向上拉起或拿住直杆并抵抗重力，拇指位于其他手指之下。

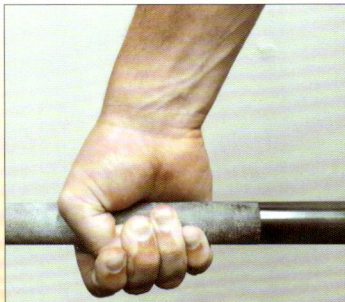

利：这是一种鲜为人知的抓握方式，只有奥运选手经常使用。将四指扣于拇指之上能够在速度突然发生变化的时候将直杆"固定"在手中。

弊：钩式抓握只不过是一种为了防止在爆发性动作中大重量直杆脱手的小技巧。它使拇指处于非常不自然的位置。比赛之外，此动作毫无用武之地。

假握

将直杆用手掌和四指握住，拇指不弯曲。

利： 假握（有时候也叫"无拇指抓握"）是健身中常用的一种抓握方式。许多健身者认为采取假握进行推举或拉力训练时会减少来自前臂和上臂的借力，给胸肌、三角肌、背阔肌等肌肉增加更多阻力。

弊： 假握很少用于抓握训练，因为它不稳固，也不能锻炼拇指，对于锻炼前臂收效甚微。

猴式抓握

弯曲手指，靠指尖或指腹拉起重物或悬吊，无须拇指的支持。

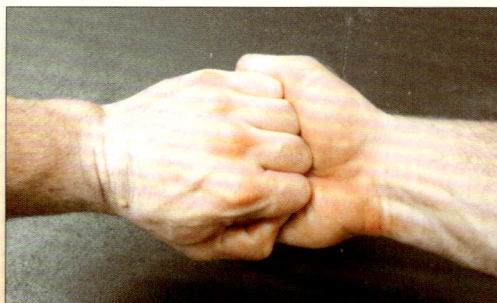

利： 在你家门板上用这种抓握方式练引体向上会很有趣。它对于锻炼强大的手指相当有效，类似于攀岩或者从边缘抬起重物时的手形。

弊： 像之前提到的那些抓握方式一样，猴式抓握对拇指的锻炼微乎其微。由于抓握时手指角度的关系，在拉起重量时，与支撑抓握相比，这种抓握方式对手掌肌肉的锻炼更少。

捏握

以四指指腹握住一个较窄的物体，与拇指共同用力。

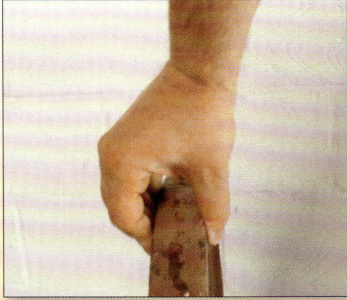

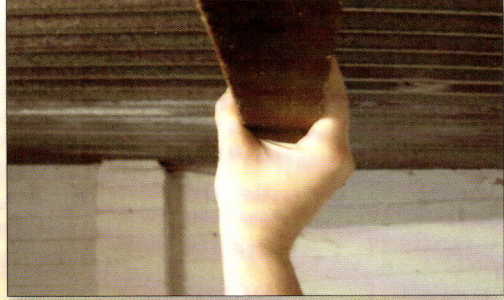

利： 捏握的好处在于它强迫拇指在运动过程中用力。仅仅因为这一点，许多认真的杠铃爱好者都在他们的训练计划中加入了捏握。

弊： 由于大多数训练者在进行捏握时手指都基本伸直，因此捏握所能够承受的重量远远小于其他抓握方式。

挤压式抓握

保持手部肌肉紧张并动态挤压手中的器物。

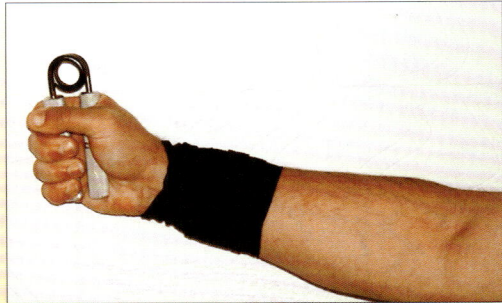

利： 这种强力抓握迫使手部肌肉进行等张收缩，而不像其他抓握那样只是保持静力状态。

弊： 挤压式抓握对手指关节的恶劣影响广为人知，因为那些关节在强大张力的作用下会被迫扭转。挤压式抓握的实际效用也值得怀疑，因为大多数竞技运动所需要的是良好的静态抓握力，而不是一次性的极限收缩式抓握力。

悬吊抓握

抓住头顶某物并让自己
垂直吊离地面。

- 悬吊抓握可以选择单杠，但是最有效同时也最困难的方式是悬吊在一条垂直的毛巾或绳索上。
- 悬吊在杠上可以让四指得到极佳的锻炼，但拇指得到的锻炼极少，进阶版的毛巾和绳索悬吊迫使训练者使用他们的拇指来维持悬吊状态。

因此，这种方式将使手部的所有肌肉都得到充分锻炼。

- 不像传统的支撑抓握——该抓握方式用于将重物从地面拉起——悬吊抓握不会对脊柱、髋关节、膝关节造成任何压力。仅此一点就令悬吊抓握优于支撑抓握，哪怕你不使用毛巾。
- 因为毛巾是有弹性的，不像刚性的金属杆，因此四指和拇指必须抓得更紧来维持悬吊。这同样可以培养手部肌肉的极限收缩能力，但又不像挤压式抓握那样全幅收缩，存在受伤危险。
- 杠铃的信徒们会说使用杠铃的抓握训练比自重悬吊要好，因为当训练者变强时，阻力渐进原理可以运用其中——杠铃杆上可以添加更大的重量。传统体操的学习者们懂得这一说法的错误之处，因为任何利用自重的力量技艺都可以渐进或升级并适用于任何人——无论他们的技术或力量水平如何。悬吊也一样。

单臂毛巾悬吊

单臂毛巾悬吊是悬吊训练的最终式。即使你已经在单杠上训练过悬吊，单臂毛巾悬吊对你来说也会非常有难度。我曾经看到一些无比强壮的举重运动员面对这一小小变式束手无策，甚至奥运冠军级别的举重选手在这一训练中也难以长时间坚持。

即使优秀的力量型运动员也难以完成这一变式，我总结为如下几个原因：首先，大多数健身房出来的举重者都习惯于哑铃、杠铃、器械等，这些设备被生产出来的时候都具备细而圆柱形的杆——这只是为了方便抓握。不幸的是，如果你追求的是怪物级别的抓握力，"方便抓握"正好与你的期望背道而驰。另一方面，一条折叠起来的毛巾比一根圆杆难抓得多。因为毛巾是垂直吊着的，而非水平的。它不会让你的手掌下部分得到休息，你必须真正地死死抓紧才能够维持悬吊。这会让你的手掌肌肉体验到如身处地狱般的快感。拿起杠铃时，只有四指得到最大锻炼；而悬吊在毛巾上时，拇指也可以得到同样水准的锻炼。没有强大的拇指和强大的手掌深层肌肉，毛巾悬吊是完全不可能完成的。而绝大多数举重者所欠缺的恰恰是——完美的抓握力。毛巾悬吊将真正体现这一力量。

熄灯！

　　如果你根本不相信我关于毛巾悬吊的话，那就试试看吧。现在就试，拿起一条大毛巾——浴巾、运动毛巾或健身房毛巾——什么都行，但是要确保那是你所能抓牢的最粗的毛巾。然后去你平时做引体向上的单杠（或是一根结实的树枝，或者其他东西）那里，把毛巾挂在上面，这样它就有刚才的两倍粗了，然后用它练习悬吊吧。要注意只能用单手哦。如果你能抓得住，那就尝试坚持抓握一分钟。

　　如果你能保持一分钟，那恭喜你——你的抓握力已经位居全世界的前 1% 了。你是这方面的精英。（下次再试试单臂毛巾悬吊，不过这次用两条毛巾，其直径再增加一倍。）如果你不能坚持一分钟，那么欢迎回到正常人类的行列中。在下一章中，我将教你如何加入那 1%。

第三章 用自身体重训练打造虎钳般的双手

悬吊八式

发展强大抓握力并掌握诸如单臂毛巾悬吊这样的高阶技艺的关键在于循序渐进地朝着目标努力锻炼。这一原则适用于一切阻力训练。如果使用杠铃训练，那么逐渐变强似乎很简单，你只需要逐渐增加杠铃片就可以了。但如果你不使用杠铃，那事情似乎就没那么简单了。如果你唯一拥有的"杠铃"是自己的身体，那么你就需要学习如何给同样的基础动作（比如俯卧撑、引体向上等）渐进性地增加难度。你可以列出一系列的动作——一个难度渐增的序列，然后一个接着一个地去掌握。

买了《囚徒健身》一书的人都会很清楚"升级系列"的意思。对于那些捧读过《囚徒健身》而又不甚了了的人，我将花点儿时间解释下列基本原则。

要循序渐进地掌握一个动作系列，你需要看看自己能操控的要素——你的设备、姿势和位置等，并且要清楚这些是否可以使练习难度增减。然后，你再统筹这些要素，由易到难地列出自己的练习项目。说来简单，是不？（看完我给你展示的训练内容之后再说。）

说到悬吊抓握训练，我们有 6 项基本要素可以利用。它们是：

1：双手悬吊 ~ 2：单手悬吊：这是变换悬吊练习难易程度的最基本方式。单手悬吊要比双手悬吊的难度增加一倍，即便是儿童攀爬架上的小孩子也清楚这一点。

3：在杠杆上悬吊 ~ 4：使用毛巾悬吊：这是变换悬吊练习难易程度的伟大方式。使用毛巾悬吊不仅比在杠杆上悬吊难度大，而且也使你的整个手部（手掌及各个手指）都参与其中。

5：普通毛巾 ~ 6：折叠毛巾：你抓的东西越厚实，抓握难度就越大。（这也就是那么多抓握狂热者都只使用更粗的杠铃和哑铃训练的原因。）使用两条叠加的毛巾悬吊远远比在普通厚度的毛巾上悬吊难度大。

所以，仅仅使用一根横杆、两条毛巾以及自身体重，我们就至少有 6 个不同的基本方式来变换训练难度了。显然，如果你想发挥一下创造力，那么还可以混合匹配出更多的组合。比如，你可以单手在横杆上悬吊，同时另一只手抓握一条毛巾。目标就是运用这些不同组合，形成循序渐进的系列，好让我们可以从较容易的练习开始锻炼手指和前臂，存储力量，冲向更难的练习。我们要从更高级的练习中获得生猛的力量，这种力量能让我们尝试终极目标——单臂毛巾悬吊。

传统健美人士都知道悬吊抓握训练的巨大价值。只要地方够大，许多人都会使用粗实的绳索代替毛巾。传奇大力士西·克莱因（Sig Klein）直到晚年仍然保持粗壮、有力的前臂，原因就在于他坚持在绳索上进行悬吊训练。军人也练习绳索悬吊。这些插图出自1914年美国陆军身体训练手册。上图为双手悬吊，下图为直角支撑的变式动作。

老天眷顾诸位，狱中的抓握训练者多年以来便以循序渐进的程序进行锻炼。常见的步骤是，先掌握横杆练习，中间穿插一些毛巾练习，直到最终只运用毛巾进行抓握训练。虽然有几种不同的练习方式，但我想在本章以下部分向你介绍我最喜欢的升级系列。

悬吊训练小贴士

在详细讲解抓握训练系列之前，我想给你几条简单的提示，它们有助于在训练过程中让你的抓握练习更有成效：

• **八式**：在通往单臂毛巾悬吊的动作系列中，有8个难度逐渐增加的练习——八式。至于"八"，没什么特别意思。有些资深的自身体重训练者可能不需要这么多步。有些更审慎的训练者则可能想分成更多步练习。需要多少式，要视自己情况而定。

• **慢工出细活**：不管你处于什么水平，当你开始练习这一系列动作时，都要抵制从自己所能做的最难练习开始这一诱惑。如果你对特殊的抓握训练还不太熟悉，那最好从第一式开始，从每项练习中获得最大成效，然后再进到下一式练习。这样不仅可以给你的关节和软组织时间适应，而且也可以练就训练的耐性。从长远来看，这样更有助于你达到更高的力量水平。

• **热身**：尽管你的块头很大，很强壮，是如斗牛犬一般的家伙，但是你的双手和前臂上的肌腱毕竟相对较小，很容易发炎。在你进行抓握训练之前，要做些指尖俯卧撑（详见第五章），使热血通过双手和腕部，然后来点儿难度小的悬吊以拉伸你的手指，直到你感觉这些部位已经热身好。在引体向上或举腿之后进行专门的抓握训练，都是很棒的策略。

• **以时间为准**：大多数体操技巧都可以通过数次数来判断进度。悬吊是静力练习，无须动作，所以也就没得可数，但是你却要读秒。大多数健身房在墙上都挂着钟表，好让顾客知道自己的训练时间。如果你是在家里训练，那我建议你训练时在对面放个大点的钟表。切记，你必须能看清秒针。

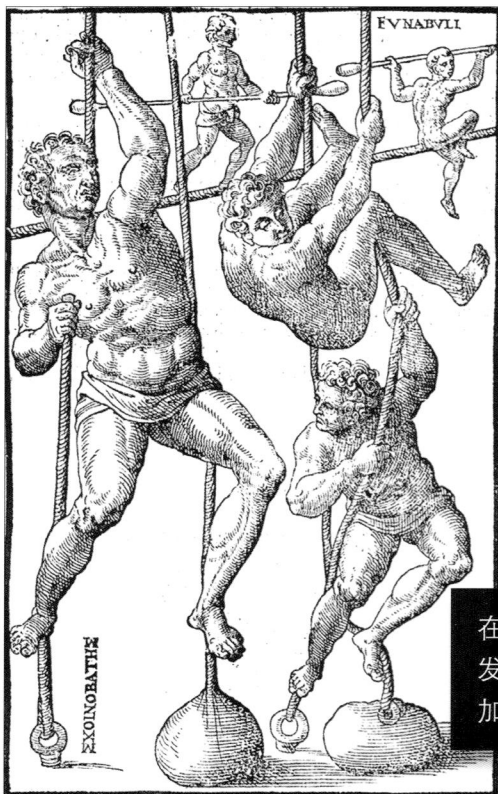

如果你没法使用计时设备进行训练，那就必须自己计时（心中默念1、2、3……）。但要注意，训练者对时间的感知在费力痛苦的时候往往不可靠。我知道有些训练者使用节拍器帮助计数。当然，如果你正在练习单侧悬吊动作，那正好可以用不发力的那只手拿着表。

• **升级标准**：我在每一式都给出了升级标准。一旦你达到了升级标准中列出的时间，就可以进到下一式了。

• **升级速度**：在每次训练中逐渐增加悬吊时间，直到满足升级标准。每次每个练习组可以只增加 1 ~ 2 秒，或者增加 10 秒、20 秒甚至更多，这要根据自身情况决定。以较初级的练习开始自己"处女"抓握训练的初学

在挤压式握力器和类似的花哨玩意儿发明之前，循序渐进的悬吊训练用于加强身体力量已有数千年历史。

者，肯定会比练习更难步骤的有经验的练习者进步快。你处于什么水平、进步速度如何，都是无关紧要的，只有持续进步才是唯一要紧的。双手的肌肉和肌腱会逐渐适应这种训练，会变得非常非常强壮，但它们必须以自身的步调进步，而不是以你的速度行事。

- **避免力竭**：你在练习悬吊时，用全力，但不要"力竭"，不要到双手抓不住的地步。我明白这很不容易，但你一定要记住，从横杆上突然跌下来可不是最安全的落地方式。

- **双肩收紧**：当你在练习悬吊时，你应该保持双肩收紧，以防止受伤或关节拉伤。悬吊时绝不要让双肩受到拉伸，要让身体的一切状况都在你的控制当中。（有关"收紧"双肩，请参见《囚徒健身》第 107 页。）

- **肘部"放松"**：出于同样的考虑，悬吊时，你应该保持肘部"放松"，意思是手臂要保持略微弯曲，绝不允许把手臂拉直。这种细微的弯曲外人或许都无法察觉，但这可以保护你的肘关节以及周围的肌腱不被扭伤或过度拉伸。

- **组间休息**：当进行多组悬吊练习时，不要急着去接连完成一组又一组动作。花点时间甩甩手和胳膊，让乳酸和代谢废物被运走。许多训练者会在组间拉伸他们的手和手腕，这毫无疑问可以消除紧张，减少抽筋发生的概率。你需要休息多久就休息多久，但是也不要让前臂"冷却"下来。请记住，前臂肌肉由密集型小肌肉组成（就像小腿一样），比起大肌肉（如股四头肌、背阔肌），它们可以从繁重劳动中更快速地恢复。4 分钟以上的休息或许已经太长了。

- **弱者优先**：在我给你展示的 8 个动作中，有些是非对称动作或是单侧动作。如果碰到这种情况，那就首先锻炼自己最弱的那一侧，然后根据悬吊时间来定最强那一侧的悬吊时间。这是消除力量不平衡的极好方式。

- **统一**：你的训练工具要保持一致，试着使用相同的杠杆，大小和厚度相同的毛巾等等。使用不同的横杆和毛巾会让你很难衡量自己的训练进度。

- **坚持毛巾抓握训练**：悬吊训练的前两式只会锻炼你的四指，第三式才会开始使用毛巾。一旦你开始使用毛巾进行训练，你就必须维持拇指和手掌力量的发展。意思是，如果你后续升级到一个不需要使用毛巾的动作（比如单臂杠上悬吊），你仍然需要维持对你拇指和手掌的训练——通过在每次锻炼的最后添加几组毛巾抓握练习。

好了，人人都适用的理论已经唠叨完毕。现在该是需要一根横杆、一个闹钟或手表、两条毛巾，开始练习悬吊的时候了。万事俱备，你已经做好开始抓握训练计划的准备了，接下来的悬吊训练将使你受益一生，而且让人愉悦。最重要的是这些训练会保护你的关节，并让你的手强大到如钛合金钳爪一般。

下面我们来历数一下囚徒健身抓握系列的八式。

第一式　水平悬吊

动作

　　找一个下方悬空的坚固水平物体，如书桌或餐桌，以正手搭在桌面的边沿。身体伸直，拉起离地，只用手指和脚跟支撑体重。

解析

　　水平悬吊是开始手部训练的上佳方式，因为水平悬吊可以锻炼手指，而又无须支撑全部体重。如果对你来说水平悬吊也太难了，那你可以使用更高一点的物体。如果想增加该练习的难度，那么就可以使用低一点的物体或提高双脚。

训练目标

- 初级标准：1×10 秒
- 升级标准：4×30 秒

身体伸直，拉起离地，只用手指和脚跟支撑体重。

第二式 横杆悬吊

动作

跳起，用双手抓住高过头顶的横杆。使用正手抓握姿势，两手与肩同宽，并确保双脚离地。双肩保持收紧，双臂、躯干和双腿处于对称位置。

解析

横杆悬吊是经典的抓握练习，此练习在水平悬吊之后。训练者要使用手指撑起全部体重。横杆悬吊也会增加肩部的力量和柔韧性，让训练者可以适应强度更大的悬吊练习。

训练目标

- 初级标准：1×10 秒
- 升级标准：4×1 分钟

双肩保持收紧，双臂、躯干和双腿处于对称位置。

第三式 偏重悬吊

动作

在高过头顶的横杆上搭一条毛巾。跳起，以正手姿势抓住横杆，然后用另一只手紧紧抓住毛巾。试着用两手均匀分担自己的体重。双手应该大约与肩同宽，双肩收紧，身体两侧处于对称位置。

解析

一旦训练者达到了普通横杆悬吊的升级标准，就到了开始用毛巾来做一些拇指练习的时候了。偏重悬吊可以让你毫不费力地开始毛巾抓握训练。

训练目标

- 初级标准：1×10 秒（两侧）
- 升级标准：3×1 分钟（两侧）

试着用两手均匀分担自己的体重。双手应该大约与肩同宽，双肩收紧，身体两侧处于对称位置。

第四式 单臂横杆悬吊

动作

先以正手抓握姿势完成普通横杆悬吊（第二式）。感觉姿势稳定下来之后，便放开一只手，仅以一只手悬吊。正锻炼那一侧的肩部应保持状态良好并收紧，不发力的手臂则应以舒适自然的姿势放在半空中或身后。

解析

这一式是至关重要的训练阶段，因为该练习可以纯粹以单侧悬吊来锻炼手臂与上肢带。在这个阶段的练习中，拇指得到的训练比其他手指少，所以，该练习结束之后，要用毛巾练习一两次偏重悬吊。

训练目标

- 初级标准：1×10 秒（两侧）
- 升级标准：3×1 分钟（两侧）

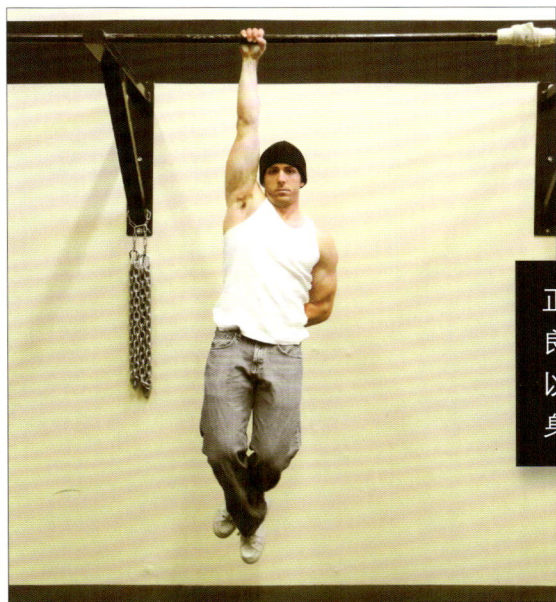

正锻炼那一侧的肩部应保持状态良好并收紧，不发力的手臂则应以舒适自然的姿势放在半空中或身后。

第五式 毛巾悬吊

动作

在高过头顶的横杆上搭一条毛巾。每只手抓住毛巾一端，身体自然悬吊。双手的距离应当近一些，但不要相互接触。双肩要保持收紧。

解析

在练习偏重悬吊（第三式）的过程中，抓毛巾那只手承受的体重会很自然地少于自身体重的一半，但毛巾悬吊却迫使你抓住毛巾的每只手都要承受一半体重。这一变化让拇指和其他手指都得到了很大锻炼。

训练目标

- 初级标准：1×10 秒
- 升级标准：3×1 分钟

每只手抓住毛巾一端，身体自然悬吊。双手的距离应当近一些，但不要相互接触。双肩要保持收紧。

第六式 双毛巾悬吊

动作

在高过头顶的横杆上搭两条毛巾。每只手抓一条折叠的毛巾，让身体自然悬吊。双手应大致与肩同宽，双肩收紧，身体两侧处于对称位置。

解析

在毛巾悬吊（第五式）中，你的双手只是抓住了一条毛巾的两端。而使用两条折叠的毛巾，毛巾的厚度增加了一倍，该练习的难度也就相应增加了。这一变式可以练就后面各练习所需要的手部整体力量。

训练目标

- 初级标准：1×10 秒
- 升级标准：3×1 分钟

双手应大致与肩同宽，双肩收紧，身体两侧处于对称位置。

第七式 偏重毛巾悬吊

动作

在高过头顶的横杆上搭一条毛巾。双手抓住折叠的毛巾，但一只手的位置应高于另一只手。（两手之间的距离越大，该练习的难度也就越大。）身体自然悬吊，双肩保持收紧。

解析

至此，训练者应该已经习惯于使用折叠的毛巾进行对称悬吊练习了。这一式则让悬吊练习变得不对称，这免不了会使高处那只手费更大的力。偏重毛巾悬吊是逐渐升级到单臂毛巾悬吊的理想方式。

训练目标

- 初级标准：1×10 秒（两侧）
- 升级标准：2×1 分钟（两侧）

双手抓住折叠的毛巾，但一只手的位置应高于另一只手。（两手之间的距离越大，该练习的难度也就越大。）身体自然悬吊，双肩保持收紧。

★最终式 单臂毛巾悬吊

动作

在高过头顶的横杆上搭一条毛巾。单手抓住折叠的毛巾，让身体自然悬吊。发力那侧的肩部保持收紧，另一只手臂则保持自然。

解析

单臂毛巾悬吊是终极抓握练习，可以让你手指的肌腱变成钢索。而且与大多数抓握练习不同，单臂毛巾悬吊也会让你的拇指变得像活塞一样强壮。每一位抓握训练者在进行任何其他练习之前，都应该花时间掌握这一抓握练习。

训练目标

- 初级标准：1×10 秒（两侧）
- 升级标准：撑 5 分钟（两侧）

单手抓住折叠的毛巾，让身体自然悬吊。发力那侧的肩部保持收紧，另一只手臂则保持自然。

悬吊系列升级表

第一式	水平悬吊 第24页	逐步做到 **4 × 30 秒** 然后开始第二式
第二式	横杆悬吊 第25页	逐步做到 **4 × 1 分钟** 然后开始第三式
第三式	偏重悬吊 第26页	逐步做到 **3 × 1 分钟** 然后开始第四式
第四式	单臂横杆悬吊 第27页	逐步做到 **3 × 1 分钟** 然后开始第五式

悬吊系列升级表

第五式	毛巾悬吊 第 28 页	逐步做到 **3 × 1 分钟** 然后开始第六式
第六式	双毛巾悬吊 第 29 页	逐步做到 **3 × 1 分钟** 然后开始第七式
第七式	偏重毛巾悬吊 第 30 页	逐步做到 **2 × 1 分钟** 然后开始最终式
最终式	单臂毛巾悬吊 第 31 页	超级握力 **撑 5 分钟**

熄灯！

　　无论你是要让自己的手指还是前臂更强壮，都把握力器、腕弯举这些东西抛到脑后吧，用人类进化所适合的方式——自身体重悬吊来锻炼前臂。在单杠上悬吊很好，但那并不能锻炼整个手部——拇指与手掌的深层肌肉几乎得不到锻炼。一些健身者通过捏握在房椽上进行引体向上的方式来弥补这一缺憾。这一方式令人印象深刻，但可以肯定的是，从训练的角度来看，你很难从中获得渐进性提高（除非你能找到一系列逐渐增粗的椽子）。锻炼整个手部（包括手指）的最简单方法是悬吊在一个垂直的圆柱体上。绳索很不错，但毛巾则更实用。

　　在你已经从毛巾悬吊训练中获得了强大的手部力量后，接下来练什么呢？也许什么都不用练了。大多数健身者不会觉得自己需要超越毛巾悬吊所能练就的抓握力。作为构建完整的全身力量的一环，毛巾悬吊将提供你所需要的一切。

　　但是，如果你是那些渴求获得顶尖抓握力的专业人士，在下一章中，我将向你讲解一些升级的抓握力训练技巧。

　　不过切记——那可不是给初学者准备的。

第四章 爆发力和钛合金手指

高级抓握集训

从很多方面来看，单臂毛巾悬吊都不同于其他最终式。首先，它看起来不华丽。实际上，单臂毛巾悬吊不同于大多数力量绝技，它属于那种看起来容易、做起来却极难的练习。许多强壮的家伙都以为单臂毛巾悬吊会很容易——直到他们亲身尝试过。一个单臂引体向上能让你在世界上任何健身房里获得尊重，但是一个使用毛巾进行的单臂毛巾悬吊呢？大多数人甚至都不能理解你想做什么。

另一点是，你的抓握肌肉具有令人惊叹的力量潜能。许多高阶的自身体重技巧都要花费数年的时间才能被掌握，但掌握毛巾悬吊的时间却远远短于掌握那些技巧所需的时间。极少有未经训练的普通人能在第一次单臂毛巾悬吊中坚持一分钟，但他们在经过训练之后很快就能达到这一标准，尤其是那些体重较轻的人。

如果你达到了觉得单臂毛巾悬吊"没难度"的阶段（当然不可能是绝对没难度，除非你是人造人或者其他什么生物），接下来练什么？嗯，一大部分训练者也许已经满足并止步于此。如果你的四指、拇指还有手掌强壮到能够进行几分钟单臂毛巾悬吊，那么我相信几乎没有什么其他练习能够难倒你了。但是如果你想继续让抓握力变得越来越强，强到甚至能捏碎骨头，那么我将教给你一些新的练习方法。

大多数训练者的第一反应是在单臂毛巾悬吊中再增加自由重量。用未悬吊的手臂抓起杠铃片或者哑铃，如果你能坚持住，理所当然地可以进一步增强悬吊手臂的抓握力。但我不建议这么做——远离那些自由重量，训练中自由重量可能会掉落，或者当你从横杠上下来的时候让你摔一跤。此外，所有的自身本重训练都

添加额外重量真的是增大难度的最佳方法吗？

一样，没有必要去额外添加重量来增大训练的难度。

一般来说，给一项训练——不管是深蹲、俯卧撑，还是手部训练——添加额外重量是一种懒人的行为。如果你让自己的大脑发挥一些创造力，你几乎总是能找到更高阶的训练方法来测验自己的能力，仅用体重，无须其他。

如果你确定自己在毛巾悬吊中已经获得了足够的锻炼，并且想要给自己的训练计划添加一些更难的东西的话，那么我给你的建议是一些我曾经用过或者看到过的杠上技巧。在抓握力训练方面，有一大堆方法可以让你用来增强每一根手指的每一丁点儿力量。以下这些方法就是其中最棒的。

进阶抓握练习 1：超越之旅

如果你想提高悬吊的难度，最简单的方式就是增加杠杆原理在此项练习中发挥的作用。在毛巾悬吊中这很容易做到，只需要抓握更粗的东西。记住，物体越粗，就越难抓握。而你也不需要任何复杂的、昂贵的设备来达到这一目的。当你能使用一条折叠的毛巾进行悬吊时，就再增加一点儿厚度。要一点点地逐渐增加一块抹布、两块抹布、一条手巾、一条手巾和一块抹布……充分发挥你的想象力。有些抓握力怪兽能用两条折叠的毛巾悬吊！（试一下，如果你也想如此令人生畏。）或许有朝一日，你能用三条折叠的毛巾悬吊。

如果你想进行更高级的抓握练习——有些人会对此上瘾——那我建议你尝试另外两项专家级的技巧：手指悬吊和爆发式抓握。下面，让我们来看看这两项技巧。

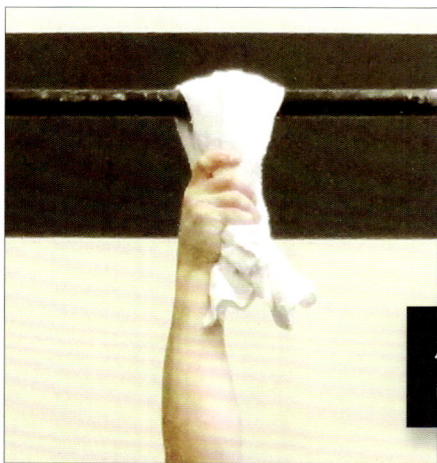

用两条折叠的毛巾进行单臂悬吊。祝你好运。

进阶抓握练习 2：手指悬吊

如果你对悬吊练习感兴趣，也希望将手部力量再提升一个层次，那么，你就需要从手指力量最强的人那里好好取经——他们既不是举重运动员，也不是健身者，而是攀岩爱好者。

为什么攀岩爱好者的手指力量比举重运动员更强？手部的生物力学可以回答这个问

题。当你把重量放在掌心中，拉起重量就轻松愉快。但是，当你用指尖来支撑相同重量时，弯曲手指的肌肉所发出的力量则至少是你拉起重量的 4 倍。攀岩爱好者很少用手掌抓握——很多时候，他们不得不用指尖来吊起自己的身体，甚至只用两根或三根手指。因此，他们拥有令人惊叹的手部力量。如果你有机会与精英级别的攀岩爱好者比试抓握力，一定要试试看。这些家伙的手指力量强大得让人畏惧。他们的生死正系于此。

大多数人可能不知道，其实你也可以用一些道具来进行手指悬吊。攀岩者有时候会使用有各种孔洞的指力训练板或者壁挂式的模型来对手指进行专门的抓握训练。但并非所有攀岩者都使用这些装备，如果不是要专精于攀岩，你也不必这样进行练习。如果你已经达到了认为单臂毛巾悬吊没什么难度的水平，那么你就开始在单杠上练习手指悬吊吧。

最开始时用双手来进行练习，但是抓握在杠上时不可使用小指——只使用食指、中指和无名指（见下图）。

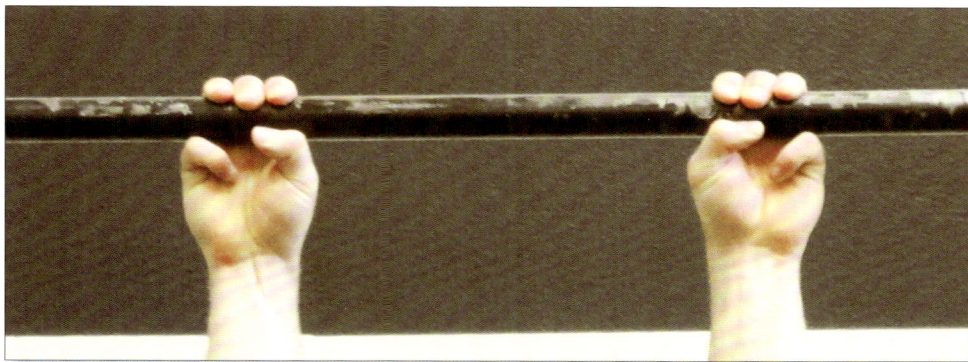

如果你能以上图的姿势坚持 40 秒，那么就可以开始进行下图的前两指悬吊了。

前两指悬吊的目标是坚持 20 秒，这个目标的难度非常大，但是还有更难的——后两指悬吊只使用小指和无名指悬吊（见下页图）。

为了确保每一根手指都获得最大的力量，这种练习很有必要。但是这项练习非常困难，只有当单杠足够细的时候，手指才有希望坚持住。我曾经看到有些家伙通过在单杠上套上小环来协助他们进行手指悬吊。用手指吊起体重会让你的手指感到疼痛，你也许想要在杠上垫一些布片以缓冲压力。

一旦你达到了这一水平，就可以靠每周以这种方式做几次引体向上来维持手指锻炼的强度。我曾看到过一些老囚徒表演这一技艺——我的良师益友乔·哈提根（Joe Hartigen）在 70 多岁的时候仍然可以完成好几次手指引体向上。他说，手部力量的锻炼是会伴你一生的。他本人就是活生生的例子——我也十分确定没有见过任何一个小伙子展示这一动作。

当你觉得两指悬吊没有难度的时候，你的升级选择是用不同的手指去尝试单指悬吊。每次练完手指悬吊后，不要忘了至少添加一组单臂毛巾悬吊（两侧）来维持拇指与四指力量的平衡发展。

进阶抓握练习 3：爆发式抓握

另外一种能真正提高抓握力的方法是训练爆发力。要使你的抓握练习变得有爆发性，你不需要借助于任何复杂器械。你只需要把自己悬吊在某物上，松开抓握的手，然后在落地之前迅速地再次抓住此物。如果足够自信，你可以尝试在进行毛巾悬吊时完成这一练习。但我更喜欢使用简单的老式单杠。因为抓住单杠不需要什么技巧，所以也更安全一些。但是，两种方法都是有效的。

爆发式抓握对手部的肌腱、肌肉还有筋膜都提出了瞬间发力的要求，因此它绝对不适合初学者。而且这一训练也会折腾你的肘部。如果没有达到悬吊系列的第七式（偏重毛巾悬吊）的水平，我甚至都不建议训练者去尝试爆发式抓握。即使达到基本要求，我认为也不是所有人都需要这项训练。不过如果有些训练者需要强大而具爆发性的抓握力来参与一些运动，那么爆发式抓握将对他们起到很好的训练效果。比如说：

爆发式抓握的 3 个例子，如上图。第一行属于基础难度：双手悬吊，晃起，再抓杠。第二行更难，要求在再抓杠之前交换正反握法。第三行属于高阶难度，只用单手。这里其实每种方式都可以衍生出诸多变式。比如在空中加入一次击掌会增加难度；你还可以改变抓握方式，在正握、反握、宽握、窄握之间轮换等等。在训练中保持低组数和低次数，但是要注重动作的速度与保持干净利落。

- 需要强大且迅速的抓握力的武术（日式或韩式合气道、擒拿术等）
- 橄榄球比赛
- 柔道中的投技
- 越障训练（需要快速跳过障碍、爬绳和抓住边缘翻越的军事训练）

要想练习爆发式抓握，首先你必须知道该如何在杠上"晃起"。解释一下，在悬吊中"晃起"指的是爆发性地抬高膝盖以获得一些惯性。简单来说，你可以想象一下引体向上动作中严重借力的极不标准的状况，这样或许能帮助你理解我所指的"晃起"。

在横杆上悬吊，然后通过向上晃动身体获得一些高度——要运用膝盖和爆发性的身体动作，而不要通过双臂向上拉来获得。这并不是引体向上，而是抓握训练。在惯性动作的最上端时（这时你已经处于失重状态），放开双手，然后重新抓住横杆。就是这种在你身体降落之前的爆发式抓握，可以提高手部的反应速度以及练就强有力的抓握力。（参见上页各种难度的变式动作。）有些训练者甚至喜欢击掌之后再重新抓握横杆。

始终要记得安全至上，保护好自己。只有在前臂已经热身并处于兴奋状态时才可进行爆发式抓握练习。注意力应集中于抓握横杆，但也要做好保护工作，在万一脱手时能够恰当落地。

熄灯！

用于抓握训练的小玩意儿可能比用于其他任何部位力量训练的都多。这不是开玩笑，比如抓握器、有把手的专用横杆、腕力球、抓握器械、单臂硬拉器械等等。

不要因为有这么多工具可用，就误以为你需要它们。那些东西都是厂家制造出来卖钱的！不要上当受骗，以为自己也需要重物或抓握器以及其他东西来练就精英级别的抓握力。事实上，人们喜欢工具是因为他们喜欢占有，喜欢能够使用或把玩某物的感觉。力量训练方面如此，在生活的其他方面亦是如此。但是，如果你想获得最佳效果，那就抛开那些花哨的东西，回到基础训练上来。只要你有一根单杠，两条毛巾，一双手，那么，你就能练就不输于世上任何人的强大抓握力。

附加福利：如果你需要快速爬上一堵墙，那么，自身体重练习确实可以在关键时刻助你一臂之力。

第五章 保持手部力量平衡

指尖俯卧撑

在第二章里我曾说过，只需要两项基本练习，就可以把你的双手和前臂力量练到极致。第一种——也是最重要的一种——练习就是悬吊。如果你已经读到了这里，那你现在已经是关于悬吊抓握的理论专家了。现在，是时候说说第二项练习了，也就是另外一种经典的自身体重训练——指尖俯卧撑。

反向锻炼

大部分前臂肌肉都是通过"遥控"使手指抓握的。前臂与手掌肌肉大多由手指屈肌（或抓握肌）组成，这是进化的结果——为了能在树枝上吊起自己的体重，人类需要强大的抓握力。很少有非灵长类动物拥有我们所谓的强大的抓握力，甚至只有极少的动物能使用上肢"抓握"——从我们对"抓"这个词的理解来看。因此，任何手部和前臂的锻炼计划都应该基于抓握训练。本章之前提到的那些技巧，将给你带来你所能拥有的最强大的抓握力和最粗壮的前臂。但是，在练就超人般的抓握肌的同时，如果不加强对抗肌，那你就是自找苦吃。

至于为什么应该在以基于抓握的前臂锻炼计划中插入某些伸肌（伸直手指时所用到的肌肉）练习，有以下两个原因。首先，是为了完整。你的双手不仅要抓紧，也要张开。如果你想获得强大的手部力量，就应该进行张开的练习，而不是仅仅练习抓握。这些练习不仅能锻炼伸肌，也能对手背和指关节上所有容易被忽视的小组织和肌腱起到锻炼作用。另一个原因是为了使潜能最大化。不要忘记，肌肉系统是一个平衡的整体。如果你只锻炼肢体的一面，而不锻炼相对的那一面，那么，你所锻炼的这一面永远不能最大化地发挥潜能。任何机器如果有了脆弱的环节，那么这台机器的整体性能就会受到负面影响。那些只训练手指屈肌（通过抓握练习）而忽视了伸肌的家伙，他们的抓握力永远比不上一个同时锻炼屈肌和伸肌的健身者。

但是，以伸肌练习来平衡抓握训练的最大原因是为了预防受伤。只对手臂的一面进行锻炼，将使你的力量不对称，让你更容易受伤。在手背脆弱的情况下，拥有极其发达的抓握力就像驾驶一辆由一半钢铁和一半木料拼凑制造的汽车。在你踩上油门时，它可能自己就散架了，这是因为脆弱的那一半跟不上强壮的那一半的节奏。失衡的肌肉系统就是这样，不平衡的发展只会让你不断地受伤。

有很多工具（如松紧带、绳索和各种器械等）是为了锻炼伸肌设计的，但其中绝大

所有练习抓握的人都应该练习指尖俯卧撑，而且要持之以恒。指尖俯卧撑不应被视为力量表演或"炫酷之技"，它既是严肃的练习，也是预防损伤的技艺。

多数都毫无用处。这其中没有哪一种能够超越古老而经典的指尖俯卧撑。指尖俯卧撑迫使训练者以自然的方式张开手掌，伸出手指，并承受有起伏的强压力。这不仅可以保护和强化结缔组织，也能十分有效地增强手部力量。指尖俯卧撑易于学习，可以循序渐进地练习，而且无须任何器械。

赤手空拳的艺术

指尖俯卧撑通过对伸肌及其相关肌腱的充分锻炼来平衡手部力量。但从开始锻炼起，你就必须谨慎，尤其是，你需要注意手指的伸展。

练习指尖俯卧撑时，你可能会发觉自己的手指出现了一定程度的弯曲，这是自然的，而且弯曲程度因人而异。但是，你仍然应该在每一次反复中通过指腹紧按地面使手指尽可能伸直。记住，只有伸直手指才能让你达到训练的目标。不管指尖俯卧撑有多么难，不管你做了多少次，无论如何，都不要让你的手指弯曲。

弯曲手指可能会让人觉得指尖俯卧撑更容易完成，但这只是因为指关节在承受你的身体重量——而不是由肌肉来承担。这不仅会对指关节不好，也会影响肌肉和肌腱的锻炼效果。

有些人要用极多的时间来阻止自己的手指弯曲，特别是那些双手柔韧性良好（甚至

正确姿势

- 指尖俯卧撑名不符实。压力其实是作用在指腹上，而不是指尖上。
- 保持力量从拇指、其他四指到腕部的传递：你的整个前臂应被锁定成一个整体。
- 张开你的手指，平均分担压力。
- 拇指也应伸直或微微向后弯，置于食指后侧。
- 用力地压向地面，使你的手指处于高压状态。在练习时，手指不能移动或者弯曲。

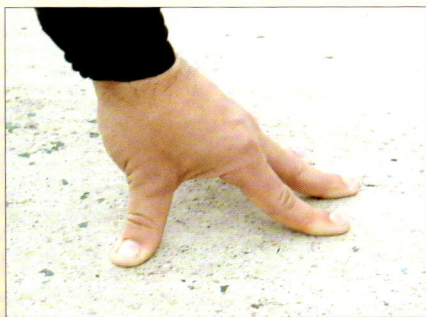

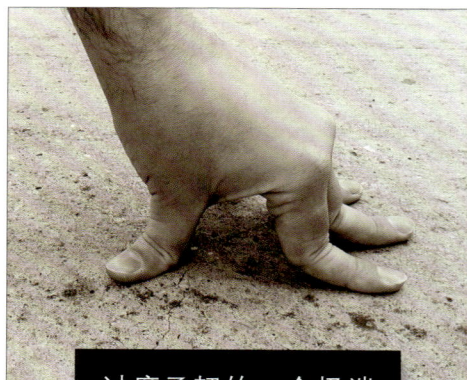

过度柔韧的一个极端
例子——"指弯如弓"。

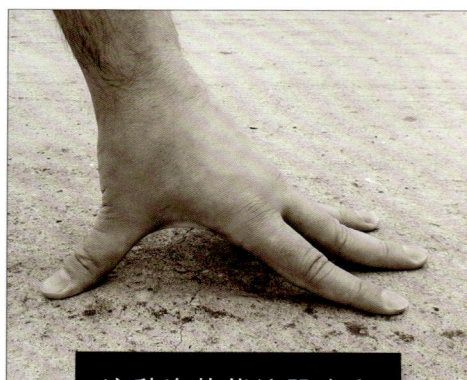

这种姿势能让肌肉和
肌腱得到更好的锻炼。

是柔韧过度）的人。针对那些为此苦恼的人，自身体重训练的传奇人物布拉德·约翰逊（Brad Johnson）已经提出了解决方法——进行蜘蛛俯卧撑。对此这里不再详述。

指尖俯卧撑：果壳中的哲学

　　指尖俯卧撑有很多不同的练习方法。我在练习时发现，指尖俯卧撑的最佳练习时间是在进行悬吊抓握训练之前。和身体的其他部位相比，手指是相当精细的结构，而且抓握训练会使双手精疲力竭——我更喜欢在做指尖俯卧撑的时候，手指能处于有力的状态，这也是为了安全着想。在进行抓握训练之前先练习指尖俯卧撑，似乎也能提高抓握训练的成效。指尖俯卧撑还可以让你集中精神，是前臂练习极好的精神热身。

　　我也喜欢把练习的组数和每组次数定得低一些。每个热身组 10 ～ 15 次就很好，对训练组来说，最大数量应是每组 5 次；如果锻炼组超过 2 组，就是浪费时间和精力。记住，指尖俯卧撑从手指的伸展状态中获益，而非从动作本身——指尖俯卧撑的练习次数太多，只会耗尽你胸部、肩部和手臂的力量，影响你的常规俯卧撑练习。此外，你不用期望通过指尖俯卧撑增大伸肌或增强肌腱的耐力，这项练习只是为了平衡力量。所以，我们还是把它当作力量训练吧。

　　你的双手在引体向上、悬垂举腿甚至俯卧撑和桥中得到了大量的锻炼。如果你在此基础上又增加了高强度的抓握训练，那对像指骨这样的小部位来说，就是沉重的负担了。所以，你不必像很多健身者那样，每天都练习指尖俯卧撑，那样会让你的双手锻炼过度。每周进行两次短时间、高效率的指尖俯卧撑练习比每天都锻炼伸肌，最终伤到肌腱要好得多。（如果你是个新人，或者时间比较紧张，或者你对手部的锻炼已经足够多，那么每周只做一次指尖俯卧撑练习也是一种不错的选择。）

　　你的手指渴望变强。它们天生不是用于敲键盘或者摆弄愚蠢的手机的，它们本来应当是原始人的最可怕的武器。想锻炼你的双手，就在力量充沛时进行低次数的练习，在练习过程中保证姿势标准、手指绷紧、精力集中，并在感到疲惫时休息充分。严守这些原则，相信我——你将发现你的力量在飞速增长。

热身

不要让身体在"冷却"的状态下开始锻炼。在进行指尖俯卧撑之前，你需要让你的手指、手腕和前臂获得良好的血液循环。下面是一些我认为有用的热身技巧：

1. 在进行某种上肢练习（比如引体向上）之后练习指尖俯卧撑是一个不错的选择，在之前的练习中，你的前臂已经经过了热身。

2. 在开始练习指尖俯卧撑前，画圈式地随便活动一下肩关节、肘关节和腕关节（1分钟左右）。

3. 在练习任何一种指尖俯卧撑变式之前，都可以通过做几次"鹰爪"来增强热身效果。首先双手握紧，再一个关节一个关节逐渐张开手指，动作要慢，尽量保持最紧张的程度。一旦你（颤抖的！）的双手伸展到最大程度，再反向完成刚才的动作，直到再度握拳。这便是一次反复。让自己练习两组，每组10次，每组练习之后甩手放松。

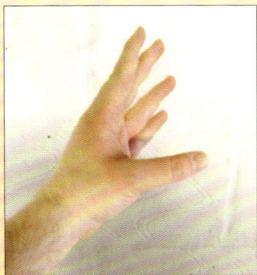

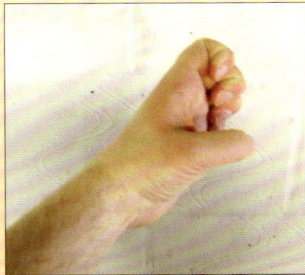

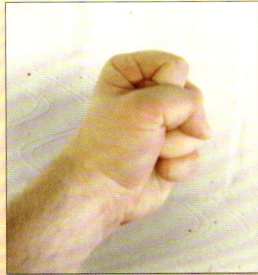

4. 在开始锻炼之前，一定要记得先做一组简单的热身组。选择指尖俯卧撑系列中比你所能做到的动作简单的动作。一组5～10次的练习就可以激发你的神经系统，告诉你的手指肌肉和肌腱，麻烦要来了。到此为止，你就完成了热身。

逐步增强力量

　　就像所有自身体重训练一样，如果想要有所收获，就需要进行循序渐进的练习。你需要不断寻找更有难度的指尖俯卧撑，否则你的力量发展将停滞不前。随着抓握力量的增强，你也应该逐渐提高指尖俯卧撑的难度——即使后者的发展会更慢，因为伸肌本来就比抓握肌小。

　　如果你翻开《囚徒健身》，就会明白俯卧撑系列该怎样循序渐进地升级。在第五章中，我列出了完美的俯卧撑系列升级表。我建议所有初次练习指尖俯卧撑的健身者都以俯卧撑升级表十式为模板来进行训练。从头——墙壁指尖俯卧撑开始，然后进入下一式，一步步来，直到完成标准的指尖俯卧撑。这种循序渐进的提升不仅能让力量逐渐变强，也能让关节和软组织以同样的速度来适应肌肉的强化。对手指锻炼来说，这一点极为重要，因为比起其他部位，手指更细小，也更容易受伤。这也让那些做不了标准指尖

指尖俯卧撑升级表

　　第一式——墙壁指尖俯卧撑：面对墙壁站立，以手指撑在墙上练习俯卧撑。

　　第二式——上斜指尖俯卧撑：身体呈一条直线，前倾上身，以手指斜撑在桌子上练习俯卧撑。

　　第三式——膝盖指尖俯卧撑：跪在地上，以手指撑地练习俯卧撑。

　　第四式——指尖半俯卧撑：姿势同标准指尖俯卧撑，但是只下降一半距离。

　　第五式——标准指尖俯卧撑：就像经典的标准俯卧撑一样，只不过是以手指撑地，而不是以手掌支撑身体。

　　第六式——窄距指尖俯卧撑：姿势与标准指尖俯卧撑类似，但是双手距离较近。

　　第七式——偏重指尖俯卧撑：一只手的手掌撑于身体下方的篮球上，另一只手的手指撑在地面上进行俯卧撑。

　　第八式——单臂指尖半俯卧撑：姿势同单臂指尖俯卧撑，但是只下降一半距离。

　　第九式——杠杆指尖俯卧撑：一只手的手掌撑于身体外侧的篮球上，另一只手的手指撑在地面上进行俯卧撑。

　　第十式——单臂指尖俯卧撑：一只手放在背后，进行指尖俯卧撑。（在这里可以不用并拢双脚，放在背后的那只手也可以放在身体外侧：双脚并拢会更加锻炼你的肩部，而不是手指。）

只有付出足够时间来增强你手指的关节和相关组织的力量，才能完成单臂指尖俯卧撑。

俯卧撑的新手可以由易到难地开始训练。对于那些想要将指尖力量强化到极致的训练者，升级表的最高一级提出了单臂指尖俯卧撑。只要按照正确方法一步步训练，你的手指最终将变得像钛合金一般强大。

我不会在本书中浪费篇幅来重复俯卧撑系列各式的动作解析，我把指尖俯卧撑十式的动作总结到表中，作为你开始锻炼的准备。如果你需要更多关于俯卧撑动作的细节解说，请参考《囚徒健身》。

如何升级

对于大多数自身体重训练，一旦达到了预先设定好的反复次数（比如 10 次或者 20 次），你就能够升级到更难的变式了。但练习指尖俯卧撑时不必如此。考虑到指关节是较小的、容易受伤的关节，反复练习太多次来达到某一标准并不是一个好办法。你可以用以下方法代替：

- 无论进行哪一式的练习，都要把每组的练习次数控制在 5 次左右。
- 应逐渐提高难度，直到你觉得某一式的难度适中。
- 一旦感觉某一式对你来说变得轻而易举了，那么就可以尝试提高到更高难度了。
- 永远不要在这一练习中让自己力竭，要始终保持对训练强度的控制！
- 在练习中，要保持平稳的节奏——不要爆发发力。无论如何，都不要尝试"击掌指尖俯卧撑"这类的变式。
- 一旦你能够轻松完成单臂指尖俯卧撑，就可以尝试用更少的手指来继续训练，或者尝试指尖倒立撑。

一旦单臂指尖俯卧撑
对你来说已经易如反
掌，就可以选择尝试
指尖倒立撑。只有像贾
斯廷（Justin）那样经
验丰富的练习者才有资
格进行这种尝试。

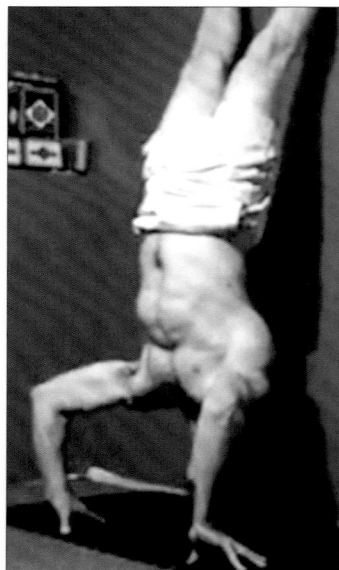

熄灯！

　　指尖俯卧撑更多地被视为耍酷的花招而不是力量训练，这真是大错特错。方法正确的指尖俯卧撑是增强前臂外侧伸肌最安全、最有效的方式。对严格训练自己的抓握肌——位于前臂内侧的屈肌——的运动者来说，指尖俯卧撑可谓无价之宝。它可以防止手部力量的不平衡发展，预防受伤，并完美地补充手背和手指的力量。

　　如果你正在进行严格的抓握训练，那么，你也要开始认真对待指尖俯卧撑，就像对待其他任何一项自身体重力量训练一样。好好热身，慢慢地从简单的动作开始，以严格的标准和完美的控制来进行少量的训练，然后逐渐升级到更高难度。

第六章 手部力量，总结与提高

火炮一样的前臂

在前面四章里，我放入了大量的关于抓握、手指和前臂练习的内容，看起来有些复杂。我给你讲解了很多概念，灌输了很多观念。如果你正考虑把一些前臂练习融入现有的锻炼计划中，那就是时候对我之前所说的内容进行一番总结了：

• 想要把手掌和前臂力量练到极致，你只需要两项主要练习：自身体重悬吊抓握与指尖俯卧撑。

• 可以在单杠上练习悬吊抓握，但这只能够锻炼 4 根手指。要锻炼整个手掌，你应该练习垂直悬吊。你可以使用绳索，但毛巾更加常用。

• 在上身练习之后进行手掌练习是个好主意，因为此时前臂已经热身过了。

• 以指尖俯卧撑开始进行手部练习，但不要忘记先进行热身。

• 对指尖俯卧撑来说，保证你每次训练 2 ～ 3 组（无须更多），每组的次数也不必太多：每次两组，每组 5 次就很好。

• 要逐步提高指尖俯卧撑的难度，但不要练到力竭，并且只有在目前练习的动作易如反掌时再尝试更难的动作。

• 在指尖俯卧撑之后练习抓握是不错的想法。（千万不要在进行引体向上或悬垂举腿这类悬吊练习之前练习抓握）。

• 努力锻炼抓握力，但不要超过自己的能力。那样只会让你的双手疲劳，却不会让力量增长得更快。凡是超过 4 组的悬吊练习（每只手）都是过量的。

所有传统大力士都知道，抓握的"技巧"可以很快学会，但壮硕的前臂却不能在一夜之间练就。只有经历了痛苦、坚持和富有智慧的循序渐进的努力之后你才可能到达力量的顶峰！

- 在各组之间，需要休息多久就休息多久。不要急于冒进，但也不要耽搁太久，以免错过趁热打铁的时机。
- 技巧升级所需的时间因人而异，但是，如果每组练习超过一分钟的话，那你就更多的是在练耐力而非力量了。
- 你的双手在上身练习中得到了大量的锻炼，因此手部练习要避免过量。每周一次即可，两次更佳。如果你的恢复能力远超常人，可以每周进行 3 次练习。

制订计划

如果你遵守了以上原则，那么就可以为自己的前臂训练制订计划了——这是一个好的开端。做自己的教练，和脱离健身房进行无器械锻炼一样重要。

但是对你们这些想马上开始锻炼的家伙来说，下页那份锻炼计划就是一个不错的开始。先充分热身，严格按照动作标准练习，主要精力放在抓握练习上（但也要融入一些指尖俯卧撑来平衡拮抗肌），接下来就循序渐进地练习。这就是狱中风格的前臂锻炼计划。

绝对没问题，我敢保证。

囚徒健身之"铁拳挑战"

我知道，有许多抓握大师更喜欢用自由重量来锻炼双手。这些人常对我抱怨，体操的手部练习太"轻巧"、太"容易"，很难获得锻炼效果。"自身体重的手部练习能有多难啊？"他们这样问我。

好吧，如果你想使用自由重量来锻炼双手，那也没有关系，我并不是贬低那种方法。许多家伙都喜爱那种手抓铁块的感觉——这点我完全理解。但当有人告诉我说，自身体重的手部力量练习太容易……我想向他们发出挑战，来堵住他们说大话的嘴。

现在，我来介绍一下这项挑战的内容。我将它称为囚徒健身之"铁拳挑战"，其中包括 4 项——是的，仅仅 4 项——练习。如果你已经读了前几章，仍然觉得自身体重的手部练习太"容易"，那就请练习下面这些动作。这些动作必须依次完成，每个动作之间的休息时间不得超过 5 分钟。

1. 三倍厚度毛巾悬吊：单手 × 60 秒

在高过头顶的单杠上搭 3 条（相当厚实的）毛巾。这 3 条毛巾要一条条地叠放在一起。单手握住毛巾末端——或者说是尽可能地环住毛巾（因为 3 条毛巾搭在横杆上，末端是重叠的，这样你就相当于抓握 6 条毛巾，拇指不大可能碰到其他手指），紧握后进行单手悬吊。坚持 60 秒后，换另一只手，同样悬吊 60 秒。

训练计划模板

一份好的前臂训练计划应该像这样：

（在上身练习之后）

关节活动——1 分钟

1. 鹰爪	第一组：10 次
	甩手
	第二组：10 次
	甩手
2. 指尖俯卧撑	第一组：5 ～ 10 次（热身组）
	第二组：5 次（锻炼组）
	第三组：5 次（锻炼组）
3. 悬吊练习	第一组：25 秒（热身组）
	第二组：最长 1 分钟（锻炼组）
	第三组：最长 1 分钟（锻炼组）
	第四组：最长 1 分钟（锻炼组）

- 切记，比起锻炼组来说，热身组的练习应该让你感觉相对容易。
- 此模板经过变换之后可以适应任何力量水平——如果你变得更强了，只需换成相应更难的练习即可。

2. 食指引体向上：10 次

进行 10 次标准引体向上——但只用两根食指来完成。（可以在单杠上练习，如果单杠太粗，不适合手指，那也可以使用吊环或者特殊的布带或铁环。）

3. 单臂指尖俯卧撑：5 次

俯身在地板上，用指尖支撑，完成 5 次单臂俯卧撑。手掌不可接触地面，双脚可以分开。完成后再换另一侧重复该动作。

4. 翻手抓握：每只手 10 次

单手悬吊在单杠上，正握，晃起身体，然后在半空中翻手，用同一只手换一种抓握姿势抓住单杠，即反握。在身体处于最低位置时稍停一下，然后再次晃起身体，由反握换成正握。在完成以上动作 10 次之后，换另一只手练习。

听起来很难？是的，毛巾悬吊的确很难，但我打包票，这些挑战不是不可能完成的。彪悍的健身者山道可以用任何一根手指来做单臂引体向上——包括小指和拇指！他也是爆发式抓握训练的爱好者，可以仅用单手靠拉起和抓握"蹦"上一架斜放的梯子。许多武术家都知道自身体重训练的价值，他们仅用食指和拇指做俯卧撑。所以上述挑战绝非什么精英训练。

尽管如此，大多数非常强大的、使用自由重量来锻炼双手的人，仍然败在这些挑战之前。他们对此震惊不已。他们认为，自己的双手和手指已经通过使用自由重量和弹簧抓握训练而变得相当有力，但却发现甚至是简单的自身体重手部练习对他们来说难度也太大了。

下面是该挑战的概要：

囚徒健身之 "铁拳挑战"

1. 三倍厚度毛巾悬吊：单手坚持 60 秒
2. 食指引体向上：10 次
3. 单臂指尖俯卧撑：每只手 5 次
4. 翻手抓握：每只手 10 次

如果你尝试了这项挑战，并且一举拿下，那我得向你鞠躬致敬。你是手部力量的顶级大师。如果你愿意，就放弃自由重量，像真正的抓握传奇人物亚当·格拉斯（Adam Glass）、约翰·布鲁克菲尔德（John Brookfield）、萨穆埃尔松（Samuelesson）那样训练吧。

但是，如果你不能通过铁拳挑战，那我也不想再听你唠叨什么自身体重训练太过简单之类的话了。从基础练习中，你仍然可以学到很多。

熄灯！

没有什么比强壮有力的双手更能展现自身的力大无穷了。双手的潜力是如此巨大，它们可以弯折金属棍、不用拉环而打开一听可乐，或者把树连根拔起……远比隆起的肱二头肌或宽阔的肩膀更令人畏惧。强壮的双手不仅令人印象深刻，而且大有用途，但在我看来，现代的手部锻炼方法大多数都是浪费时间的。

如果你真想获得强大有力的前臂，那就放弃现代方法，而遵照传统方法——运用自身体重训练。让前臂上部（肱桡肌和肱肌）隆起的最好练习并不是锤式哑铃弯举或反握弯举。与传统引体向上相比，这些动作太微不足道。引体向上能够以最好的角度来锻炼

强壮的前臂透露出威力。你一定不想被这家伙抓住。

你的前臂和肘部。

说到前臂的内侧肌肉，如果你想获得最佳的锻炼效果，那就忘记自由重量（或其他任何类型的器械），而遵循自然的法则——还有数千年以来的优秀训练者和勇士的经验——以悬吊的方式来锻炼前臂。单杠悬吊是一项众所周知的基础练习，但最终还是要在绳索或毛巾上练习垂直悬吊。这将练就在单杠上锻炼不到的拇指力量。

对狱中这帮家伙来说，抓握和前臂锻炼不仅重要，他们甚至把那当成了信仰，就像俯卧撑对于许多囚徒健身者一样。他们使用一根或两根手指在牢房门上长时间悬吊，直到全身痉挛为止。他们练习指尖俯卧撑，直到每根手指都像钢条一般为止。他们中的很多人每天都整日锻炼到熄灯，直到他们的双手因老茧和水泡中流出的鲜血而打滑为止。你能够一眼就认出这种人。他们巨大的、有文身的前臂看上去就像机械义肢一样，粗大的血管起伏于块状的肌肉之上。

这些家伙很极端——这也是他们在监狱中也如此疯狂的原因之一。我不建议你也这样锻炼。但是，如果你把本章中讲述的内容添加一些到自己的锻炼日程中，那么，在6个月之内，你"鼓鼓"的前臂将撑破衬衫的袖子。

第七章 侧身肌肉链锻炼

顺风旗

这段时间，好像人人都想锻炼"斜肌"。这些像绳子一样纵列在腹部两侧的肌肉就像某些淘金者眼中的金子一样——至少对习惯买健身杂志的你来说是这样。随便拿起一本杂志，翻一下健身书籍，或看几眼腹肌锻炼的广告片，你几乎不可能看不到"斜肌"这个词。它就像某种腹肌锻炼的标准宣传语——就像蛋糕不铺上糖霜就不完整一样，如果你不锻炼这些斜肌，你的腹肌也不能说是完美的。

如果你在某种意义上和我一样，你就会发现，纯粹为了美观而集中过多的精力来锻炼这些次要的身体部位是非常愚蠢的。这让我再次见识到人类这个物种的自恋以及在垃圾上浪费宝贵的时间和精力的高超能力。其实锻炼斜肌这个想法本身并没有错，但是，看看现代健身常用的锻炼斜肌的方法，一定会让你想在自己的脑门上来一枪。教练和个人健身者常用的技巧包括侧身卷腹、扭转卷腹、侧身绳索卷腹以及其他一些类似的垃圾方法。

这些流行的技巧是错误的、无效的。说它们错误是因为这些技巧试图以孤立的动作来锻炼一小块肌肉，而这些肌肉本身却是用来在一个更大的肌肉链中起连接作用的。说它们无效则是因为像卷腹这样的动作并不是力量练习——只是小阻力的张力练习。它让你感觉你得到了锻炼，而实际效果却为零。（站着不动，绷紧你的股四头肌，每次练习3组，每组20次，每周练习3次。股四头肌会变大么？不会。会变强么？也不会。你只是感觉自己在锻炼，但实际上，你的股四头肌根本没有任何变化，除非你真的弯曲膝盖开始练习深蹲。）

如果你真想让你的斜肌变得强壮有力，那你需要遵循以下这4条经过实践证实的原则。这4条原则适用于任何肌肉群的有效锻炼。你需要：

- 使用自身体重作为阻力
- 使用全身整体发力的技巧
- 努力锻炼
- 循序渐进地不断挑战更难的技巧

无论想锻炼哪个肌肉群，将以上4条作为你力量训练哲学的基础，你都将受益匪浅。不要害怕变得强大！

现代的斜肌谎言

那句警句——"不要害怕变得强大"——可不是我信口胡说的。不管你信不信，在世界各地的健身房里，确实有些家伙对锻炼斜肌怕得要死，担心那会把他们的腰变粗，让他们 V 字形的身材减色，破坏他们匀称的身材。对于这种想法，我只有一个答复——扯淡！

只有两样东西会使你的腰变粗，给你的腹部套上"游泳圈"。其一就是身体过度肥胖，其二是滥用类固醇和生长激素，这会使你所有的肌肉都"吸水"膨大，同时使你的内脏变大，全面地使你身体的中段膨胀起来。有效的力量训练并不会影响你的腰围——除了使你甩掉赘肉，变得更苗条之外。

斜肌是小而紧密的肌肉，通过自然方式锻炼能使它们变得强有力，并且轮廓清晰，但并不会使它们变得太大。看看那些最顶尖的武术家和体操运动员，为了完成训练，他们需要力量惊人的斜肌，但看看他们的腰部，你就能发现那些肌肉精瘦、紧致，并且硬如钢铁。

现代健身房里的家伙应该多向这些武术家和运动员学学。如果你也被灌输了错误的想法，为了锻炼斜肌进行了大量低强度的、毫无意义的练习，那么不要慌张，伙计。在本章，我将教你如何获得像李小龙那样强壮的腰部，无须侧身卷腹，也不需要绳索、松紧带或者其他练腹肌的器械。

你需要锻炼斜肌吗？

在开始之前，有必要先来问一个简单的问题：你真的需要专门的斜肌训练吗？

如果你读过健身小报里的那些有关锻炼腹肌的文章，一定会对上面的问题给出"是"的答案。不过等等，不要急着作答。别忘了，腹部的所有肌肉都是协同发力的，有点像一条宽大的肌肉腰带。当其中某一块肌肉正在紧张收缩时，其他肌肉也都会收缩——哪怕只是静力收缩。这一解剖学上的事实也可以应用到斜肌练习上。当你做桥或者深蹲时，斜肌都会得到锻炼——而且这些练习你做得越努力，你的斜肌所得到的锻炼就会越多。

如果你对腹部进行了专门锻炼（尤其是举腿练习），那效果还会增强。如果你只是想要获得紧致有力的腹部肌肉，那么严格的悬垂举腿就足够了。举腿锻炼到的不仅仅是你的前部肌群，为了维持髋部不动，你的斜肌也会得到极大锻炼。在《囚徒健身》中，我也对"转体举腿"进行了补充介绍，此变式练习可以强化对斜肌的锻炼。

其实，如果你努力练习《囚徒健身》中详述的举腿和其他六艺动作，那么，你可能会觉得根本无需对斜肌进行更多的专门训练了。事实上，它们已经从这些动作中获得了锻炼。

然而，总有一些运动人士为了进行特定的运动而需要对斜肌进行特殊强化。侧腰的肌肉（包括斜肌）负责把胸腔和髋部紧连在一起，因此，对那些需要侧踢腿或将腿部向一侧抬高的运动来说，强大的斜肌非常重要。比如杂技演员、滑冰运动员、舞者就需要超常的斜肌力量。还有一些顶尖的自身体重训练者不满足于仅仅练习举腿——他们渴望掌握一切。这些健身怪兽也想知道如何正确锻炼他们的斜肌。

此外，我将在本章教给你的动作也是难以应付的——极难无比。掌握这一动作将使你得到无与伦比的满足感，而展示这一动作则会使别人对你印象深刻。许多自身体重训练者就是为了这些原因而想要体验斜肌锻炼的。

为什么不试试呢？大家都这样想，不是么？

终极侧链训练动作：顺风旗

桥系列动作可以锻炼你身体的背面：腘绳肌、臀肌、竖脊肌、斜方肌——后链。举腿锻炼身体的前面：腹肌、髋部、大腿深层肌肉——前链。如果你正在寻找能锻炼身体侧面的肌肉——即侧链——的动作，那没有什么能比顺风旗更好了。

顺风旗有多种变式，但最难的动作都是在竖直支撑物上向外伸出躯体并保持躯体伸直。这个姿势让你看起来就像迎风飘扬的一面旗帜——这也是这个动作名字的来源。（即便如此，你也应该知道，不是每个人都这样称呼这个动作，有些人称之为"侧水平"或"水平支撑"。教我这个动作的人称之为"侧板"，而我也是在多年之后才知道这个动作的其他名称的。）

顺风旗是全身锻炼的一个好例子。保持这一姿势可以锻炼整个侧链——不只是斜肌，还有腋下的背阔肌、胸腔附近的前锯肌、肋间肌、髋外展肌以及大腿外侧的肌肉。要锁定整个身体，还需要钢铁般的脊柱和躯干肌肉。由于小腿必须向上抬起以克服重力，大腿内侧的内收肌群也能够获得锻炼。因为训练者必须靠双臂抓住支撑物，所以上身也能得到很好的锻炼。当然，在练习顺风旗之后的几天之内，你的侧腰部都会酸痛。如果想要保持这一动作，你身上的每一块肌肉都必须强壮有力。

顺风旗并非源自现代体操——现代体操中也没有垂直的基柱，只有水平横杆（想想地板、鞍马、平衡木和吊环，并没有垂直的）。顺风旗是一项古老的练习，如今还可以在某些需要竖直支撑物的运动中看到，比如在印度传统的立柱体操（印度钢管舞）、中国的爬杆以及马戏团的绳索杂技中，顺风旗还在被正式传授。就像学习其他动作一样，我学会顺风旗的地方也是——监狱。那里有大量的栏杆、横杆和栅栏。

无论你是在哪里、何时学习的顺风旗，有一点是不会改变的——这是一项不可思议的力量技能。它值得被人郑重对待。如果你不是循序渐进地练习，那就不可能完全掌握它。

孩子，你的侧链得有多强大啊？

所有顺风旗动作能锻炼到的侧链肌肉

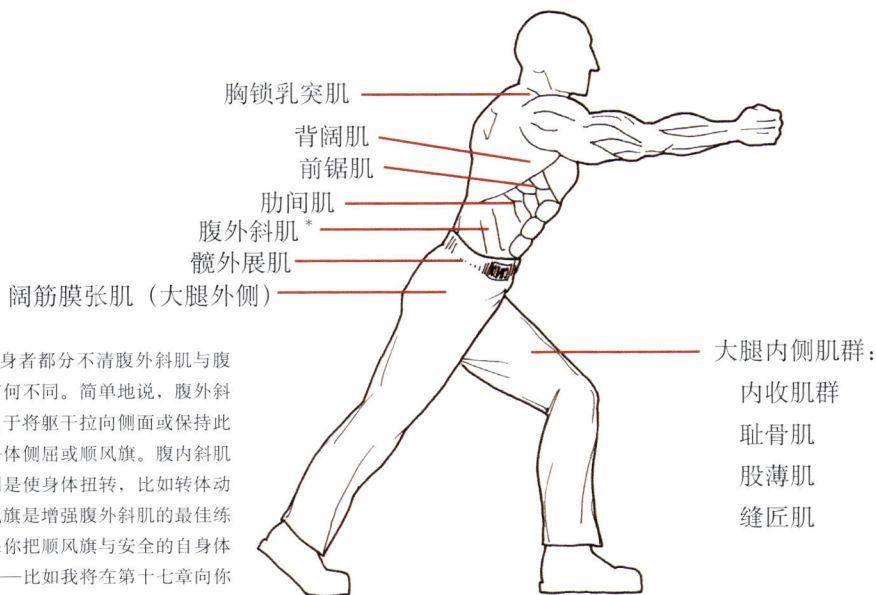

胸锁乳突肌

背阔肌

前锯肌

肋间肌

腹外斜肌 *

髋外展肌

阔筋膜张肌（大腿外侧）

大腿内侧肌群：

内收肌群

耻骨肌

股薄肌

缝匠肌

*许多健身者都分不清腹外斜肌与腹内斜肌有何不同。简单地说，腹外斜肌主要用于将躯干拉向侧面或保持此姿势——体侧屈或顺风旗。腹内斜肌的作用则是使身体扭转，比如转体动作。顺风旗是增强腹外斜肌的最佳练习。如果你把顺风旗与安全的自身体重转体——比如我将在第十七章向你介绍的练习——结合起来，那么，你将拥有最完美的斜肌锻炼。

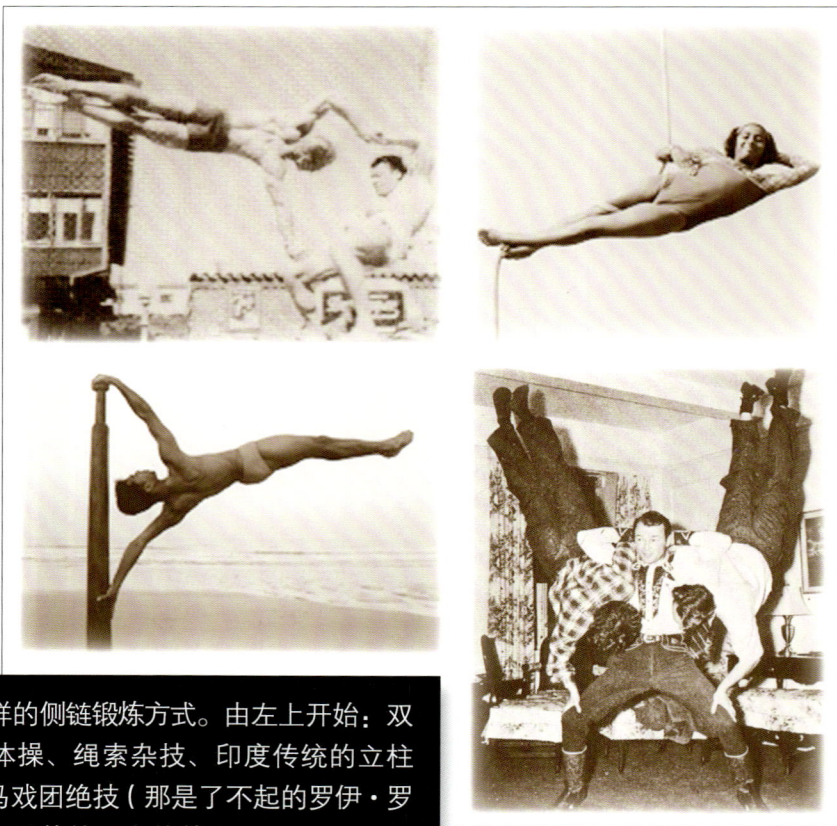

各种各样的侧链锻炼方式。由左上开始：双人健美体操、绳索杂技、印度传统的立柱体操、马戏团绝技（那是了不起的罗伊·罗杰斯支起了他的两个伙伴）。

两种类型的顺风旗

顺风旗有两种主要变式。一类叫作抓旗，另一类叫作扬旗。抓旗时，你将竖直支撑物——一根杆子、支柱、不太粗的树干或者其他的什么都行——抓到自己的胸口位置。扬旗时，你则要伸直手臂，将自己的身体从竖直支撑物向外推出。

我将教你一系列的升级练习，以帮助你掌握这两种顺风旗的变式。由于力臂较短，抓旗的难度远远小于扬旗，学习起来也更快，但是最终学会扬旗才能够获得最佳的侧链锻炼效果以及全身力量的发展。

由于这两种顺风旗变式的难度不同，所以我一直建议我的学生先掌握抓旗，然后再尝试练习扬旗。这一原则特别适合那些不习惯全身静力紧张（类似平板支撑或仰卧肘撑）的训练者。精通抓旗不仅能够系统性地强化你的全身，从根本上降低受伤的可能性，还能够在你想要尝试扬旗时加快你的进步速度。

阿尔·卡瓦德罗（Al Kavadlo）演示了经典的抓旗。身体呈现完美直线。像往常一样，阿尔的强大力量让这一高难度动作看起来轻而易举。

瓦西里（Vassili）展示了完美的扬旗。在这张照片中，你可以清晰地看到扬旗为何是全身动作——身体的每一块肌肉都在发力。看看他惊人的锻炼效果！

熄灯！

真正的力量在于你整体运用身体的能力，而肌肉的快速增长则来源于最好的力量练习。这就是侧腹部——或是侧腰肌肉——的现代锻炼方法如此落后的原因。现代锻炼在做的是尽可能地独立锻炼斜肌。

这真是大错特错。

你想拥有古典雕像中那样强大的、线条清晰的腰部吗？那些雕像雕刻于几千年前，那时还没有哪个白痴想到了什么侧身卷腹。你现在知道我所支持的东西了吧？放弃现代的方法，找一个垂直的支撑物来练习顺风旗吧。如果练习几组侧身卷腹，你可能会觉得自己的腰部某处微微酸痛。但是练习顺风旗的话，你将感到自己身体侧面的所有肌肉——从颈部到背阔肌、肋间肌、斜肌、髋部、大腿——都会让你非常难受地紧绷起来。你知道，这些肌肉和肌腱正在被刺激、被增强。它们别无选择！

如果你想把自己的侧链练到极致，你就必须学会扬旗。但是，和其他的力量练习一样，在跑之前，要先学会走。先学会抓旗吧。在下一章中，我将教你如何去做。

第八章 基础八式

抓 旗

认真锻炼身体的侧面——特别是侧腰——并没有什么新奇的。看看古希腊或古罗马英雄的雕像，你会发现他们都有令人印象深刻的、线条清晰的斜肌和侧腰。这些雕像都是以运动员或战士为原型雕刻而成的——这些人需要强有力的侧链来投掷铁饼和标枪。别忘了，那些都是最初的战场上的武器。对古人来说，运动能力和战斗能力是一回事。瘦弱而不发达的腰部正与希腊人所崇尚的美背道而驰。如果你没有强壮的斜肌，那你就称不上是男人。

作家们经常说的"古希腊完美体形"指的是宽大的肩膀和窄小的腰部。但实际上，把细小的腰部视为阳刚的象征，根本就不是西方的观念。这一概念来自古埃及艺术品，但那只是因为，对古埃及人来说他们的法老和神明不是战士，更不是运动员，而是统治者，他们不会让凡夫俗子这种你死我活的战事玷污自己。他们不需要强壮的腰部。

强壮侧链的重要性并不只是针对战士。躯干四周被强大的肌肉所环绕，这对真刀真枪的高水平力量对抗来说非常重要。某些从健身房里出来的人看似非常强壮，因为他们能够举起沉重的杠铃，但如果你请他们来帮你搬家，就会发现他们连抬起一台冰箱或电视都有困难，这些东西远不及他们的杠铃沉重。为什么？因为健身房里面的重量——无论是器械还是杠铃——都是对称的、平衡的。但是现实生活中的物体，比如桌子或人体自身，都不可能被"平衡"地举起，总会有一侧更重些。在举起的过程中，重量的分布经常还可能出现随机变化或起伏。从健身房里出来的大块头们拥有强壮的前链和后链，但他们的侧链是最弱的一环。

过去的健身者都深知其中道理。他们从来不会像现代举重者那样回避对腰髋侧面肌肉的锻炼。他们练习的主要项目包括屈体单臂推举、单臂硬拉等等，这些动作都能够打造极为强大的侧腰。在一个世纪之前，传奇人物阿瑟·萨克森（Arthur Saxon）在正式场合表演了370磅的屈体单臂推举——而他在非正式场合曾完成过385磅的推举。你能够想象他的髋部和侧腰有多么强大吗？在现代，你如果能找到可以完成他一半重量的屈体单臂推举的顶级举重者就已经非常幸运了。有一点我非常肯定——萨克森在搬家的时候不需要任何人来帮忙。

强壮的侧身肌肉对于自身体重力量技巧也至关重要。看看杂技演员所表演的特技，或是体操运动员在鞍马上的表演。每当做双腿外摆或是单臂支撑时，他们髋部与腰部的所有肌肉都被调动起来。腿部的长度和重量决定了强有力的侧腰肌肉的重要性。

阿瑟·萨克森展示屈体单臂推举的第一阶段动作。

伟大的教练保利奈提（Paulinetti）教授表演单臂平板支撑。只有拥有钢铁般强大的侧身肌肉的人才能完成这一技艺。

　　如果你想拥有这样高水平的自身体重力量与控制力，那么，我会教你怎样锻炼。就从抓旗开始。

在哪里练习？

　　在开始练习抓旗之前，你首先要找到一个用于锻炼的垂直支撑物。最理想的选择是一根光滑、稳固、粗细适中的杆状物。如果问"多粗"，我只能说，它的直径至少要与你手掌宽度相等，当然，更粗一点通常也更容易抓握。这里有一些建议：

- 路灯杆
- 路标牌杆
- 细柱子
- 小树树干
- 公园里的器械（单杠两边的柱子等等）

这些东西随处可见——如果你没有刻意寻找，就很可能对它们视而不见。如果你想熟练掌握顺风旗，你必须像一名跑酷运动员一样去思考，并重新审视日常生活中的建筑。你很快就会发现，事实上，在你身边有很多锻炼工具。可笑的是，有一个地方，你不太可能在那里找到适合练习抓旗的支撑物，那就是健身房。这不是坏事儿。离健身房远一点，或许是你提高自己训练效果的最佳选择。

无论你选择的是怎样的支撑物，都要确保它足够坚固、结实，能承受你的体重，再检查一下，确定抓握处没有碎片或锯齿状的边缘。你是我的同伴，我不希望你伤到自己。（看，我多替你着想啊？下面，我会将你介绍给我的姐姐……）

抓旗的锻炼理念

在我们开始进行抓旗的升级练习之前，我想先来向你解析几条锻炼理念。这能帮助你更快地进步。

- **坚持**：比起运动的、等张的技巧，抓旗更适合作为静止的技巧。跳起来，摆出你所能做到的最好的姿势，然后固定住。如果你习惯于运动型体操，那要注意，这种节奏的改变需要你调整自己的心态。相比于大多数动态练习组，静力练习所需时间短，姿势死板，犯错的余地也更小。你更需要集中注意力。
- **整体力量**：你可以把顺风旗练习添加到任何一个部位的锻炼计划中，它可以强化你身体侧链的力量，并且增强你对身体的整体运用能力。但是，如果你已经按照我在《囚徒健身》里介绍的六艺练习的话，那么，你的进步会更快。基础的体操练习不仅可以教给你更好的协调技能，还可以增强你身体前部和后部的力量，如果你想掌握顺风旗，这是一个很好的开始。
- **越级练习**：在这套教程中，我把抓旗分为八式升级练习。我喜欢多给出一些升级变式，因为这样可以有更多调整的空间。这样也可以帮助训练者看到通向成功的道路，从而提升他们的自信，并给他们锻炼的动力。但要记住，"八"这个数字本身并没有什么魔力。去体验一下每一式，看看效果如何，这样固然很好，但并不是人人都需要将这八式都练习到。如果你能够轻松掌握某一式（至少撑 10 秒），并且下一式练习你也能够完成，那你就完全可以越级练习下下式了。（相比于六艺这种常规练习，本原则更加适用于顺风旗这种静力体操。）

至于如何将抓旗融入你目前的练习中，下面是一些有用的经验原则：

如何升级

练习时间

如果你正打算进行抓旗的升级练习，那么，升级标准可以灵活处理。对大多数姿势来说，能坚持 10 秒就不错。一旦你可以按照标准姿势（完美）坚持 10 秒，就尝试下一式吧。

练习数量

练习抓旗时，保持标准姿势，直到开始下垂或是姿势变形。然后休息片刻（几分钟）之后再继续练习。每回练习 5 ~ 6 次。

练习频率

抓旗练习可以高强度地锻炼肌肉，让你在几天之内都感到酸痛。你可以每周选择（不连续的）3 天进行练习。如果你状态很好，并渴望早日掌握抓旗，隔天训练也可以。但不要在肌肉依旧酸痛的时候练习——那样毫无意义。

现在，你已经知道了练习的基本原则。对在哪里锻炼，如何编排锻炼计划，你也有了一些想法。但是，在我开始向你展示各式练习之前，还要教你一项练抓旗最基础的东西——抓住杆子的最佳技巧。

准备好得到法拉利设计、史密斯 & 威森制造的侧身肌肉了吗？开始训练！

基本抓杆姿势

在介绍抓旗的升级练习之前，我们先看看抓旗动作中最基本的要素——抓杆姿势。可分为 4 个基本步骤：

1. 靠近垂直支撑物（圆柱、旗杆、球门柱、树干等等）。右臂向外伸直，把腋窝或背阔肌上部紧靠在支撑物上。这样你就做好了起始姿势。

2. 右臂向后，环绕支撑物，肘部弯曲，把手紧贴在支撑物上。如果你姿势正确，食指可以指向地面，但其他手指必须紧握支撑物。注意手掌根部必须牢牢抵在支撑物上。

3. 把你的左手放在支撑物上，大致与髋部同高，肘部弯曲。尽力去推支撑物，使左臂肌肉最大限度地紧张起来。左手是保证你身体不掉下来的那只手，所以它的肌肉必须绷得紧紧的。

4. 通过向后退一小步和 / 或稍稍弯腰的方式使自己稍微后移。这是为了给你的左手肘部创造空间，以让左手肘部稳固地支撑在腰下，略高于左髋。此时，你的左前臂与直杆接近于 45°。现在鼓起勇气，准备升空！

就是这样——这就是接下来抓旗各变式所需的基本抓杆姿势。（至于另一侧的抓旗法，只需把上述动作中的左右互换即可。）练久了，你会发现，这 4 个分解动作将逐渐变成一个流畅的动作。随着你的不断进步，你也会发现，自己的抓握技巧与我所阐述的会略有不同。这没关系——条条大路通罗马，宝贝儿。

第一式 | 悬吊抓

综述

靠近支撑物，先做好基本抓杆姿势。用力握紧支撑物，用你的双手尽力推杆，并以你腰下的肘部作为杠杆。一旦感觉自己已经聚集了足够的力量，就慢慢抬起脚——开始的时候一次抬起一只脚即可。暂时不要尝试将双腿向外侧伸出。放松下肢，保持膝盖弯曲，使双腿自然下垂。这一式的目的是帮助练习者获得足够的力量与自信，以在抓旗中支撑其身体的全部重量。

提示

应将双脚微微向身后抬起，通过屈膝使双脚离地，而不要通过把膝盖提到髋部的高度来使双脚离地。这一式只是上身练习，而不是腹部练习。

> 这一式的目的是帮助练习者获得足够的力量与自信，以在抓旗中支撑其身体的全部重量。

第二式　单蜷腿斜身抓

综述

　　靠近支撑物，先做好基本抓杆姿势。使肘部位于髋部上方，用其牢牢支撑住腰部。这样的肘部姿势会将你的髋部推离中心位置，稍微偏向侧方。然后，右腿屈膝，并尽力向上提，这样身体就会向侧面斜出。同时，将下方的腿伸直。试着控制身体，使其保持一条直线，让你的躯干和下方的腿成对角线。保持这一姿势，正常呼吸。

提示

　　保持上方那条腿处于蜷缩姿势，可以让你更容易地保持身体成对角线，但有人可能会发现自己身体还是会向下落。这完全是因为你的侧链太弱——大多数人，即便是运动员，都不习惯考验自己的侧链力量。继续努力。

> 试着控制身体，使其保持一条直线，让你的躯干和下方的腿成对角线。保持这一姿势，正常呼吸。

第三式 双蜷腿斜身抓

综述

靠近支撑物，先做好基本抓杆姿势。然后，做单蜷腿斜身抓（第二式）。先将你的右腿尽量向躯干蜷缩，然后再把左腿蜷起，直至其紧贴右腿。此时，两腿应都处于蜷曲状态，你的躯干和胫骨应该形成一条对角线。保持这一姿势，正常呼吸。

提示

如果你已经练习了单蜷腿斜身抓，那么，这个动作也不会给你的腰部带来多大压力。但这一技巧是练成双蜷腿水平抓的重要基础。如果你觉得蜷起双腿很困难，那么去练练坐姿屈膝吧（详见《囚徒健身》），它能给你带来很大帮助。

两腿应都处于蜷曲状态，你的躯干和胫骨应该形成一条对角线。保持这一姿势，正常呼吸。

第四式　斜身抓

综述

　　靠近支撑物，先做基本抓杆姿势，再做双蜷腿斜身抓（第三式）。然后，保持躯干的倾斜度，向外伸出双腿，直到双腿完全伸直。此时，你的躯干和伸直的双腿应该形成一条对角线。保持这一姿势，正常呼吸。这一式对于开始练习抓旗非常有帮助，因为不过于艰难的倾斜姿势，即便是对现在还没有力量完成要求身体水平的标准抓旗动作的健身者而言，也是可以经常练习的。

提示

　　这是关键的一式，是不能跳过的一式。如果斜身抓太难，一开始你还不能完成，那就分步来做：先双腿略微弯曲，坚持 10 秒，然后随着你力量的不断增强，再伸直双腿。

此时，你的躯干和伸直的双腿应该形成一条对角线。保持这一姿势，正常呼吸。

第五式 双蜷腿水平抓

综述

靠近支撑物，先做基本抓杆姿势。稳住身体，跳起到下方的前臂上，同时将双膝抬高到与髋部相对的位置（即蜷曲姿势）。此时，你的躯干和双腿胫骨应是水平的。保持这一姿势，正常呼吸。此式是一个重大进步，这是练习者的第一个水平姿势抓杆动作。成功就在不远处！

提示

这是非常关键的一式，在这一式中，你将学会保持水平时上身的正确姿势。到目前这一式为止，你较低的那只手的前臂都发挥着杠杆作用。在此式中，你会发现，较低的前臂更像是垫在你侧腰的一根斜柱。较高的前臂应该平贴支撑物，用力夹紧以分担体重。

此时，你的躯干和双腿胫骨应是水平的。保持这一姿势，正常呼吸。

第六式 单蜷腿水平抓

综述

　　靠近支撑物，先做基本抓杆姿势，然后做双蜷腿水平抓（第五式）。上方的那条腿保持屈膝，处于与髋部相对的位置。同时，下方的那条腿伸直。努力使你的躯干和下方的那条腿成一条直线。保持这一姿势，正常呼吸。

提示

　　如果练习者已经能够完成双蜷腿水平抓，那么现在他要做的就是伸直他的双腿。第六式和第七式教你如何渐进地完成这一提升。许多时候，一旦练习者能够掌握单蜷腿水平抓，他们很快就能达成最终式。至此为止，绝大多数的核心练习已经完成。

下方的那条腿伸直，努力使你的躯干和下方的那条腿成一条直线。

第七式   屈腿抓旗

综述

靠近支撑物，先做基本抓杆姿势，然后做单蜷腿水平抓（第六式）。姿势固定后，逐渐放松下面那条腿的膝关节和髋关节，使之弯曲，同时，慢慢伸直你蜷曲着的右腿，直到左右脚相遇。此时，你的双腿的弯曲程度应当小于45°。尽管关节弯曲，但躯干与双腿仍然应成一条水平直线。保持这一姿势，正常呼吸。

提示

伸展双腿会使重心外移，会增加所有顺风旗动作的难度，而这也是此式的好处所在。要想调节此式难度也非常容易，双腿越弯曲，动作就越容易，双腿伸得越直，动作就越难。

姿势固定后，逐渐放松下面那条腿的膝关节和髋关节，使之弯曲，同时，慢慢伸直你蜷曲着的右腿，直到左右脚相遇。此时，你的双腿的弯曲程度应当小于45°。

★最终式 抓旗

综述

靠近支撑物，先做基本抓杆姿势，然后做双蜷腿水平抓（第五式）。姿势稳定之后，逐渐伸直你的双腿，直到完全笔直。此时，你的躯干和身体应该形成一条完美的水平直线，不允许丝毫的下垂。保持这一姿势，正常呼吸。

提示

在标准抓旗动作中，你的腹部应该朝前而不是朝上。如果你的腹部上转，朝向天空，那说明你的侧身肌肉很弱，而你正从你的腹肌（前部肌肉）那里借力。要保持侧面朝上。随着你在这一动作中变得自如，你就会发现，你并不需要先做好双蜷腿水平抓旗了，你会一开始就伸直双腿，纯粹靠侧身肌肉力量将身体慢慢支撑起来。

姿势稳定之后，逐渐伸直你的双腿，直到完全笔直。此时，你的躯干和身体应该形成一条完美的水平直线，不允许丝毫的下垂。

抓旗系列升级表

第一式	悬吊抓 第 66 页	逐步做到 **坚持 10 秒** 然后开始第二式
第二式	单蜷腿斜身抓 第 67 页	逐步做到 **坚持 10 秒** 然后开始第三式
第三式	双蜷腿斜身抓 第 68 页	逐步做到 **坚持 10 秒** 然后开始第四式
第四式	斜身抓 第 69 页	逐步做到 **坚持 10 秒** 然后开始第五式

抓旗系列升级表

第五式	双蜷腿水平抓 第 70 页	逐步做到 **坚持 10 秒** 然后开始第六式
第六式	单蜷腿水平抓 第 71 页	逐步做到 **坚持 10 秒** 然后开始第七式
第七式	屈腿抓旗 第 72 页	逐步做到 **坚持 10 秒** 然后开始最终式
最终式	抓旗 第 73 页	终极力量 **坚持 1 分钟**

熄灯！

实践证明：成千上万次的侧身卷腹也不会给你的整体力量与形体带来多少好处。如果一名整天练习卷腹和其他一些无用的现代核心区训练法的训练者尝试抓旗——一种需要真正力量和运动能力的静力练习——的话，他会震惊的。

尽管如此，对大多数练习者来说，只要能下定决心，循序渐进，身体超重也不严重，那么抓旗还是相对容易的。先掌握好基本抓杆姿势，然后逐步尝试我所列出来的升级动作。很多人不需要将这八种变式都练到——这没问题。还有些人或许能尝试发明出你自己的变式升级表，然后再传授给他人——这就更棒了！

一旦你可以完成较长时间的标准抓旗，那么，你就可以确信自己的侧链没有弱点了。每周练习抓旗两三次——也许就作为日常锻炼的一部分——你就会发现，比起每天练习卷腹的家伙，自己的侧身肌肉强大的速度要快 100 倍。

对很多人来说，做到这一步已经够了。你很棒——大多数健身者做不到的你都能做到。但对那些渴望进入精英等级的人来说，路还在前方——扬旗。如果你愿意尝试，我将在下一章教你。

第九章　进阶八式

扬　旗

有些练习者会满足于掌握抓旗，而另外一些人则会希望尝试传说中的扬旗。

在所有顺风旗动作中，扬旗是对侧身肌肉的终极考验。忘掉你的侧身卷腹和坐姿转体吧：扬旗是一种独树一帜的力量技艺。认真的举重者（那些已经意识到侧身肌肉重要性的人——但只有极少数）也许会拿着哑铃做体侧屈或者将大重量杠铃放在身体一侧进行单臂硬拉，然而这些动作给侧身肌群带来的力量收益远远无法与扬旗相比。

扬旗不仅比大重量硬拉更能锻炼平衡能力和协调能力，而且也更加安全。当你在负重时，向一侧弯曲身体，你的椎间盘正在承受极大的压力，脊柱和髋关节受伤的可能性也大大增加。但是练习扬旗，所有压力都是在身体保持一条直线的状态下承受的，脊柱也是以自然的状态伸直的。

如果你想获得健壮的侧身肌肉，击败对手，那就继续练习扬旗。但如果你想练就强壮、硬朗、线条分明的斜肌，至此已经足够了。

上身变式

练习扬旗时，手部有 3 种基本抓握方式：

1. 垂直抓握：上方那只手正手握杆，下方那只手则反手握杆，或以掌侧朝上、四指朝下的方式抓握。这一抓握方式最适合直杆，不过一些强悍的家伙（如马戏团杂技演员）则可以在绳索上以这种抓握方式完成扬旗。

2. 水平抓握：抓握两根水平横杠（一高一低），高处那只手可以正握或反握，但下面那只手则应该使用反握姿势。

3. 双人抓握：杂技演员有时会使用这种抓握方式。他们不是抓握直杆或是别的什么无生命的东西，而是抓住同伴的手臂。

以上是 3 种最基本的抓握方式——记住，如果环境允许的话，你可以尽可能地将它们进行组合：上方那只手垂直抓握，下方那只手水平抓握，等等。基本上，选择哪种抓握方式，在于你的自身情况及你所能获得的练习条件。适合垂直抓握的支撑物有路标杆、栏杆甚至路灯杆，如果你的手指够强的话（对扬旗来说，圆柱体越粗越难抓）。适合水平抓握的则有公园里的攀登架。如果你四处看看，会很惊讶——你身边的很多东西都可以利用。通过下面几页的内容，你可能会得到一些启发。

本书中的示范图片都选择了垂直抓握，但你所学到的基本原则和每个变式都适用于任何抓握方式。不管你喜欢哪种抓握方式，在练习时将其坚持下去才是最重要的。

垂直抓握扬旗。

阿尔·卡瓦德罗正在表演他的标志动作，水平抓握扬旗。

双人抓握扬旗的经典一幕。和其他扬旗一样，这种需要搭档的动作需要极强的平衡能力，同时还需要较高那只手的强大拉力和较低那只手的强大推力。

你所在的城市里没有健身房？不要紧。超级训练者丹尼·卡瓦德罗（Danny Kavadlo）告诉我们，纽约就是他的健身房！他向我们展示的同样是基本扬旗动作，但却使用了很多即兴的抓握姿势。（你看他是怎样运用斜握与另一只按在电话亭上的手掌扬旗的，天才！）

丹尼·卡瓦德罗在纽约某地铁站表演扬旗。

阿尔·卡瓦德罗决定在树上表演扬旗。注意他特别的抓握方式。

无法接触到城市的钢铁丛林？你仍然可以进步。跑酷爱好者安东尼·鲁伊斯（Anthony Ruiz）（下图）正在水管上表演扬旗的转体变式。右图中，丹尼·卡瓦德罗在木桩上运用了一种独特的抓握方式。你总是能够找到训练场所的。

理解扬旗中的抓握

抓旗学起来相对容易。这与侧身肌肉力量的关系不大，只是因为抓旗动作对上身力量的要求不如扬旗那么高。抓旗所需要的力量主要集中在胸部与肱二头肌，以支持髋部与双腿的重量。对大多数训练者来说，只要对他们的胸部与肱二头肌稍加锻炼，就可以完成这个任务，因此，抓旗不需要练习太久。然而，要正确完成扬旗，却需要极大的肩部和手臂力量。在某种程度上，这也是因为杠杆原理——整个身体都伸到外面，而不仅仅是髋部和腿部。但保持扬旗动作的真正挑战——但凡尝试过的人都会告诉你——在于用力上的不对称。抓旗时，两只手臂所承受的重力大致相等；而扬旗时，较低那只手臂不得不承受绝大部分体重，而杠杆原理更加重了其负担。

告诉你扬旗时会让上半身感到多么困难是毫无意义的。甚至都不用说，如果你不能以"锁定"肘关节的姿势单臂支撑起自己（类似单臂倒立），那么你较低那只手臂就会完蛋；如果你不能单臂悬吊自身体重，那么你较高的那只手臂也会完蛋。幸运的是，你可以在较短的时间内增强这些部位的力量。按照一份倒立撑升级表进行渐进式训练将使你的肩部产生最大的推力，一些简单的悬吊练习会奇迹般地增强你的抓握力。如果你在这些身体素质方面还落后不少，那么你应该抓紧时间提升了。

爆发力：上与下的技巧

我在圣昆汀监狱里学习顺风旗时，很容易就掌握了抓旗（并非我自吹，毕竟我花了大把血汗练过无数次的单臂平板支撑转单臂倒立，这一动作让我的侧链力量不会太差）。尽管我十分成功地拿下了抓旗，但扬旗却完全是另一回事儿。我尝试着缓缓地水平抬起身体，但就是没法掌握，我的身体会不可避免地倾斜和下垂。

一天，我在院子里练习时，有个囚徒走近我，展示了一个小窍门。事后证明，这是一个非常有用的办法——几乎立马就治好了我那不堪入目的扬旗。"秘密"就在于竖直推举。不是把伸直的身体慢慢抬起，最终成顺风旗状态，而是爆发性蹬地屈腿摆出一个倾斜向上的预备姿势（详见第88～89页）。然后，再缓缓伸直躯体，直到双脚朝天（详见第90页）。这种倾斜向上的姿势我称之为竖直推举，比标准的水平扬旗更容易保持。从竖直推举这一姿势开始，我再缓缓放下身体直到动作变成水平扬旗（详见第93页）。效果立竿见影，在几周努力之后，我终于完成了一次比较让人满意的扬旗。

为什么我能够将身体从竖直姿势放低成水平扬旗，却不能直接水平抬起身体完成扬旗呢？原因有几个。最明显的一点是，控制一个你正在放低的重物比控制一个你正在抬起的重物要容易，因为前者不需要你对抗重力做功。（想象一下，放下一个你正在弯举的非常重的物体，直到放低到其与地面平行；然后与直接抬起那一重物到标准姿势对比一下。）我也相信，爆发性蹬地完成竖直推举能够激活侧身肌肉中的神经末梢，给神经系统发送信号，自动增强这一区域的力量。

不管是什么原因，这一"先蹬地完成竖直推举，再放下身体变成水平扬旗"的小技巧真的非常有效，前提是你要有能力开始这一阶段。我已在本章的后半部分，把这一技巧融入扬旗升级系列之中。

扬旗的锻炼技巧

好了，现在你已经知道扬旗的原理了。在开始练习之前，我想给你一些小提示，这些提示对于你练习扬旗会非常有帮助。

- 在你能够完成标准的抓旗最终式之前，不要尝试扬旗。提前尝试扬旗毫无意义——就像在你只能卧推 150 磅（68.04 千克）的时候尝试卧推 300 磅（136.08 千克）。
- 前几式扬旗变式的目的主要是培养良好的抓握能力，而非强化侧身肌肉力量。因此，在练习扬旗的初始阶段，你在锻炼结束时，都应该坚持做几次抓旗动作以保证侧身肌肉的训练强度。至少在练到扬旗第五式之前，你都必须这样做。

如何升级

练习时间

与抓旗一样，扬旗的升级标准也可以灵活处理，我的建议是：

- 对于第一式和第二式，你应该以坚持 10 秒为目标。
- 对于第四式至第七式，你只需要坚持 5 秒的标准姿势，就可以开始下一式学习了。

练习数量

当你练习顺风旗时，保持你的最佳姿势，直到开始下垂或姿势变形。稍微休息一下（几分钟）之后再尝试。每回练习 5 ~ 6 次。

练习频率

比起抓旗，扬旗对身体素质的要求更高，你的练习频率也应该服从以下原则：

- 对于第一式至第五式，你可以每周练 3 天（不连续）；
- 对于第六式至第八式，每周的练习不要超过 2 次。

- 在扬旗时，你的体重会被杠杆作用放大。我从来没见过有胖子能完成扬旗。有些卡在某个变式的练习者会发现，当自己甩掉 5 ~ 10 磅（2.27 ~ 4.54 千克）肥肉之后，他们的升级之路变得无比平坦。

- 扬旗是极度不平衡的一种技巧，它对身体两侧的锻炼有明显不同。因此，它能够凸显出你侧链中的弱点，这也是为什么有些人只能完成一侧的扬旗。不要让自己重蹈覆辙。每次练习顺风旗时，都应该两侧并重，而且必须先从较弱一侧开始。

- 一旦掌握了手臂姿势，你就会发现，在扬旗中，要平衡向外伸出躯干比在抓旗中要难得多。尤其是，如果你的腹肌太弱或者收缩不够，如果支撑物并非完全竖直，那么身体可能向后摆动。要准备好补救这种情况！

- 安全是自身体重训练的重中之重。从第一次尝试扬旗开始，你就应该学会如何安全下杆。要培养控制能力——千万不要让自己直接掉下来。

- 扬旗很难，新手要花不少时间才能学会。在练习过程中，可能每过两周，你才能多坚持一秒。这已经是极大的成就了！你的侧链正在变强，而那些不停做侧身卷腹的人正在搞坏自己的背部。

基础的扬旗抓杆法

在开始进行扬旗练习之前，还需要一些基础练习。就像我们刚开始学习抓旗时一样，在练习各式动作之前，先来看看最基础的扬旗抓杆法。

1. 初始距离非常重要。别忘了，你至少有一只手臂在扬旗过程中是要处于"锁定"状态的，所以如果你离杆的距离比手臂长度短太多的话，那么你就不得不将自身体重"推"出去。别给自己找麻烦，老兄。站在大约距杆 3/4 手臂长度的位置。

2. 左臂向下，在你髋部的高度抓杆。你的手掌根部应该朝向上方，食指指向下方，将左臂"锁定"在伸直状态。

3. 将你的右手向上伸，在高于你头顶的某个位置抓住支撑物。你右手的拇指应在手掌下方，此时你可以选择将拇指绕在支撑物上或是不绕在上面。无论使用哪种抓握姿势，你感觉自然就好（与直杆的性质也有一定关系）。

4. 手部的抓握姿势摆好之后，现在把身体侧面完全朝上。如果需要的话，你也可以稍微挪动双脚位置来完成这一姿势。此时，较高那只手臂不用完全伸直，但你要用那只手臂全力拉起身体，与此同时，另一只手臂用力推杆，让肌肉紧张起来，准备扬旗。

我故意没有严格地描述这些动作，因为每一项技巧都会因个人情况不同而有所不同。关键在于自己去尝试。只要你能够对我所描述的基本步骤认真思考，努力尝试，那么自然也能够发展出一套适合你自己的技术。从哪一个方向扬旗也由你自己说了算。要改变方向，你只需要简单地替换描述中的"左""右"即可。

就这样，让我们开始扬旗八式的学习吧。

完美表演：卡瓦德罗兄弟向外界表明，利用最简单的工具，就可以练就超人的力量与控制力。你总能找到一根直杆，不是么？

第一式 支撑推举

综述

支撑推举是扬旗练习的第一步。这一式的目的是让训练者在开始练习推举悬吊之前先增强（或测试）自身的上身力量，而推举悬吊是所有扬旗练习的基础。练习支撑推举，你需要一根靠近墙面或者其他竖直支撑物的水平横杆，用来练引体向上的单杠就不错。双手正手抓住横杆，悬吊在离墙不远处。放下一只手（离竖直墙面最近的那只），然后将手掌贴在竖直墙面上，用力推墙，直到手臂伸直，而此时，你的身体被向外推出，呈一定角度。保持你的身体成一条直线，正常呼吸。

提示

练习此式应循序渐进，你可以将悬吊在杠上的那只手朝着另一只手的方向缓缓移动。当双手抓握的位置几乎处于同一竖直线上时，你就可以升级到第二式了。

放下一只手（离竖直墙面最近的那只），然后将手掌贴在竖直墙面上，用力推墙，直到手臂伸直，而此时，你的身体被向外推出，呈一定角度。保持你的身体成一条直线，正常呼吸。

第二式 推举悬吊

综述

走近竖直支撑物，做扬旗抓杆姿势。较高那只手臂用力拉杆，较低那只手臂用力推杆，绷紧上身。在本式中，你拉杆的那只手臂必须绷紧。一旦你觉得准备好了，就稍稍跳向一侧，努力使双脚离开地面。如果需要的话，你可以稍微弯曲一下膝盖。让你的下半身自然下垂。保持这一姿势，正常呼吸。

提示

本式的目的是在扬旗中产生足够的肌肉张力来支撑你自身的体重。现在你还不需要去尝试保持水平，所以不需刻意向外蹬腿或使身体成一条直线。目前，你所需要做的就是将全身力量都集中在上半身。

在本式中，你拉杆的那只手臂必须绷紧。一旦你觉得准备好了，就稍稍跳向一侧，努力使双脚离开地面。

第三式 蹬地推举

综述

　　走近竖直支撑物，做扬旗抓杆姿势。将髋部摆到一侧，双脚分开。用距离支撑物最近的那条腿猛力蹬地，将另一条腿爆发性地甩高（一）。用你较高的那只手臂（肘部弯曲）拉杆，并用你较低那只手臂推杆。蹬地弹跳，将躯干抬高到高于水平位置（二）。在跃起的最高点转动髋关节，让它们都朝上。你的最终目标是尝试抬高并蜷起膝盖，让膝盖处在高于躯干的位置（三）。本式是扬旗系列中唯一的纯爆发性动作，所以不要想着在最高点维持该动作——本式的意义在于学习爆发动作的发力方式。只需要强有力（但要有控制）地抬高双膝即可。当你能够将这一动作完成 10 次时，就可以开始尝试在最高点维持这一姿势了，那将是下一式的内容。

一：用距离支撑物最近的那条腿猛力蹬地，将另一条腿爆发性地甩高。

二：蹬地弹跳，将躯干抬高到高于水平位置。

三：在跃起的最高点转动髋关节，让它们都朝上。你的最终目标是尝试抬高并蜷起膝盖，让膝盖处在高于躯干的位置。

第四式 蜷腿竖直推举

综述

　　如果你掌握了蹬地推举，那么现在就是将爆发动作转变成静力体操的时候了。你将开始学习竖直推举，然后从竖直推举姿势将自己放低，变成标准水平扬旗。走近竖直支撑物，做扬旗抓杆姿势。然后运用蹬地推举的技巧跳起，不同的是，在最高点固定住身体，双膝挨近较高手臂的肘部。保持这一姿势，正常呼吸。

提示

　　本式是竖直推举（第五式）的预备动作。在这一式中，你不需要将身体完全蜷起——即不需要将双膝尽量贴近躯干，只需要一定程度的弯曲即可。同时，你的身体也不必完全竖直。正确姿势就像图片中所展示的，身体外展，与竖直支撑物呈一定角度即可。

运用蹬地推举的技巧跳起，不同的是，在最高点固定住身体，双膝挨近较高手臂的肘部。保持这一姿势，正常呼吸。

第五式 竖直推举

综述

走近竖直支撑物，做扬旗抓杆姿势。然后，完成蜷腿竖直推举（第四式）。在姿势稳定之后，逐渐向上伸直双腿直到完全笔直。此时，你的躯干和身体应该大致形成一条直线，不要下垂。你的身体不可能完全竖直，但如果让身体与支撑物所成的角度小于45°的话，维持该姿势的难度会大大降低。保持这一姿势，正常呼吸。

提示

如果你觉得直接从第四式到第五式一步到位太难的话，可以采用渐进的方式，一开始只伸直一条腿（单蜷腿竖直推举）。在掌握单蜷腿竖直推举之后，你再尝试逐渐伸直第二条腿。这样，你就能完成竖直推举了。

在姿势稳定之后，逐渐向上伸直双腿直到完全笔直。此时，你的躯干和身体应该大致形成一条直线，不要下垂。

第六式 单蜷腿扬旗

综述

现在你已经掌握了竖直推举，接下来你将尝试将自己的身体放低到水平位置。走近竖直支撑物，做扬旗抓杆姿势。然后，完成竖直推举（第五式）。弯曲离杆最近的那条腿，直到呈 90°（直角）。要达到这一效果，你需要在弯曲膝盖的同时将膝盖略微向前提（一）。姿势固定之后，再逐渐放低身体至水平位置。你的躯干和较低那条腿应该形成完美的水平直线，不能下垂（二）。保持这一姿势（哪怕只有一瞬间），正常呼吸。

一：弯曲离杆最近的那条腿，直到呈90°（直角）。要达到这一效果，你需要在弯曲膝盖的同时将膝盖略微向前提。

二：姿势固定之后，再逐渐放低身体至水平位置。你的躯干和较低那条腿应该形成完美的水平直线，不能下垂。

第七式 屈腿扬旗

综述

走近竖直支撑物，做扬旗抓杆姿势。然后，完成竖直推举（第五式）。姿势稳定之后，在保持双腿屈曲的同时，把身体平缓降低到水平位置。你可以只弯曲膝关节或者同时弯曲膝关节和髋关节。但是注意到将腿部向前或向后屈曲会影响你的平衡，并让你的身体出现扭转倾向。你的躯体和弯曲的双腿应该形成完美的水平直线，不可下垂。保持这一姿势，正常呼吸。

提示

当你从竖直推举（第五式）姿势将身体降低到水平位置之前，先将下半身调整到正确姿势是非常有用的。采用这一方法比只在最后关头摆好双腿更能增强力量。

姿势稳定之后，在保持双腿屈曲的同时，把身体平缓降低到水平位置。你可以只弯曲膝关节或者同时弯曲膝关节和髋关节。但是注意到将腿部向前或向后屈曲会影响你的平衡，并让你的身体出现扭转倾向。

最终式 扬旗

综述

　　走近竖直支撑物，做扬旗抓杆姿势。然后，完成竖直推举（第五式）。确保你的双腿伸直。姿势稳定之后，逐渐放低身体至水平位置。你的躯体和伸直的双腿应该形成一条完美的水平直线，不可下垂。尽可能久地保持这一姿势，正常呼吸。

提示

　　能够表演标准顺风旗扬旗的专家少之又少，可谓凤毛麟角。而从健身房出来的健美者中，能完成这一动作的就更少了。其实，任何不超过 70 岁的、熟练的训练者都可以完成这一力量型壮举——前提是他们按照正确的升级方式练习。有些人或许不需要逐一练习我所列出的这么多变式，那很好，从中选择你所需要的就行，老兄。

姿势稳定之后，逐渐放低身体至水平位置。你的躯体和伸直的双腿应该形成一条完美的水平直线，不可下垂。

扬旗系列升级表

第一式	支撑推举 第 86 页	逐步做到 **坚持 10 秒** 然后开始第二式
第二式	推举悬吊 第 87 页	逐步做到 **坚持 10 秒** 然后开始第三式
第三式	蹬地推举 第 88 页	逐步做到 **反复 10 次** 然后开始第四式
第四式	蜷腿竖直推举 第 89 页	逐步做到 **坚持 5 秒** 然后开始第五式

扬旗系列升级表

第五式	**竖直推举** 第 90 页	逐步做到 **坚持 5 秒** 然后开始第六式
第六式	**单蜷腿扬旗** 第 91 页	逐步做到 **坚持 5 秒** 然后开始第七式
第七式	**屈腿扬旗** 第 92 页	逐步做到 **坚持 5 秒** 然后开始最终式
最终式	**扬旗** 第 93 页	终极力量 **坚持 10 秒**

更上一层楼

当你能够坚持几秒钟的标准扬旗时，恭喜你——你已经掌握了一项只有极少数训练者才能掌握的力量技艺。如今，你的侧身肌肉就像钛合金链条一样强大。那么，接下来呢？

就像每一种技艺的最终式一样，你还有很多方式可以继续推进，达到不可思议的力量水平。一旦你能够完成扬旗，首先要做的就是巩固好你的成果。坚持扬旗训练，确保你的姿势达到完美。保持身体绷紧，呈水平直线，不要有任何下垂，尽量少颤抖或摇晃。如果你能够坚持完美扬旗动作 2 ~ 3 秒，那么就继续练习，看看能否再延长几秒。如果你能够坚持完美扬旗 10 秒，那么毫无疑问，在顺风旗这一动作上，你已经是一位大师了——无论与这世界上的哪个群体相比都是这样。

到了这一步，许多练习者会非常满意自己的侧链力量，他们会继续有条不紊地练习扬旗，并满足于这种稳定状态。这可以理解。比起花费更多精力去锻炼侧身肌肉，大多数因徒更愿意在引体向上、俯卧撑和指尖俯卧撑上投入更多时间和精力来提高力量和增肌。我敢打赌，大多数外面的人也一样。如果你也有着类似的想法，那么你只需要在悬垂举腿之后加入几次扬旗练习即可。悬垂举腿能够调动你的核心区和上肢，作为扬旗练习的热身再好不过。完成悬垂举腿之后，再花 3 ~ 4 分钟轻轻拉伸腰部，然后开始扬旗。两次强度适中的扬旗就能够轻易巩固你花费大量辛劳锻炼得来的侧腰力量。

一、悬垂举腿

2 ~ 3 组（热身组）

2 ~ 3 组（锻炼组）

3 ~ 4 分钟的扭腰或者轻度拉伸

二、扬旗

每侧 2 ~ 3 次扬旗（中等强度）

在学会扬旗之后的很长一段时间内，我都是这样进行练习的，这个方法的有效程度简直令人激动。只花不到 25 分钟的时间，你就会获得比那些花上几小时练习仰卧起坐、卷腹或者使用其他健身房的蹩脚器械锻炼的家伙强得多的腰部锻炼效果。此外，如果你刚刚学会扬旗，而悬垂举腿又耗费了你大量精力，那么你可以在单独的环节中练习扬旗。

如果你对此还不满足呢？如果你对顺风旗着了迷，而且想变得强上加强呢？

其中一个选择就是继续延长扬旗时间。我自己尝试过，但效果不尽如人意。首先，延长扬旗时间可以增强肌肉耐力，却不能增加肌肉力量。其次，在坚持 10 秒之后，继

悬垂举腿结合扬旗，可以组合成令人惊叹的核心区锻炼方法，极简、省时，却极其高效。

续维持扬旗会变得非常艰难。你可能要花费几个月的时间，才能增加几秒的扬旗时间。这可不是玩笑话！这也正说明了顺风旗的难度之高。（扬旗的吉尼斯世界纪录才只有 39 秒，由超人多米尼克·拉卡斯保持。）

　　如果你想要练习更加强大的扬旗，那么下一步就是学习把你伸直的躯体从地面上直接抬高到水平位置，而不再是从垂直姿势降落到水平位置。一旦你掌握了这一技巧——听起来虽然简单，但这做起来其实很难——你就可以开始把顺风旗从静力体操转变成动态练习了。你可以开始考虑练习组数和每组的反复次数。将你伸直的躯体从地面抬高成扬旗姿势，在最高点维持一秒，然后将躯体放下，回落到地面：这样一个过程称为一次反复。一开始的目标是三次一组，练习两组，然后逐渐提高数量和动作完成的质量。随着时间的推移，在练习中要尝试逐渐减小惯性的作用。如果你要开始这种训练，那么就不要再与悬垂举腿一起练习——否则练习量就真的太大了。在不同的日子里练习这两个项目吧。

　　将顺风旗从静力体操转变成动态练习，需要极高的身体素质，但其对身体力量的回报与完成它所需的能力一样惊人。这种练习能真正提高肌肉强度——任何以动态方式练习顺风旗的人，都可以仅用腰部肌肉折断一根垒球棒。

熄灯！

　　健身者因他们采用的各种花哨的锻炼方法而闻名，这些锻炼方法将他们的全身孤立成各个不同的区域。他们的腰部锻炼方法正体现了这种思想，他们孤立核心区肌肉，然后以各种无意义的动作来训练，以求获得效果。

力量型运动员懂得更多。他们知道身体是作为一个系统在工作——哪怕你只看到了这个系统某部分的特定功能。真正的好教练并不专门锻炼"后腰"——他们考虑的是整个后链。一些出类拔萃的力量理论家如今也开始谈论前链，即分布于躯体正面的肌肉。但是，你听到过多少专家讨论侧链呢？那些位于身体侧面的、容易被人忽视的肌肉？

即使有，也不会很多。但是，早在几代人之前，囚徒们就懂得练就灵活的、钢铁般的侧链的关键。这一秘密谈不上新颖，更不是什么超越科学的东西，只是古老的练习方法：顺风旗。

如今你也知道这一秘密了，行动吧。

第十章 为最弱处穿上防弹衣

斗牛犬一样的脖子

没有哪块小肌肉群的重要性和训练收益率能与颈部相比。一根粗壮的、看起来强悍的脖子能在瞬间散发出强大力量的气场。当你想看看一个家伙到底有多强壮时，你会下意识去看看他的脖子。体形硕大可能只是假象——有时候，瘦成皮包骨头的家伙也可以通过衣着显得块头很大，骨架宽大的家伙更是如此。但是，斗牛犬那样强大的脖子却很少骗人。那些为自己的脖子感到骄傲的囚徒经常在咽喉或颈侧纹上文身，来吸引他人的注意。此外，脖子也是人身体上唯一一处全年公开展示肌肉的部位。穿上衬衫或运动衫可能会将前臂完全遮盖，但衣领之上的颈部却还在展示着。因此，我总是对健美人士几乎没把颈部锻炼纳入计划感到很惊讶。这一身体部位经常是被完全忽略掉的。

强壮的、好好锻炼过的颈部不仅令人望而生畏，而且还有更大的益处。颈部属于上身脊柱的颈椎部分，如果支持这些较小椎骨的肌肉强大有力，那么训练者在这一关键区域受伤的概率也会大大降低。颈椎支撑着颅骨和大脑，强健的颈部就像是头部的减震器，可以在冲击（或更严重的创伤）中保护大脑，减少它可能受到的伤害。这就是拳击运动员会煞费苦心地去锻炼颈部的原因：强壮的颈部肌肉能使你在遭受重击时保持头部的相对平稳，同时也能够减少大脑在颅骨里所受到的冲击。赛事解说员经常提到"玻璃下巴"，但事实上，有没有遭受一记重拳之后再次抬头微笑的能力跟下巴并没有多大关系，颈部力量的相关性倒是更大。这也是另外一个让你不得不花费些时间好好锻炼颈部的原因，尤其是在监狱。万一某天你被人一记猛拳揍到下巴上，你的脑子肯定会感谢你在颈部锻炼上下的工夫。

可惜，除了某些特殊的小圈子，正确训练颈部的知识即将失传。没有哪位私人教练能教给你有效锻炼这一部位的方法。那些健身书籍的作者不知道应该给出什么建议，通常会推荐些类似于在头上挂些无关痛痒的重物之类的愚蠢的多次反复练习。这类可怜巴巴的技巧对于练就真正强有力的颈部毫无意义。在有些健身房里，你或许会看到颈部训练吊带，上面吊着一些能看得过去的重物。但是，在脖子上挂太重的物体并不是一个好主意：颈部训练吊带已经因为会引起头痛和慢性颈痛而臭名昭著。确实也有一些颈部锻炼的器械，但是它们中的大多数看起来都是要将你"斩首"，而不是用来练成强健的颈部的。对于这些器械，你最好避得远远的。

最强的颈部

我有幸从一位真正的专家那里学到了颈部训练技巧——他不是健美人士，甚至都不是拳击手，而是一名摔跤手。在走上犯罪道路之前，那位老兄是一名相当优秀的业余摔跤运动员。后来，他被关押在安哥拉监狱里，就是在那儿，我有幸与他共度了一段时光。事实证明，没有人像摔跤手那样理解颈部训练。如果你有机会近距离观察一位真正优秀的摔跤手——无论是自由式摔跤手还是古典式摔跤手——你就会发现，他必然会拥有花岗岩雕刻出来一般的粗壮颈部。奥林匹克自由式摔跤冠军库尔特·安格尔（Kurt Angle）的颈围有 20 英寸（50.80 厘米）！在 20 世纪末，安格尔成了美国职业摔跤选手，他还经常在电影中出演形体笨拙的运动员。有些家伙拥有跟他一样的巨大的胸肌、木桩般的大腿和像啤酒桶一样粗壮的手臂，但是却没有人能有像他一样强壮的颈部。正是多年的摔跤生涯使他获得了如此发达的颈部。

摔跤手拥有超出常人的颈部力量的原因是显而易见的。在自由式摔跤中，一旦近身，他们的双臂通常要用来抵抗对手，因此，头部往往会扮演"第三条手臂"的角色，用来锁定对方的头部与身躯。这需要惊人的颈部力量。优秀的摔跤手在比赛中会自动抓住彼此的手臂，如此一来，许多摔打动作都是抱着躯体来完成的，这样的落地动作会给颈部和上身脊柱带来非常可怕的冲击力。如果你见到过标准的过桥摔，你就会知道我的意思了：对手会将你以头下脚上的姿势直接摔向地面，你基本上只能靠上肩部和颈部来着地。如果你没有钢铁般强悍的颈部，这样一摔的后果简直无法想象——你很有可能会因此丧命。但是摔跤手在一场比赛中会经历几十次这种时刻，并能使自己受到的伤害最小。因此，传统的颈部训练项目仍存在于摔跤教学之中。

秘密武器

什么是摔跤手颈部训练中的"秘密武器"呢？就像其他的最佳锻炼方式一样，这项练习也不需要特别的器械和重物，只需人体的自然运动。这一终极锻炼方法包括两类相当简单的体操练习——反颈桥和正颈桥。

只需要这两项技巧，你就能够锻炼出从各个角度来看都最为强大的颈部——前部、后部、侧面。这些练习本身——就像摔跤一样——可以追溯到古希腊和古罗马时期。这些技巧早已经淡出现代训练者的视线，但由于其强大的锻炼效果，它们在最需要锻炼颈部的运动员——摔跤手那里保留下了自身的价值。如果你回顾一下数百年间关于西方摔跤手如何训练的描述，那么你就会明白，在数千年中，颈桥训练从未间断。如今，没有一台颈部训练器械能够在市场上畅销几十年，更别说几千年了！这真是谢天谢地。

著名的"摔跤之神"卡尔·高奇（Karl Gotch）表演的完美过桥摔，他将站立状态的对手直接向后甩去。他的这一招式是如此强大，以至于"德式拱桥摔"的名字广为人知。你可以想象一下，要完成这一招式，颈桥训练是多么重要。卡尔·高奇本人正是自身体重训练的支持者，他认为重物锻炼会使摔跤手的速度变慢。

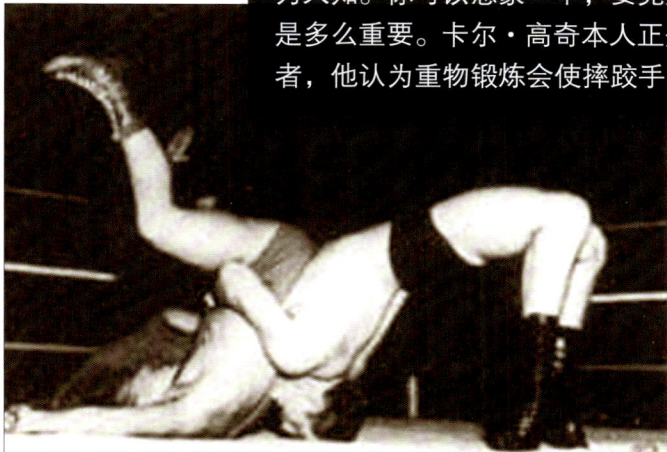

颈部专业训练——益于健康

颈部训练不一定必不可少。只要你练习六艺，尤其是桥系列，那么颈部就会得到很好的训练，并保持健康和强壮。但是，如果你参与需要超级强的上脊柱的格斗或橄榄球之类的运动，或者你想要酷，要蟒蛇般的脖子从衣领里爬出，那就可以试试这一章里介绍的训练。从时间和精力来说，很容易物超所值。其实，本章描述的颈桥训练技巧，其益处还有很多很多。

除在运动方面受益之外，拥有强壮的颈部还会让你免去很多痛苦。60%的人都在经受着某种颈部疼痛。这很奇怪么？在我们还依靠采集和狩猎生存时，在森林里飞奔、四处寻找猎物、留心食肉动物等等使我们的颈部得以进化。这真是伟大的颈部训练。如今，很多人都无精打采地窝在桌子上、生产线旁或笔记本电脑前，在紧张地工作了一天之后，精疲力竭地回到家，一头倒在沙发上，再盯着电视机看上几小时。在这些活动中，头部和颈部一直保持着同样的姿势，这样，颈部就很容易感到疲惫。而当我们承受压力——比如面对工作上的难题或生活上的困难时，你的颈部会将这些压力"储存"下来，最终患上各种急性或慢性的颈部疾病。

掌握颈桥系列动作将有助于解决你所有的颈部问题，并彻底治愈大部分的颈部疾病。强壮、平衡的颈部可以使你的颈部更快地从重复性疲劳中恢复，而颈部体操则能彻底改善循环、缓解旧伤、消除疼痛。经常练习这些动作会立即消除颈部和肩部的紧张感。当你的颈部强大之后，你的身体状况会自动得到改善，你会比以前看上去更棒。

"马纳沙大槌子"杰克·登西(Jack Dempsey)并不像现代格斗士那样，拥有硕大的肱二头肌或棱角分明的腹肌，但是，由于致力于颈桥练习，他练就了肌肉发达的颈部和上背部。他相信，颈桥练习和练就了他强大下颚的嚼木头练习是他战无不胜的原因。在 80 多场比赛中，他只被击倒了一次，而知情人说，那场比赛是被预先安排好的。

老派颈部训练计划

对有些人来说，颈桥技巧非常难，尤其是那些放任自己颈部退化的家伙。因此，想完成标准的颈桥，可能还要花点时间。要完成反颈桥，你需要基本的脊柱力量——首先你要能完成基本的桥。如果你力量不够，还做不了桥，那么可以参考《囚徒健身》，看看完整的训练指导。正颈桥有其独特的难度，想要完成它，你需要合适的灵活度。在此阶段，你还不需要担心这些问题。首先，我会向你介绍一些锻炼颈部的基本技巧，开始练习反颈桥动作，接着是正颈桥。之后我再教你如何升级你的颈部练习。在本章最后，我还会教你一些重要的颈部训练理念，来确保你少走弯路。

好了，道理已经说得够多了。如果直到现在我还是没能说服你，那么我也只好死了这条心了。我们还是先来做颈桥练习的解说吧。

反颈桥

预备式

这是反颈桥的预备式。因为使用了双手帮助完成动作，所以此动作所需的颈部力量远远少于标准的反颈桥（详见下页）。

动作：

1. 平躺，膝盖弯曲，脚掌着地，手掌放在头部两侧，手指朝向双脚。然后把身体推起，使其离地，直到髋部抬高，躯干与手臂成弓形。此时只有手脚与地面接触，这一姿势被称为"桥式"。

2. 躯干与双腿保持紧绷状态，通过弯曲肘部慢慢降低身体，直到头顶接触地面。你可以在头部下面垫一条毛巾或一个枕头。这是反颈桥预备式的起始姿势（图1）。

图1

3. 保持手掌与头顶接触地面，将头部慢慢向前弯曲。这样会稍微降低你的上半身。在整个动作过程中，头部不要离地。当颈部与上肩部接触到地面时，停止下降。这是反颈桥预备式的完成姿势（图2）。

4. 运用手臂与颈部的力量，将身体缓慢地推回到起始姿势。暂停片刻，然后重复该动作。

图2

反颈桥

标准式

这是标准的反颈桥。双手不再参与动作的完成，单凭颈部肌肉来推动身体。因此，这可以使颈部肌肉更快地增大尺寸、获得力量。

动作：

1. 平躺，膝盖弯曲，脚掌着地，手掌放在头部两侧，手指朝向双脚。然后把身体推起，使其离地，直到髋部抬高，躯干与手臂成弓形。此时只有手脚与地面接触，这一姿势被称为"桥式"。

2. 躯干与双腿保持紧绷状态，通过弯曲肘部慢慢降低身体，直到头顶接触地面。你可以在头部下面垫一条毛巾或一个枕头。双手逐渐放松，直到仅用头部和双脚支撑身体。双臂环抱胸前或将手掌放在胃部。这是反颈桥标准式的起始姿势（图3）。

图 3

3. 将头部慢慢向前弯曲，这样会稍微降低你的上半身。当你的颈部与上肩部接触到地面时，停止下降。这是反颈桥标准式的完成式（图4）。

4. 单凭颈部肌肉将身体缓慢地推回到起始姿势。暂停片刻，然后重复该动作。

图 4

正颈桥

预备式

这是正颈桥的预备式。由于此动作采取的是跪姿，所以由颈部承受的体重相对较轻，还可以通过双腿前后移动躯干来调整难易程度。这个动作的 4 个方向可以锻炼到颈部前方和侧方的所有肌肉。比起正颈桥标准式，正颈桥预备式更容易做。

动作：

1. 双膝分开，跪在地上。

2. 直起上身，然后向前弯。将手掌贴于地面，然后低下头，直至头顶接触地面并处在两手手掌之间。你可以在头部下面垫一条毛巾或一个枕头。

图 5

图 6

3. 缓慢放松你的双手，直到身体的重量完全由你的膝盖、胫骨、双脚和头部来支撑。把双手放在背后，不参与动作，这是正颈桥预备式的中立姿势（图5）。

4. 在你对身体的完全控制之下，缓缓抬头，直到你的鼻子与地面轻轻接触（图6）。

5. 运用颈部前侧肌肉的力量回到中立姿势（图7），然后再把头部向右转（图8）。

6. 运用颈部侧面肌肉的力量回到中立姿势（图7），然后再把头部向左转（图9）。

7. 运用颈部侧面肌肉的力量回到中立姿势（图7）。至此，你已经完整地完成了一次反复。之后退回到第 4 步，重复该动作。

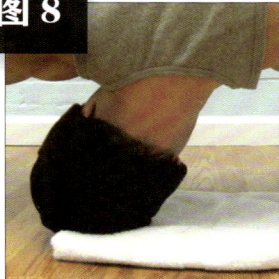

图 8

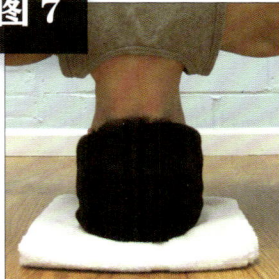

图 7

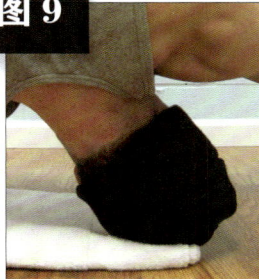

图 9

正颈桥

标准式

这是标准的正颈桥。由于身体的位置更高，所以颈部将承受更多的体重。这个动作的 4 个方向可以锻炼到颈部前方和侧方的所有肌肉。而体前屈动作也增强了脊柱、髋部与双腿的柔韧性。

动作：

1. 双脚分开站立，双脚之间的距离比肩宽。

图 10

2. 以髋部为轴向前屈体，双腿保持基本伸直的状态。手掌置于地面，放低头部，直到头顶接触地面并位于双手手掌之间。你可以在头部下面垫一条毛巾或一个枕头。

3. 缓缓放松双手，直到你的体重完全由头顶和双脚支撑。把双手放在背后，不参与动作，这是正颈桥标准式的中立姿势（图 10）。

4. 在你对身体的完全控制之下，缓缓抬头，直到你的鼻子与地面轻轻接触（图 11）。

5. 运用颈部前侧肌肉的力量回到中立姿势（图 12），然后再把头部向右转（图 13）。

6. 运用颈部侧面肌肉的力量回到中立姿势（图 12），然后再把头部向左转（图 14）。

7. 运用颈部侧面肌肉的力量回到中立姿势（图 12）。至此，你已经完整地完成了一次反复。之后退回到第 4 步，重复该动作。

图 11

图 13

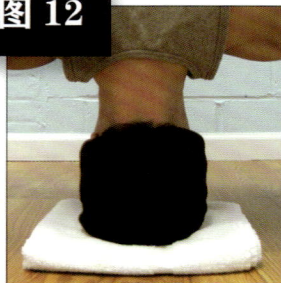

图 12

图 14

如何升级

反颈桥和正颈桥都属于大强度练习，需要强壮的脊柱作为基础。如果你还不能完成标准桥，就最好不要尝试颈桥，应先去学习《囚徒健身》中的桥系列动作，并练习到直到可以标准地完成桥为止。在专门对颈部进行训练之前，先强化你的整条脊柱，增强其柔韧性吧。

一旦你掌握了标准桥，就可以准备尝试反颈桥和正颈桥的预备式了。你应该对颈部各方位的肌肉投入同等的关注，所以最好同时开始这两个动作的练习，最好在同一次练习中交替练习两者。一旦你掌握了这两项练习的基本技巧，那就开始提升反复次数吧，每项练习的目标是 20 次一组，练习两组。颈部仅仅是身体的一个小部位，因此锻炼也不能急于求成。在刚开始锻炼时，每项练习可以先只做一组，然后每 1 ～ 2 周增加一次反复次数。最终，你终将能达到如下所示的中级锻炼计划。

第一组	反颈桥的预备式：	1×20
第二组	正颈桥的预备式：	1×20
第三组	反颈桥的预备式：	1×20
第四组	正颈桥的预备式：	1×20

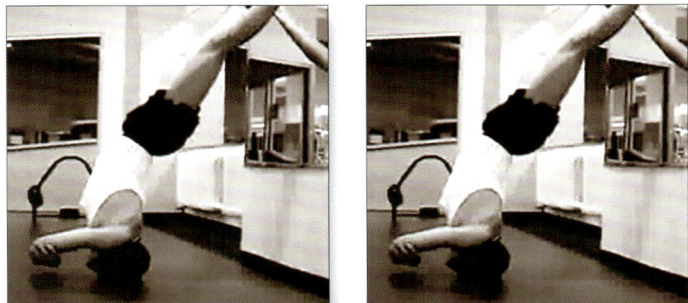

许多教练——那些应该更懂得健身知识的人——都不接受体操训练，认为与自由重量训练相比，体操训练"太轻松"了。其实并不是这样。如果你了解自己正在练习的内容，就总有办法能使自身体重训练"更有难度"。颈部训练亦是如此。在上图中，一位体操专家正在通过"倒立颈桥"来锻炼颈部——他先做头倒立于墙侧，然后把支撑点转移到前额，接着再转移回头顶。在这个过程中，他完全不借助手臂的帮助。通过向各方向转动头部，就能够均衡地锻炼颈部的所有肌肉。只有资深的家伙才可以尝试这项练习哦，新手千万不要随意尝试。

只有掌握了基本的主动柔韧性练习即标准桥之后，你才有资格开始尝试反颈桥标准式和正颈桥标准式。想要练习正颈桥标准式，还需要背部和腘绳肌拥有较好的柔韧性，但大多数人都不具备这样的条件——哪怕是那些经常锻炼的家伙。如果你身体的柔韧性不够好，也不必着急。不断增加预备式反复次数的阶段，正是你获得后续练习所需柔韧性的上佳时机。如果你不能够在双腿伸直的状态下弯腰，使头顶接触地面（见第 106 页图 10），那么你需要从现在开始锻炼。如果你还是缺乏完成正颈桥标准式所需的柔韧性，也不要担心——你不是一个人。接下来，我将教你如何克服这一点。

正颈桥的柔韧性提升

为了顺利完成正颈桥的标准式，应先练习这 4 个可逐步提升柔韧性的准备阶段。

阶段 1：双脚分开，距离略大于肩宽，以自己觉得舒适为宜，以髋部为轴，上体前屈，直到你感觉到拉伸。如果真的需要，也可以稍稍屈膝，将手掌放在大腿或膝盖上来稍微支撑一下身体。此阶段以能保持该姿势一分钟以上为合格。这个练习能够逐渐增强你的背部、髋部和大腿的肌肉与韧带，让它们适应向前伸展的动作。当你能舒服地维持此姿势时，就可进入阶段 2。

阶段 1

阶段 2：双脚分开，距离应宽于阶段 1 中的——至少是肩宽的 2 倍。保证双腿全程保持笔直，膝盖不得弯曲。然后以腰部为轴，上体前屈，伸手去触摸地面。刚开始练习时，你可能碰不到地面，这并不奇怪。如果你的身体本身就僵硬得像木板一样，那就更是如此了。但不要因此而气馁，要坚持不懈地练习。最终你肯定能用

阶段 2

你的指尖触碰到地面，然后是指腹逐渐碰到地面。练习几周之后，你的背部和腘绳肌得到拉伸，会逐渐放松下来，你将能够用前掌触摸地面。最终，你将能够把手掌平放在地面上。当你能够将手掌平放在地面上并坚持一分钟时，可前进入阶段 3。

阶段 3

阶段 4

阶段 3：如果你已经掌握了阶段 2 的动作，那么就在阶段 2 的基础上继续压低你的上身，使前臂贴在地面上。完成这个姿势可能会花上一些时间，但最终你的柔韧性将足以使你的前臂和肘部保持贴地状态几秒钟的时间。坚持练习这个姿势几周的时间，直到你可以坚持前臂贴地一分钟以上。然后，你就可以进入阶段 4 了。

阶段 4：将前臂平放在地面，继续向前伸展身体——在此过程中应保证双腿伸直，膝盖不得弯曲——直到你的前额接触地面，轻轻触地就够了。当你可以完成以上姿势时，再次将双手手掌贴地，保证头的位置在双手手掌之间，并尝试让头顶顶地。当你能够完成这一姿势时，应持续练习，直到你能够坚持此姿势一分钟以上。一旦你能够顺利完成阶段 4 的练习，那么你的柔韧性已经达到练习正颈桥标准式的要求了（见第 106 页）。

你只需要在颈部锻炼预备式的练习之后稍微多花一点儿时间来练习上述技巧（你也可以选择在进行颈部锻炼的第二天来练习），随着时间推移，当你的颈部肌肉已经为正颈桥标准式做好准备时，你背部和腿部的柔韧性也会有明显提高，足以帮你应付之后那些绝妙的练习。

颈部锻炼计划

当你能够完成反颈桥的预备式和正颈桥的预备式每回两组，每组 20 次的练习时，你的颈部就已经比大多数健身者的都要强壮和健康了。现在，你该进入下一阶段，尝试两种颈桥的标准式了。这两种颈桥的标准式都是高级技巧，如果你在开始练习的时候无法做到，也不必担心，有许多方法能让你逐渐掌握它们。如果你觉得反颈桥的标准式练习起来难度太大，那就退回到预备式的练习，不过只用一只手臂来协助动作的完成（为了身体的平衡发展，请轮流使用你的左右手）。随着时间推移，逐渐减少手臂的用力，不久之后，你就能够像你所希望的那样完成反颈桥的标准式了——不用双手协助。

正颈桥难度更高，需要强有力的咽喉和颈部。如果你可以轻松完成正颈桥的预备式，但标准式对你来说又太难，你可以在练习标准式时使用双手支撑一下。随着一周周的练习，逐渐减少手臂的用力，直到你完全可以放开双手，纯粹依靠颈部力量来完成正颈桥的标准式。

你可只有一根脖子，所以颈部锻炼一定要缓慢地逐步进行，如果你还不能安全慢速地完成动作，那就一定要采用我给你介绍的辅助技巧来协助完成。用猛烈的动作来进行锻炼并不是变强壮的方法，而是扭坏脖子的妙招。一旦你可以完成颈桥的标准式，就应该把锻炼的重心放在标准式的练习上。在练习时，应把两种颈桥的预备式练习量减少到每个动作练习一组，每组 20 次，以此作为热身。然后练习两种颈桥的标准式，每个动作练习一组，每组反复若干次。随着你的颈部慢慢变强，可以逐渐增加反复次数。另外，在练习时，动作不要太快，要给你的颈部留下足够的时间，使它变得强壮有力。当你能够完成两种颈桥的标准式每个动作两组，每组 20 次的练习时，你的颈部已经非常强壮了。你的锻炼计划应该是这样的：

第一组（热身组）反颈桥预备式：	1×20
第二组（热身组）正颈桥预备式：	1×20
第三组（锻炼组）反颈桥标准式：	1×20
第四组（锻炼组）正颈桥标准式：	1×20
第五组（锻炼组）反颈桥标准式：	1×20
第六组（锻炼组）正颈桥标准式：	1×20

不要因为看起来简单就小瞧这一计划。尽管完成这些练习所花费的时间应该还不到 15 分钟，但这的确是一份大师级的颈部锻炼计划。切记，练就肌肉与力量靠的是锻炼强度（练得越来越好），而不是锻炼量（不断延长时间）。

这份锻炼计划可以照顾你很久。随着你逐渐变强，提高反复次数也会变得更加容易，此时要克制住在练习中使用哑铃或杠铃片来增加重量的念头。你应该做的是，努力去扩大动作幅度。增加额外的重量只会提高你受伤的概率，但扩大动作幅度却能逐渐强化你颈部的深层肌肉群，使脊椎柔韧有力。如果你达到了这一境界——极少有健身者能够达到——就在最后一组练习（即第五组和第六组）中尝试扩大你的动作幅度。这样就能保证你的颈部在接受更严厉的考验之前已做好了万全的准备。

扩大反颈桥的动作幅度要花很长时间，并且只有在你能够轻松完成上述颈部锻炼计划之后，才可以开始尝试。刚开始，你只能在做起始姿势时把头顶平放在地上，但通过坚持不懈地努力练习，你会发现你颈部肌肉的收缩力量允许你把头越来越向后转。最终，你将能够向后转动头部，直到前额接触地面并承受体重。这是一项非常高级的技巧，但是如果你坚持努力训练，就总有一天能够做到。

扩大正颈桥动作幅度的难度并不大。开始时，你的躯干总会多多少少地位于头部的正上方。当你的颈部变得越来越强，你可以逐渐增大头部与双脚的距离。这样会加强颈部的锻炼强度，迫使颈部前侧的肌肉在整个练习过程中更加卖力。开始时，难度不要太大，如果有必要，就用双手支撑着完成动作。当你的头部与双脚之间的距离差不多是你身高的 2/3 时，你的颈侧肌肉会像厚实的钢条一样坚硬，而你的咽喉也会像披了一件由健康肌肉组成的铠甲。掌握这两项高级技巧，反复进行练习，你的脖子将像超人的一样。

不要忘记在锻炼的同时扩大侧面的动作幅度，以保持所有肌肉的平衡。开始时，按照正颈桥标准式图片中所示的角度进行练习，然后再逐渐增大角度。在练习正颈桥标准式，将头转向侧面时，我能做到让耳朵贴地之后再回到中立位置。你的动作幅度不必这么大，但这却可以成为你今后努力的目标。

吻别你的细脖子

本章所讲的自身体重的颈桥练习看似简单，但是如果你投入大量时间进行练习，就会发现，这种练习靠的是硬功夫。曾经有很多大师都进行过这种练习，而它们也能够让你受益终生。

真正神话级的训练是马丁·伯恩斯（Martin Burns）于 1913 年开设的系列摔跤课程。伯恩斯非常重视使用自身体重训练来培养力量，他最喜欢的练习是颈桥（图中是他的儿子在展示这个动作）。

在本章结束之前，我想把自已在颈部训练中积累的 6 条超级心得传授给你。

颈部训练小贴士

　　1. **热身**。在开始练习之前，一定要对颈部的肌肉和韧带进行充分热身。如果颈桥练习的预备式对你来说依然很难，那你就需要更温和一点的热身，不妨试试"手阻抬头练习"。两手交握置于脑后，当你上下点头或向左右两侧偏头时给予一定阻力。以适当的动作幅度进行一组 20 ～ 30 次练习，将使你僵硬的颈部肌肉得到充分的放松。

　　2. **交替练习**。锻炼颈部前侧和两侧的肌肉可以让颈部后侧的肌肉得到休息，同时也能使之得到热身，并保持随时可以进行锻炼的兴奋状态。同样，锻炼颈部的后侧肌肉则可以让颈部前侧和两侧的肌肉做好锻炼准备。正因此，在进行颈部练习时，交替练习是个不错的主意，比如说练一组反颈桥，然后再练一组正颈桥等。

　　3. **对称**。为防止受伤并在练习中获得最大的收益，颈部的每个部位都应得到均衡的锻炼。做多少组、多少次的反颈桥，就应做同样数量的正颈桥，反之亦然，以保证颈部锻炼的平衡。

　　4. **恢复**。颈部分布着很多韧带。比起肌肉来，韧带的供血相对不足，因此在练习之后，韧带所需的恢复时间也比肌肉要长。所以，颈部锻炼的频率不应超过一周两次。许多健身达人在一周内都只安排一次颈部练习，不管你信不信。

　　5. **安排**。颈部只是身体的一小部分，在你的身体适应之后，就不需要花太多时间或精力来锻炼颈部了。你可以随时进行颈部练习，但最好的时机则是在普通的桥练习之后，因为此时脊柱肌肉已经进行过热身了。

　　6. **静力撑**。切不可让颈部超过深度疲劳点，那样会导致受伤。如果你已是资深人士，那么，安全增加颈桥练习强度的方式是进行静力撑练习——在完成数次颈桥练习之后，在颈部紧张状态下保持起始姿势几秒钟。为了最大限度地锻炼耐力，你可以以坚持 60 秒作为目标。这一技巧很适合融入反颈桥和正颈桥两项练习中。

熄灯！

　　本章是我在多年锻炼和努力探寻完美颈部锻炼方案过程中总结出的精华内容。刚开始我没有料到最终方案是这样的：简洁（只有两种动作）、迅速（每次只用 15 分钟左右，每周训练一两次）、循序渐进（还备有可供之后数年练习的更难变式）、完全基于自身体重。尽管我每天都在练习俯卧撑、引体向上和深蹲，也不曾发现，终极颈部锻炼技巧就隐藏在传统体操之中。我曾天真地以为，锻炼颈部肯定需要吊带、器械或者其他玩意。直到我遇到摔跤手，才懂得了颈部锻炼的真谛。真是活到老，学到老。

无论我在健身生涯中获得了多少知识，都觉得万变不离其宗。无论你想锻炼身体的哪一部分——比如小腿、手腕、脖子甚至是眼睛和嘴——都存在相应的、能完胜器械练习的自身体重练习。这些练习方法更有效率，能够帮你一步一步达到人类潜能的极限。如果你积极探索，就一定能找到这些方法。对于这点我深有体会，因为我就是在这样的不断探索中度过漫长的狱中光阴的。

小腿训练

尽管小腿很重要，但说老实话，比起其他肌肉，囚徒在锻炼时更可能忽视小腿。在监狱里，我见到锻炼颈部的人比锻炼小腿的人还多，这是因为一部分囚徒曾经是职业拳击手。这种情况非常奇怪，因为如果要说一个人身上有哪处小块肌肉应该获得更多关注，那毫无疑问是小腿。

强壮的小腿对于提高运动能力来说至关重要。如果小腿和足部没有足够的力量，人就不可能快跑、跳高或以其他方式爆发性地移动身体。身体的力量主要集中在腰部和髋部，但是，要作为一个整体完成动作，这些部位产生的力就必须经过双脚传输。看看大力士比赛，你就会注意到，那些参赛者都有巨大无比的小腿。强大的小腿非常实用，当汽车没油，你不得不自己将它推上坡时，你就能充分感受到小腿在发力时的酸痛了。如今，成千上万的美国人都在经受踝关节和足部问题的折磨——包括突发伤害和慢性疼痛——这都是因为他们的小腿和双脚太弱了。

对健美人士来说，小腿至关重要。在比赛中，身体的每一个部位在各种不同标准姿势之下都有其评分系统，而小腿几乎在所有姿势之下都会呈现给评委。阿诺德·施瓦辛格在自传中强调了小腿对于下身整体"美观"的重要性。他指出，如果一个家伙大腿粗壮而小腿纤细，那大多数人都会觉得他难看；但是，如果拥有结实的小腿和苗条的大腿，那就能留给人深刻的印象。从形体对比来看，的确如此，因为小腿位于腿部末端，如果结实粗壮，就会让人觉得这条腿非常有力，而且看起来也更美观。因此，不管你锻炼纯粹是为了提高运动能力，还是为了健康和美观，额外的小腿训练都将使你受益匪浅。

小腿专门锻炼的作用

和身体的其他部位一样，小腿也应该获得足够锻炼。但是，小腿可以在其他练习中顺带得到锻炼。如果你努力练习深蹲，那么小腿肌肉也会参与其中。如果你正在进行下身的爆发性练习，比如短距离冲刺、山坡或楼梯冲刺跑、消防员冲刺或者推汽车，那么，你的小腿也将得到大量的练习（详见《囚徒健身》第六章关于这些伟大练习的介绍）。由于小腿在下身锻炼中起到的核心作用，当你锻炼大腿时，就已经在锻炼小腿了。因此，你可能不需要在健身计划中增加专门的小腿练习。

但是，有些情况则适合添加专门的小腿练习。比如，如果你曾经承受过双脚、脚踝或小腿伤痛的折磨，那么，肌肉发达的强壮小腿在保护这些部位不再次受伤方面将发挥重要作用。这种保护对于膝盖伤也有一定效果。我曾与患有膝关节前交叉韧带损伤的橄榄球运动员交流过，他发誓说，定期集中的小腿训练使他的膝盖得以保持稳定。这并不像听起来那般不可能——鲜为人知的一点是，小腿肌肉的肌腱不仅穿过脚踝，而且同样相交于膝关节。而且，专项小腿练习能够提高你在大幅度复合运动时的力量水平，比如推动重物或跳跃横栏。更不用说如果你在穿短裤时为自己细细的小腿感到尴尬，那么唯一的解决办法（穿长裤不算）就是努力锻炼小腿。小腿训练是体操中非常有趣且有益的一方面，并且简单高效——只要你练对了。

关于器械的神话

没有哪块肌肉与器械训练的联系比小腿更多了。大多数健美人士只使用器械锻炼小腿。如果你向私人教练咨询锻炼小腿的方法，你将发现，大多数"专家"只知道两种小腿练习：站姿器械提踵和坐姿提踵。其实，说到小腿，有很多方法都比这两项练习有效得多。器械训练绝不是最好的小腿锻炼方法，甚至它比很多基础练习都要差。世界最大的健身器械生产商是诺德士。但是，多年以来，该公司背后的发明家和创新者

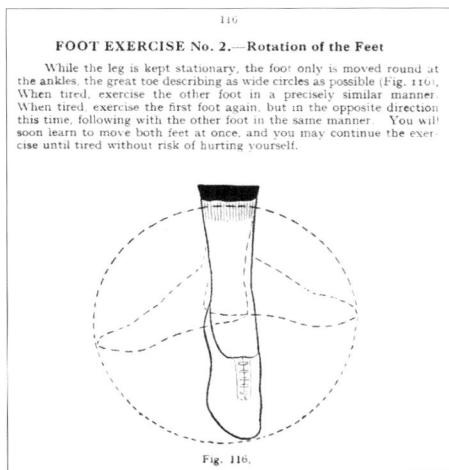

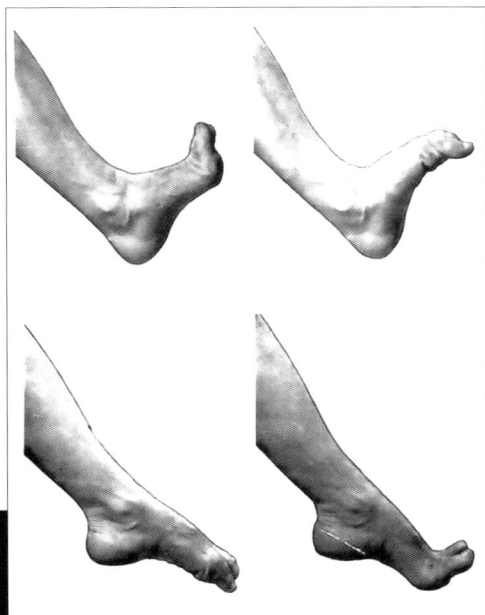

116

FOOT EXERCISE No. 2.—Rotation of the Feet

While the leg is kept stationary, the foot only is moved round at the ankles, the great toe describing as wide circles as possible (Fig. 116). When tired, exercise the other foot in a precisely similar manner. When tired, exercise the first foot again, but in the opposite direction this time, following with the other foot in the same manner. You will soon learn to move both feet at once, and you may continue the exercise until tired without risk of hurting yourself.

Fig. 116.

传统体操体系都包括针对足部和小腿的特别训练。在米勒（J·P·Muller）1914年训练手册的节选中可以看到一些方法，在那时，它们被认为是"尖端方法"。右图是足部柔韧性练习，上图是踝关节的圆周灵活性练习。

阿瑟·琼斯都拒绝把锻炼小腿的器械投向市场。他坚信，没有任何器械的锻炼效果能比得上简单的手持哑铃提踵。从这里你应该明白使用器械锻炼小腿的效果到底是怎样的。即使是这位靠各种器械赚钱的家伙，也不想打小腿的主意，因为不得不承认，对于小腿，器械的锻炼效果实在不行。

为小腿准备的"加码"

忘掉器械吧。练就强壮的小腿，你甚至都不需要自由重量，你所需要的只是自己的身体而已。

每次与健身者讨论小腿的锻炼，总免不了碰到不信这一套的人。他们不相信自身体重训练能够循序渐进地锻炼这一处小肌肉。他们的疑惑源于这样的事实：大多数健身房训练者只知道用一种方式变得更强，那就是不断往杠铃或器械上加重量。其实，这只是最原始的方法。这样确实可以增加力量、增大肌肉，但对关节却大为不利，且无益于培养协调与平衡这两项重要能力。

运用自身体重训练来变强是一种比增加重量更好的方法。尽管当前的私人教练中有很多人并不认同这一点，但你的确能够以此来锻炼任何肌肉，不管它有多小。为在某项练习中继续获得收益，你需要弄明白被我的体操老师乔·哈提根称为"加码"的练习为容。

几百年来，所有的囚徒健身者都明白"加码"的意思。所谓"加码"，是指任何训练方式中能够令其难度增加的因素。通过巧妙处理"加码"，你可以使某项练习的难度不断变大，足够让人艰苦训练数年之久。如今的运动科学家和奥运教练会用"强度变量"来取代"加码"这个词，但是意思却是没有变的。

在亲身经历过一段体操练习之后，你会开始明白怎样运用"加码"，并且能够在自己的健身计划中实际使用。对小腿来说，有 3 个基本的"加码"内容，你可以用它们来不断提升练习的难度。

1. 动作幅度：在小腿锻炼过程中，脚后跟移动的距离。
2. 两侧或单侧：是使用单腿还是双腿进行练习。
3. 膝盖弯曲：是保持膝盖弯曲还是伸直。

在更高级的水平上，有另外 6 个"加码"内容：练习量、组间休息、练习频率、练习姿势、动作速度和力竭后的强度技巧。后文将对其中的一些内容加以讨论，但现在，让我们先看看上面列出的 3 个基本的"加码"能为我们带来什么。

我们先选择一项最基础的小腿训练——站立提踵，即大家经常说的踮起脚尖——来应用以上"加码"。这是最基础的小腿训练，简单说，就是你脚趾用力下压，提踵离地，把身体提高几厘米，然后放下脚后跟，接着再重复。这个动作非常简单，但这只是一项练习吗？错了。现在，让我们来看看如何使用 3 个"加码"使它的难度逐渐增大。

最开始先来点基础的。我们假定提踵的两个动作幅度：站在地面提踵或脚尖站在台阶上提踵。使用台阶就意味着动作幅度大约被扩大到在地面练习的两倍，因为在台阶上脚跟可以下降得更深，直到最大动作幅度（由个人的灵活度决定，对比图 15 和图 16）。在这个幅度内，有更多潜在的幅度，但为了让练习简单明了，我们只设定两个动作幅度。这样，我们就有两项提踵练习：

1. 地面提踵
2. 台阶提踵

现在我们来考虑第二个"加码"——两侧或单侧。换句话说，如果你用两条腿来完成这项练习，那难度就小些，如果用一条腿来完成练习，那难度就大些。由于以上两项练习都可以使用单腿或双腿，所以，我们现在其实有 4 项练习：

1. 双腿地面提踵
2. 单腿地面提踵
3. 双腿台阶提踵
4. 单腿台阶提踵

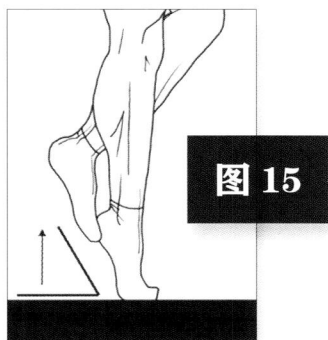

图 15

现在再来看看膝盖弯曲。人体运动学的基本原理之一是，如果你要增强连接两关节的某块肌肉的锻炼效果，就应该尽量伸展其中一处关节并在另一关节处锻炼该肌肉。小腿的主要肌肉——腓肠肌——便贯穿两个关节，即踝关节和膝关节。这项原理表明，如果你真想努力锻炼小腿，那么，就应该在踮起脚尖时保持双腿伸直。你要是不信，不妨尝试一下，站在台阶上微微弯曲双膝，然后踮起脚尖（见下页图 17），你会发现那非常简单。现在你伸直双腿，再次踮起脚尖，会发现难度增大了很多（见下页图 18）。所以，运用这一鲜为人知的解剖学知识，我们就又多了两种变量——屈腿和直腿。由于我们已经列出的 4 项练习都可以在屈腿或伸直双腿时进行，因此我们就有了 8 项练习：

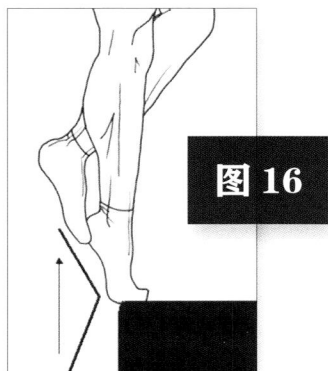

图 16

1. 双腿地面提踵（屈腿）

2. 双腿地面提踵（直腿）

3. 单腿地面提踵（屈腿）

4. 单腿地面提踵（直腿）

5. 双腿台阶提踵（屈腿）

6. 双腿台阶提踵（直腿）

7. 单腿台阶提踵（屈腿）

8. 单腿台阶提踵（直腿）

　　如何通过细微的变化创造性地扩充自己的练习种类，小腿就给我们提供了好例子。只可惜，在"给我再加点重量"的叫嚷声中，这些小技巧似乎已经失传。对传统体操来说，稍稍利用"加码"的知识来创造更多的选择非常重要——例如，我们把单一的提踵发展为 8 项不同的练习，这些练习适用于不同水平的人。所以也可以说，我们现在已经为小腿的自身体重训练计划创造了 8 个不同的难度阶段。

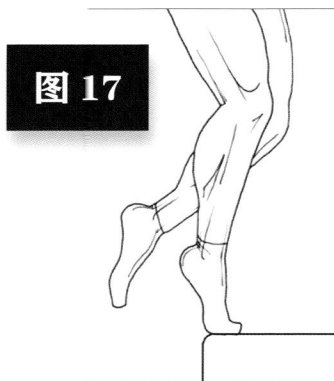
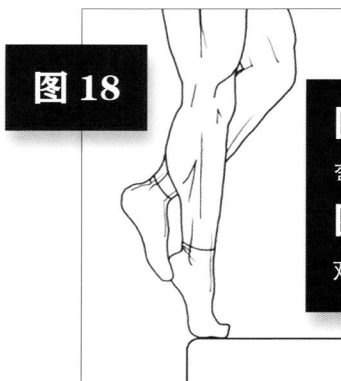

图 17
弯曲膝盖，踮起脚尖。

图 18
难度更大的直腿提踵。

小腿训练升级表

　　如果你想运用以上 8 项练习来锻炼自己的小腿，你投入了时间，并真正最大限度地运用了每一项练习，从点滴的进步中榨尽了好处，那么，这样一份升级表可以供你使用很长时间了。

阶段 1：双腿地面提踵（屈腿）

　　让我们先从最简单的入手。抓住某个支撑物，或把手掌放在墙壁上作为支撑。两脚分开与肩同宽，双膝微微弯曲，然后踮起脚尖，在最高点处停留一秒，然后再让脚跟慢慢下降。不要因为追求更高的次数而加快速度。从这项练习中你能够了解你自己的小腿肌肉。刚开始时练习两组即可，每组 20 次。这样应该会让你的小腿肌肉有些酸痛，这就是很好的开始。在每组练习之间，轻轻拉伸小腿一分钟。每周增加一组的训练量，直到你能够做到 4 组，每组 20 次。然后再增添每组的反复次数，每周每组最多增加 5 次。不要因增加次数少而担心，用笔记下你每次练习的次数。如果你每周每组增加 5 次，那么，仅用 16 周，你就可以实现这样的目标：练习 4 组，每组 100 次。

- 初级标准：2×20
- 升级标准：4×100

阶段 2：双腿地面提踵（直腿）

现在，到了升级难度的时候了。再次开始练习，但这次，你的双腿要完全伸直。你会发现，锻炼的重点从脚踝（比目鱼肌）转移到了小腿上部（腓肠肌）。开始时每次练 4 组，每组 40 次，然后逐渐增加到每次 4 组，每组 90 次。要逐渐增加次数，如果进展顺利，每周每组增加 5 次，那么，在 10 周之内你就可以达到升级要求。与阶段 1 一样，在每组练习之间，应用一分钟时间拉伸小腿。

- 初级标准：4×40
- 升级标准：4×90

阶段 3：单腿地面提踵（屈腿）

至此，你的小腿肌肉将比以往更健壮，肌腱健康，脚踝有力。这个时候，你就可以进行单侧练习了。抬起一条腿，将脚轻轻放在另一条腿的脚踝后面，使它保持不动。支撑腿的膝盖稍微弯曲，手扶住某个支撑物来保持身体平衡，然后进行严格的提踵练习。开始时每次练习两组，每组 30 次，减少次数是因为此时的肌肉承担了此前两倍的重量。然后换腿进行练习。每周增加一组的训练量，练习两周（达到每条腿练习 4 组）后，再按照自己的进度增加每组的反复次数，直至达到每条腿每次练习 4 组，每组 80 次。如果你每周每组增加 5 次，就需要 10 周时间。

- 初级标准：2×30
- 升级标准：4×80

阶段 4：单腿地面提踵（直腿）

现在，我们再次以直腿姿势练习，膝盖要完全伸直。你会发现，如果稍稍弯曲膝盖，在最后几次痛苦的反复中你就可以借腿的力量偷点懒，勉强再做几次。而当你伸直双腿练习时，就不可能这么办了——你必须完全运用小腿的力量。开始时每次练习

4 组，每组 30 次，在每组练习之间，用一分钟时间拉伸小腿。然后慢慢增加反复次数。每周每组增加 5 次，在 8 周之内，你就可以达到每次练习 4 组，每组 70 次的升级要求。如果动作不够规范，你也可以放慢增加的速度，每周只增加 1 ~ 2 次即可。

- 初级标准：4×30
- 升级标准：4×70

阶段 5：双腿台阶提踵（屈腿）

　　现在——如果你一直都是以完全的肌肉控制来进行练习的话——你的小腿肌肉应该拥有了较好的力量与耐力。现在到了扩大动作幅度的时候了。站在一个台阶上，如果找不到台阶，也可以用煤渣砖或厚些的木块——任何够高、能让你的脚跟下垂的东西都可以。我在狱中使用的是法律手册。如果你打算穿鞋，那就穿薄一点的运动鞋——厚实的靴子会减轻脚部所受的压力，这可不是你想要的效果——你想要的是通过练习来锻炼脚底、脚趾以及足弓。（链条的强度取决于最弱的环节——所以，每一处都要强。）

　　著名的健美运动者和首位奥林匹亚先生拉里·斯科特（Larry Scott）通常赤脚练习提踵。如果你觉得舒服，也可以这样。这要取决于你使用什么平台来练习。而且，可以通过抓住某些支撑物（比如说栏杆）来平衡身体。向后挪动双脚，用脚趾站在台阶上。练习时，双脚应该紧挨在一起，这样可以把更多的压力置于小腿肌肉上。在整个练习过程中，要保持膝盖处于稍微弯曲的状态。然后，将身体慢慢下降，直到你的脚跟降到最低处，并在此位置暂停。然后再平缓地把脚跟抬到最高处，并在此位置再次暂停一秒，尽力收缩小腿肌肉。重复这一动作 20 次。

　　此时，小腿经过锻炼，状态良好，正是进行拉伸练习的大好时机。这不是说让你在完成一组练习之后离开台阶，伸手去够你的小腿，而是在让脚跟保持在最低位置的基础上，再尽量向下压。一开始，这样的拉伸会让你觉得有些疼，但如果坚持不懈，会增加你的柔韧性以及承受痛苦和进行大量练习的耐力。进行这样的拉伸 60 秒（或 20 次呼吸），然后立刻开始第二组练习。刚开始锻炼时争取每次练习两组，每组 30 次。每周增加一组，如此两周，然后开始增加每组次数，直到可以一次完成 4 组，每组 60 次。在每组练习之后，都要努力进行拉伸。如果你每周每组增加两次——在这一阶段，这个速度已经够快了——在 15 周之内就能达到升级标准。

- 初级标准：2×30
- 升级标准：4×60

阶段 6：双腿台阶提踵（直腿）

　　这个阶段的动作要领与上一阶段相同，但是，在练习以及每组练习之后的拉伸过程中，双腿要完全伸直。对小腿肌肉来说，这个姿势非常痛苦。这个新姿势可能意味着在练习过程中你会逐渐开始向后滑。不要紧。如果出现了这样的情况，那就变换一下位置，让自己恢复稳定，然后再继续练习。开始练习时，将练习量降到每次 4 组，每组 30 次，然后开始增加每组次数，直到可以一次完成 4 组，每组 50 次。如果每周每组增加两次，你将在 10 周之后达到升级标准。本阶段——高次数高标准地完成练习动作和拉伸动作——已经属于中级范畴了。如果你只能做到每周每组增加一次重复（甚至每两周增加一次），也没有关系。愚公要移山也得一铲土一铲土地挖。只要能够坚持下去，你就一定能达到目标。毕竟，进步速度慢下来只是会延长你升级所需的时间，但绝对不会阻碍你进步。

- 初级标准：4 × 30
- 升级标准：4 × 50

阶段 7：单腿台阶提踵（屈腿）

　　经过上面一系列练习，现在该是让小腿变得真正强壮的时候了。把不发力的那只脚放在发力腿的脚踝后面，确保全程不参与动作。支撑腿的膝盖微微弯曲，然后以标准的姿势完成单腿台阶提踵。至少用两秒时间提起脚后跟，在最高点停顿一秒，再用两秒降下脚后跟，在动作底部暂停一秒。这样会练就真正的力量。开始时，每次练习两组，每组 15 次，完成练习之后，通过尽量向下压脚跟进行拉伸，坚持一分钟（或 20 次呼吸）。单腿承受体重应该能够让你的脚后跟降得更低，因此动作标准的单腿台阶提踵以及拉伸会是非常高强度的练习。练习一组并进行拉伸练习之后，立即换另一条腿练习，然后再拉伸。如果还行有余力，那就继续以此动作幅度练习，每 4 周增加一组。这将让你的小腿获得真正成长和变强的机会，还会让跟腱和脚踝完全适应单侧练习的严酷。两个月之后，如果你耐心按照我所列出的步骤进行练习，就能够做到每次动作标准地练习 4 组，每组 15 次，甚至能够比较轻松地做到。然后继续缓慢地增加反复次数，每周每组的增加数量不要超过两次，直至达到每次练习 4 组，每组 45 次。这一过程最少要用 15 周时间。

- 初级标准：2 × 15
- 升级标准：4 × 45

阶段 8：单腿台阶提踵（直腿）

　　此阶段动作与阶段 7 相同，但是，发力那条腿要绝对伸直。现在，你已经了解这项练习了。单腿台阶提踵——动作标准，直腿，在最低点最大限度地拉伸、最高点顶峰收缩——是目前最难的小腿练习之一了。许多人都认为这很容易，但你看他们练习的时候，膝盖弯曲，在最低点反弹，在提起脚跟时使用惯性帮助自己。这个动作的关键是在动作底部暂停，而不是利用反弹力上升。而且，应尽量匀速完成动作，在整个过程中保持相同的节奏，不要一会儿快一会儿慢。这听起来似乎无足轻重，但却能让平平常常的练习变成真正的魔鬼级训练。（如果你能做到的话）开始时每次练习 4 组，每组 30 次，然后每周每组增加一次，直到能做到每次每条腿练习 4 组，每组 50 次。如果你能够坚持这个进度，那么，达到目标要花 20 周。如果坚持不了这一速度，那就需要更长时间。

- 初级标准：4 × 30
- 升级标准：4 × 50

热身与休息

就像身体的其他肌肉一样，小腿肌肉也需要休息。每周进行 1 ～ 2 次锻炼就足够了。和往常一样，你应随时关注自己的身体状况，遵从身体的需要。一般来说，踝关节是非常结实的，如果你整天都在四处行走，或许就不需要为小腿进行热身了。不过，如果你需要热身，只需要采用你目前所在阶段的前 2 ～ 3 阶段，进行一组反复次数较高的热身即可。我自己锻炼小腿都是在练完深蹲之后，那时已经无须再热身了。

深蹲，尤其是单腿深蹲，对脚部和踝关节的锻炼其实比你想象中要多。如果向后拉起脚趾，甚至还能给胫骨前肌一定程度的锻炼。深蹲是小腿练习的极佳热身。

升级太多？

我在外界向人展示如何锻炼小腿时，很多人会问："为什么要做这么多差别不大的小腿练习呢？为什么不直接跳到最难的那一个？"

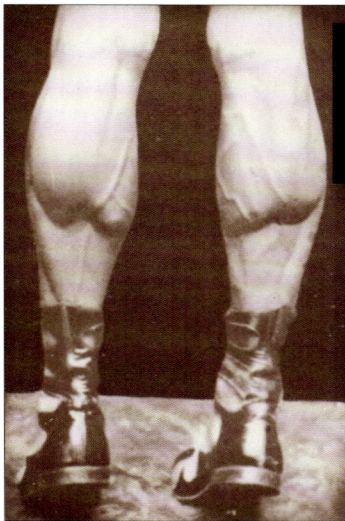

练就完美的小腿，并不一定需要大重物。该图是 20 世纪 30 年代印度肌肉控制专家尚沙勒·普罗斯特（Chanchal Prosad）的小腿。

这种想法是错误的。直接跳到你可以做的最难练习更是大错特错。你锻炼的目的并不是尽快完成某个练习，恰恰相反，你所要做的应该是尽可能久地坚持一个练习，并从中获得锻炼。这就是囚徒的态度。如果你要在囚室中靠孤独地锻炼小腿（或者胸肌、三角肌）来打发三年时光，那么你为何会想要跳到最难的部分呢？练完之后可就没得练了。

这也不只是自重流派的训练法则，其实，所有健美冠军都这样训练。他们并不使用极限重量来进行一组一组的练习。他们努力锻炼，但却选择比自己极限重量轻的"训练重量"，然后通过各种方式来使这重量看起来更重。每增加一点重量，他们都要榨尽其中的好处。你也应该这样做。

狱中的训练者并不是体操运动员或舞蹈者。评价一个动作的标准也不是动作难度，而是它所能带来的效果。在传统体操中，完成困难的动作并不是目标。困难的动作只是帮你达到目标（获得力量与肌肉）的手段。你要运用这些小腿练习培养坚固的肌肉和肌腱，积蓄力量，这需要花些时间。在练习时，千万不要超过自己身体的适应能力，不要急于求成。切记：你正在使用这些练习积攒力量，而不是展示力量。

志在必得

强化一处落后的身体部位——尤其是像小腿肌肉这样对锻炼不敏感的小肌肉——真的没有那么复杂，但却需要专注、坚持，还有最重要的，对力量的渴求。如果你按照我建议的计划锻炼，坚持两年以上就可以达成目标，而有些人则会用将近三年。真正的肌肉和力量就是这样通过坚持和智慧取得的。如果能按照计划循序渐进地练习，你将在不知不觉间获得万钧之力，将彻底改变你的小腿。练到最后，你将获得比预期中更高的收益（耐力、肌腱力量、紧张柔韧性）。这个时候，你可以尝试挑战那些自以为拥有强壮小腿的人了——他们也许是健美人士，甚至有可能是跑步运动员或军人——以标准的动作做 4 组，每组 50 次的单腿台阶提踵即可。看到他们在中途捂着抽筋的小腿倒在地上，一定特别有趣。

别忘了，长期坚持体操练习比保持其他形式的练习其实更容易。这是因为囚室中的训练计划，在获得训练效果的同时，不需要专门的整块时间和任何器械，你可以随时随地锻炼小腿。

进阶小腿训练技巧

大多数健身者都会发现，等他们能够完成 4 组，每组 50 次的单腿台阶提踵（直腿）时，小腿已经大致如他们希望的那样结实而强大了。但是，健身之路永无终点。如果你达到了最终阶段的最终目标，而你又觉得自己需要进一步提高小腿素质，那么就来尝试一下我自己记在小本子上的一些小腿训练秘籍吧。

强度技巧：

当你以全幅动作把小腿练到力竭后，可以尝试"燃烧"——再继续以一半的动作幅度（即脚后跟不降到最低点，在中点处便开始提踵至最高点）来完成练习。当你以这种方式又练到力竭时，再继续以小幅度上下快速踮脚（幅度只有几厘米），直到小腿完全瘫痪。然后，走下台阶，在地面上并拢双腿蹦跳 20 ～ 30 次，然后再做足足一分钟的原地高抬腿……如果这样还算不上你有生以来强度最大的小腿练习，那么，你很可能是个"终结者"或其他什么。

超多反复：

对小腿练习来说，似乎高次数练习的效果比低次数练习更好。有些人认为小腿的耐

照片展示的原地高抬腿是经典的囚室练习，经常作为耐力练习使用，但也可以与小腿力量练习结合，把足部和小腿推到新的极致。与器械训练不同，这种附加练习可以增加速度、快肌纤维力量以及身体综合素质。它还可以作为温和的热身或残酷的终结练习。为了达到最好的效果，要记得只用脚尖着地！

力很强是由于小腿肌肉中富含"红色肌纤维"。我不懂这些，不过小腿肌肉确实强大到足以带着你的身体整天乱跑。小腿可以被锻炼得非常强大，很多健美者都能在负担1000余磅（453.59千克）重量的同时进行提踵练习。但可惜的是，这样的重量通过肩部、脊柱和髋部传递，会对背部造成伤害，同时破坏身体的自然曲线。要练就令人惊叹的小腿，不是要在重量上做手脚，而是要把精力集中在更高的次数上。如果想检验自己的小腿肌肉，可以偶尔在一组训练中冲刺极多次数，比如100次、200次甚至更多。但在进行尝试之前，先准备好迎接第二天的肌肉酸痛吧。

连续训练组：

小腿可以很好地回应多次数的练习，但如果超过4组，每组50次，通常来说就有些过头了。如果你想锻炼自己的意志力，那就这样试试：在小腿练习中不再换腿，整个4组练习都用一条腿完成，并只在组与组之间进行拉伸而不休息，这样的练习会给你带来钢铁般的小腿。

整合训练：

我教给你的提踵系列是把小腿肌肉孤立起来进行锻炼。在此之外，最好再进行一些山坡冲刺跑、推汽车等整体练习，把小腿与全身作为整体来进行锻炼。

爆发式训练：

一旦你练就了小腿的力量，就可以学习爆发式地运用它了。最好的方法就是跳跃。

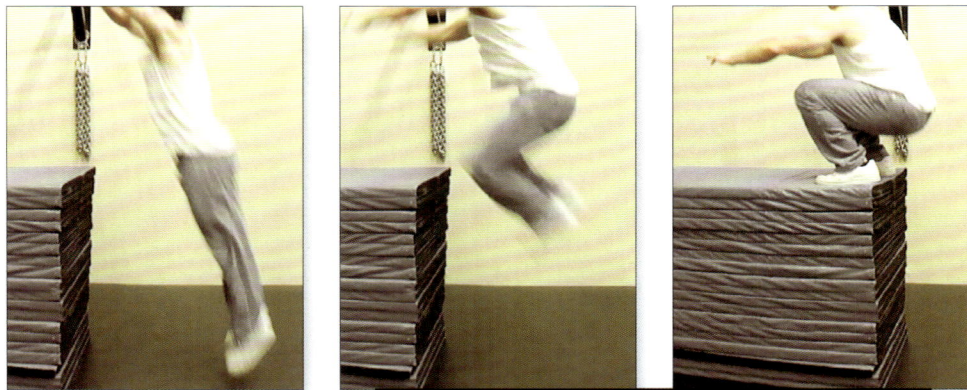

弹震式训练——朴实无华的跳跃——对于增强足部和踝关节的力量非常有用。这同样是一种锻炼小腿与全身协调性的绝好方法。

绕圈动作：

保持踝关节处的小肌肉柔韧有力。在不训练的日子里，几组旋转踝关节的动作有助于缓解踝关节处的慢性疼痛。坐下，抬起双脚，然后以脚尖尽可能大地画圈，每只脚顺逆时针各 10 次。这一练习同样也可以作为高强度小腿训练之后的极佳"冷却"练习。

协同发展：

如果你肢体的一侧软弱无力，那么，你很难把另一侧的肌肉练得无比强大。你的身体似乎能够感知到这一不对称，并拖慢你的进度。如果你真想让小腿肌肉达到极限，那么你也要锻炼其拮抗肌——位于胫骨前部的胫骨前肌。把你的脚趾和脚背尽量抬高，直到胫骨开始感到酸痛；然后再将脚尖完全外展，并多次重复以上动作。保持这些拮抗肌的强壮将明显减少胫纤维发炎之类的伤痛发生。我在圣昆汀监狱认识的一个家伙习惯以头下脚上的姿势倒吊在单杠上以锻炼胫骨前肌。如果你觉得自己的胫骨前肌足够强大，也可以尝试维持这一姿势几分钟！

如果你对将小腿强化至生理极限非常感兴趣，那你一定要尝试这些技巧。请谨慎运用这些技巧，并且首先将注意力集中在循序渐进的自身体重训练上。最终你会得到你所期望的小腿——不仅仅肌肉发达，而且力量强大、敏捷灵活、柔韧健壮——并且还拥有令人难以置信的耐力。

熄灯！

没有针对哪个身体部位的运动器械比小腿更多了，这真是讽刺，因为小腿肌肉很可能是运用自身体重可以有效训练的、锻炼方法也最简单的肌肉。想想看：普通人可不是每天都会锻炼他的胸大肌、背部或二头肌，但是，他每走一步，小腿肌肉都要移动他的身体。从某种意义上来说，你每天的闲逛就已经是在锻炼小腿了。不知道你是否注意到了这一点，胖子全都不可避免地拥有粗壮的小腿？其中一部分是脂肪，不过或许没有你想象中那么多——身体倾向于把脂肪堆积在重心附近，而不怎么喜欢将它们贮存在小腿这种肢体末端。胖子的小腿大部分还是肌肉，这纯粹是靠每天千万次移动笨重的身体练就的。

小腿肌肉没什么威胁力也唬不住人，打架的时候，它们也无法直接帮助你。因此，许多囚徒忽视了对小腿的专项训练。如果你已经在下肢训练中投入了足够精力，这也无妨。但如果你想要进行单独的小腿训练，那就忘掉那些大重量的器械吧。你只需专注于自身体重训练技巧，用最标准的动作、循序渐进的练习、较高的反复次数、爆发式训练以及充分的坚持。在不知不觉之间，你的小腿就会变得像两块巨大钻石——在形状和硬度上！

- 第二部分 -
刀枪不入的关节

提高身体素质和增强力量最关键的方面之一，就是关节锻炼。如果关节脆弱，那么你无论如何都算不上强壮，从长远的角度看，你还不得不面对一堆疼痛。练就真正强大、无须药剂的肌肉需要许多年时间，而且只有在你的关节也同样逐渐得到强化的情况下才行。然而大多数想练成大块头的人滥用着自由重量和健身器械，不断损耗着他们的关节！

在这一部分，我将教你如何使用体操来练成超级强悍的关节，如何在不变得松懈和柔弱的前提下增强灵活性，以及如何修复受伤的身体。无须器械，无须补品，只需我在狱中所拾得的技巧。

第十二章 失传的关节训练技艺

紧张柔韧性

如果说旧时的狱中体操大师对于如何练就极为强壮的关节有什么共同心得的话，那一定是：总是、总是以在"肌肉"中产生"柔韧的力量"（这是乔·哈提根的说法）为目的来锻炼。在过去，大家都明白"柔韧的力量"所指的是什么，不过这一词汇如今或许有了其他含义，所以，我打算使用一个新词"紧张柔韧性"。如果说练就强壮的肌腱和软组织有什么关键或秘密的话，那一定就在这里。

什么是"紧张柔韧性"？

紧张柔韧性是指，当一处肌肉处于拉伸或伸展状态时，仍然保持紧绷有力的能力。

肌腱在拉伸时变得紧绷有力是自然进化的结果。正是这一点使得肌腱富有弹性，能让躯体完成跳跃、冲刺或其他爆发式动作。实际上，如果拉伸中肌肉松弛、放松，那么各种力量都将无法实现。

"柔韧性"的观点是现代自重力量训练者与体操运动员所熟知的，尽管这与健身界的一般柔韧性概念有着较大程度的不一致。当大多数教练谈到柔韧性时，他们总是自动与"放松"相关联。这很大程度上是因为被动训练法中包含了刻意的放松技巧。人们理所当然地以为，肌肉在被拉伸时必须处于松弛状态。果真如此吗？

诚然，要完成一次主动动作，那么关节一侧的肌肉必须比另一侧的肌肉更加有力地收缩。但这并不是说另一侧的肌肉完全不能收缩。事实上，另一侧的那些肌肉可以高度紧张——

此图展示的是传统的肱三头肌拉伸。肘关节弯曲，肱二头肌处于收缩状态，肱三头肌松弛。

此图展示的是引体向上到胸部的顶点位置，在该顶点位置，肘关节的屈曲程度与上图中"肱三头肌拉伸"的程度基本一致。尽管肱三头肌在引体向上最高点被拉伸变长，但绝不是处于松弛状态。肌肉处于拉伸状态并不一定表示肌肉松弛或不紧张，拉伸的肌肉同样可以紧绷得像一块钢铁。

只要这些肌肉紧张的程度没有超过对侧肌肉，那么动作依然可以完成。

我们可以举出很多肌肉在被拉伸的同时又强有力收缩的例子。比如，如果你想要拉伸股四头肌以及膝关节肌腱，你该怎么做？大多数训练者很可能都会抓起自己的脚踝，然后把脚跟向髋部拉，就像右图中展示的这样。

没错，这一动作很好地解释了"松弛柔韧性"。股四头肌放松了，膝关节也拉伸了。但是，如果我让同样的训练者做一个单腿深蹲，那又会如何呢？

单腿深蹲通常被认为是一种极好的力量练习，它确实不能被视为拉伸练习。不过，从这张照片中你能看到，马克斯的膝关节已经充分弯曲。实际上，这一弯曲程度比之前他拉脚踝时的程度还要高。但是，尽管股四头肌和膝盖的肌腱都达到了最大限度的拉伸，但它们在这个姿势中依然高强度地紧张。其实，股四头肌和膝关节肌腱在膝关节完全屈曲时必须高强度紧张，这是毫无疑问的——如果这些肌肉没有紧张，马克斯就不可能再次站起身来。某些推力动作，如偏重俯卧撑就是深蹲的上肢版本。在偏重俯卧撑中，肘关节屈曲到极限，但肱三头肌仍然

要产生高强度的力量和张力来支撑起训练者的身体。

在深蹲的底部姿势中，并非只有股四头肌得到了拉伸。再看一下图片，瞄一眼马克斯的右侧——髋关节同样得到了拉伸。臀肌的拉伸程度如此之高，以至于他的大腿都快挨着躯干了！但此时的臀肌却紧绷得如同一块岩石，唯有这样才可以维持这一姿势。而接下来，它将提供动力，将身体从地面上推起来。踝关节同样处于高度拉伸状态。因此，从这个简单的例子就可以看出，拉伸中的肌肉同样可以强劲有力。

我们再看一个例子。请看下面两幅图。

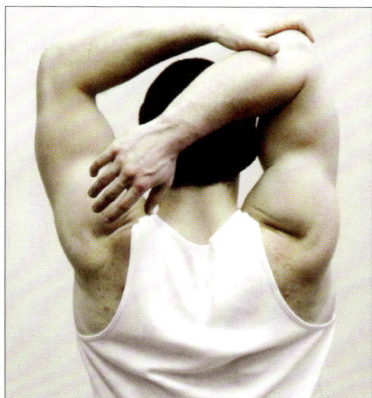

在这两幅图中，训练者都在拉伸上臂的肱三头肌。左图很好地诠释了被动拉伸中的"松弛柔韧性"。马克斯正在放松自己的手臂肌肉，同时拉动前臂，让肘关节弯曲到极限，以拉伸右臂的肱三头肌。在右图中，马克斯根本没有尝试拉伸——他只是在做窄距俯卧撑。但是你会发现，在俯卧撑时，马克斯的肘关节至少会屈曲到与左图一样的程度——实际上此时他的肱三头肌正在给前臂施加推力。他的肱三头肌松弛了吗？开玩笑！它们此刻和花岗岩一样坚硬。甚至连腕关节也在屈曲中被拉伸，但前臂却同样紧绷得如一块钢铁。如果马克斯放松肌肉，那么他马上就会瘫倒在地！

强壮的关节与体操

结论是什么？张力与柔韧性并不冲突。二者协同作用，共同造就了强大的肌腱和关节。无论你在锻炼哪一处肌肉，一定要确保自己在同步培养提升"柔韧力量"，否则你的关节将随着时间而相应地变弱，甚至当你的肌肉在变强的时候也是如此——这是个危险的组合。

许多训练者都不相信在健身房进行力量训练会导致受伤和慢性疼痛，反之力量体操却能强化关节，免受病痛之灾。对此，有几个原因，但其中主要的原因之一是，自重训练能够发展高水平的紧张柔韧性。那些基础练习都要求最大幅度的动作——包括标准深蹲、窄距俯卧撑、引体向上等等。由于在这些动作中伸展的肌肉和肌腱仍然承受压力，所以这正是锻炼"柔韧力量"的理想方式。同样重要的是，由于《囚徒健身》中的练习都被分为可渐进升级、自由调控的十式，因此你可以缓慢加强肌腱力量——在跑之前先帮你学会走。

与之相比，更现代化的方法（比如健美）不仅不去提升"柔韧力量"，甚至可以说是反其道而行之。在拉伸中，他们不但不给肌腱施加压力以锻炼紧张柔韧性，反而经常回避大幅度的动作。深蹲时，他们不去练标准深蹲，而是给自己双腿加超量负荷，只反复练习局部的动作。几个月之后，他们才会开始困惑：自己的膝盖为什么会出毛病呢？他们避开了"柔韧力量"，转而选择能够让他们的肌肉进行顶峰收缩的器械，在刺激肌肉的同时无视了肌腱与关节。

你绝对见不到健身房出来的大肌霸表演单腿深蹲或单臂俯卧撑，他们的关节根本撑不住。这些家伙以最快的速度堆积肌肉，却不明白关节与肌腱的强化比肌肉增速要慢得多。放弃平缓渐进的方式，一路狂飙的任何事物都可能出错。搞成这种烂摊子状态之后，许多健美者开始相信被动柔韧性的那一套观点。他们让自己的大块肌肉在外力作用下放松和拉伸。最终结果是，当他们训练失误、滑倒或者搬运一些重物的时候，悲剧就发生了。硕大有型的肌肉并不代表关节强壮与健康。

健身房最流行的动作不练关节力量！

下面我将一些健身房流行的训练动作与对应的体操动作相对比，你就会明白为什么体操动作能够更好地锻炼紧张柔韧性。

健身房中，大多数训练者通过哑铃弯举来锻炼肱二头肌。但在动作最低点，手臂悬吊，肱二头肌几乎不发生紧张。

与动作规范的引体向上进行一下对比——保持肘关节"柔软"意味着肘关节必须有一些细微屈曲。这不仅能够防止过度拉伸，同样能够确保拉伸变长的肱二头肌维持紧张状态。

健身房中的器械越来越多，因为这些器械能够帮助实现动作最高点的顶峰收缩，所以很少能锻炼到"柔韧力量"。图中，一位训练者正在通过拉力器前平举来锻炼肩袖前部。

由于最高点的强力收缩，这一动作可以收缩（并且锻炼）肩部肌肉。但是关节锻炼在哪里呢？哪里有最低点拉伸时的张力呢？

相比之下，进行杠杆俯卧撑——在动作最低点时，三角肌前束不得不保持高度紧张，同时也处于拉伸状态时，肌肉与关节获得了均衡同步的发展。

我可以讲出一整本书的例子，但是你已经明白了。紧张柔韧性对现代健美者来说，就是一个不存在的概念。

仔细想想，拉伸的时候你真的放松了？

"柔韧力量"的观点——肌肉和肌腱在拉伸时保持紧绷有力——与大多数现代训练法的观点相左。现代方法所注重的恰好相反，让训练者在拉伸的时候放松肌肉。放松被看作大多数"被动拉伸法"中柔韧性训练的关键。

为什么现代教练要教人在练习拉伸的时候放松呢？原因显而易见。在拉伸时放松肌肉能够加大拉伸动作的幅度。这种拉伸方式让你看起来比你实际上更加柔韧。但是你真的需要这种"松弛拉伸"所额外提供的柔韧性？当然，练习窄距俯卧撑、标准深蹲、标准引体向上时，肌肉都是在健康的动作幅度之内进行收缩舒张，你永远也不可能靠这些练成柔术演员。问题在于，你是否需要借助外力加大拉伸幅度？

我承认，松弛拉伸技巧中的额外幅度听起来很酷。但是，这实际上是一把双刃剑。在练习拉伸时放松肌肉只是能让你拉伸得更远，因为松弛拉伸能够钝化你肌肉组织中的感受器——肌梭。正常情况下，肌梭尽可能地不让你的肌肉过度拉伸，但缓慢的松弛拉伸"骗术"能够欺骗这些感受器，让肌梭以为没出问题（就像温水煮青蛙一样）。这种钝化过程让肌肉能够拉伸到超出正常范围，不过这需要比较长的时间——通常要花几分

现代健身作家会告诉你，拉伸与放松要一起进行。错。肌肉和关节应该在保持紧张的状态之下进行拉伸。这才是自然的拉伸方式。你看图中这只猫正在本能地拉伸…它的身体是软趴趴的？还是紧绷的、灵巧的？

钟。这一放松过程能够帮助你加大最大推伸幅度，但坏消息是：如果今后你要达到这一提高后的幅度，你必须再次完成同样的放松过程。你可能看到过许多练空手道的家伙在学校的时候能够把腿踢得非常之高，但是走上街之后，那些家伙绝对完成不了同样幅度的动作。因此这种所谓的额外幅度有些值得怀疑。

我在狱中一起锻炼的前代大师与我英雄所见略同，但可能是出于不同原因。乔·哈提根是我在圣昆汀的导师，总是强调放松式的拉伸练习绝不会给你带来强壮的关节，而是会给你带来松懈、脆弱的关节。我在其他那些资深、渊博的自身体重训练者那里也听到同样的话：如果你想获得刀枪不入的关节，那就坚持灵活的力量训练，包括桥与举腿在内的全幅度体操动作。过去几年里，现代的"前沿"文章都在讨论拉伸，就好像拉伸是预防受伤的可恶圣杯一样，但许多前代大师却都知道与之相反的事实：放松式的拉伸会让你更容易受伤！

时至今日，科学才证实这些狱中大佬的先见之明，真是有点讽刺。美国军方为了努力改善战士的作战能力，最近展开了关于放松、柔韧性与受伤预防之间关系的广泛研究。你猜怎么样？拥有最高水平柔韧性的战士比柔韧性水平一般的战士更容易受伤！（《军人身体训练与相关损伤的监控、研究与预防》，美陆军健康促进与预防医学中心著）

自我防护：化险为夷的牵张反射

为什么"松弛柔韧性"更好的训练者会比"柔韧性差"的训练者更容易受伤？答案是，被动拉伸法的基础是外力之下的肌肉放松。这种方法告诉你的肌肉要在压力下松弛——这完全违背你身体的本能。

先来回答一个简单的问题：关节为什么会受伤？事实上，所有的关节损伤都发生在韧带、肌腱以及软组织拉伸过度的时候。人体各种组织都可以承受一定程度的拉伸，但是一旦超过其承受的极限，组织便会撕裂，甚至还会造成灾难性的后果。

膝关节韧带撕裂、损伤性滑囊炎、肩袖撕裂、腕关节或肘关节脱臼，这些悲剧发生的原因都是关节组织的过度拉伸。

幸运的是，自然之母非常聪明。你的身体本能地明白关节过度拉伸的危险，形成了预防其发生的一系列安全机制。这些本能的安全机制名为：牵张反射。牵张反射是一种非常古老、原始并且完全无自主意识参与的反射。每当肌肉受到突如其来的强大牵拉力时，它就会收缩。这就是牵张反射的直接结果。著名的"膝跳反射"就是牵张反射的一个例子。如果你击打膝盖处的肌腱，哪怕很轻，股四头肌也会因牵张反射而收缩，保护膝关节。

简单来说，当你的身体承受外力打击时，它就会紧张，会自动收紧。你是否还记得上一次你下楼梯一脚踩空的时候？只要你的身体感受到脚掌落在下一台阶上的颠簸之力，你的下肢其实就已经完成了一系列的牵张反射——你的腿部绷紧了。虽然那动作从外面看起来难免显得笨拙、难堪，不过请相信，你的身体这么做是非常有必要的。紧绷的

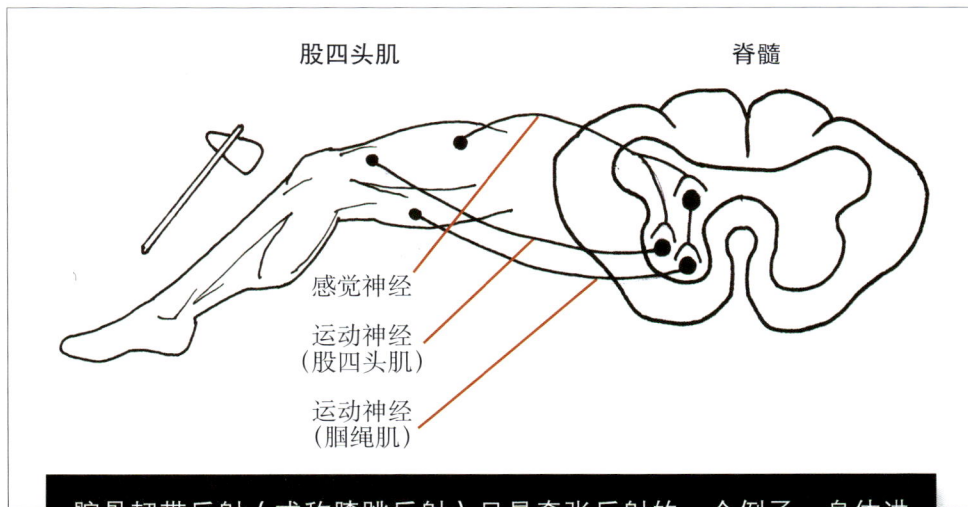

髌骨韧带反射（或称膝跳反射）只是牵张反射的一个例子。身体进入保护模式时，就会紧张。

肌肉能够安全地吸收冲击。如果你在摔倒的时候放松肌肉，那么所有的冲击力只有一处可去——关节。没有了肌肉和肌腱的保护，关节很容易受伤。甚至只需在错误方向上施加轻度压力就能轻易地让肩关节脱臼；如果膝关节朝着错误方向拐了一点小角度，膝关节前交叉韧带就会永久性撕裂。我还可以举出许许多多类似的例子。

放松与受伤

被动拉伸的危险之处在于，它会使你身体中性命攸关的牵张反射逐渐失活。它以放松取代紧张。如果你只是在泡热水，这非常棒——如果你要挑战一些极限动作，那么它一点也不棒了。

放松的身体无比容易受伤。这一点无论是对躯干还是对四肢都是同样的道理。如果拳击选手没有准备好，简单的一拳就能够结束一场比赛——我所说的"准备"是指"紧张"。你可以去问问空手道选手。几个世纪的空手道选手都进行紧张训练。当他们被攻击时，他们需要自己紧张和强大的肌肉和肌腱来保护内脏器官。他们的训练配合着牵张反射，这让他们在战斗中更加耐揍。体操选手、跳伞者都会在落地时绷紧身体。甚至奥运会跳水运动员在他们撞入水中时也保持身体紧张。只要是身体突然承受较大压力、受伤概率较高时，运动员都明白应该如何配合自己的牵张反射，保持适度的肌肉紧张。

不要去相信什么"身体放松之后就绝对不会受伤"的花言巧语。我们都听过下面这种无稽之谈：醉酒之人跌倒很少受伤，因为他们的身体很放松。这不过是扯淡而已。和那些周末在急诊室工作的医生聊聊，你就会清楚了，他们不得不处理的绝大部分受伤都与酒精相关。全身绷紧地摔到混凝土上已经够糟糕了，不过像醉鬼那样放松地摔下来才会真正伤害到自己，结果甚至会是致命的——许多醉鬼跳楼的结果就是头部重伤，这是因为颈椎太过放松，才没能紧绷起来保护头部免遭撞击。过量饮酒还会影响神经系统，会让你的牵张反射变得迟钝，这可不是好事情。大醉一场可能不错，但这肯定不能保护你，让你免遭伤害。事实恰好与之相反。

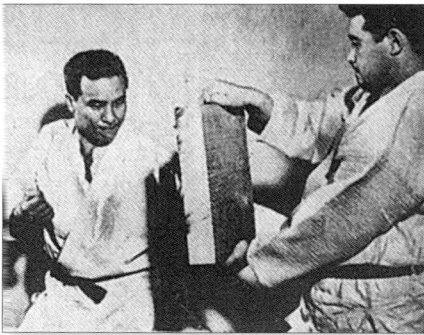

紧张柔韧性：告诫

产生高水平紧张柔韧性的动作，比如单腿深蹲，最能够强化关节。但你总不能练一通宵的单腿深蹲——强化关节不可能一蹴而就。你的肌腱和软组织能够（并且将）逐渐适应这些练习，但是你应该让身体做好充分准备——这正是渐进升级的体操练习开始几式都非常容易的原因，这能够让肌腱以其适应的速度得到强化。直接冲到高难度的柔韧力量练习，比如窄距俯卧撑，或许会让你认为自己更强大，但从长远来看，缓慢升级的训练者会拥有更加强大、更加健康的关节。紧张柔韧性训练的难度也可以非常高（因此

紧张以获得力量

传统的大力士们都明白，高强度收缩是打造强大关节的关键。他们不会采用雾气缭绕的芳香疗法或自由舞蹈的方式来放松自己。不去放松关节，这些人的做法恰恰相反：真正的牛人使用"支撑举"的方法，即身体锁定在某一姿势，支撑住或短距离举起某一重量。我所说的"重量"是指真的很重的重量！路易斯·西尔想要锻炼他的关节时，"颈后推举"了 4337 磅（1967.22 千克），沃伦·林肯·特拉维斯（Warren Lincoln Travis）在练习铁索式硬拉时拉起了 3985 磅（1807.56 千克），斯特福（Strongfort）在"人桥"表演中撑起了 3.5 美吨（3175.18千克）的重量，约翰·格里梅克经常练习在头上方撑起 1000 磅（453.59 千克）以上的重量。

你觉得 150 磅（68.04 千克）的杠铃已经算重了？萨克森在他的一项绝技表演中撑起了同样的杠铃，外加 11 个人！

"支撑举"强迫关节附近的肌肉收缩到极限，为关节创造一个超强的保护套。我不会建议任何人来模仿这些技艺，因为风险太高，但这种训练毫无疑问能够练就超强的肌腱和超强的关节。这些压力如此之大，以至于能够穿透骨骼本身，刺激并促进韧带生长和增厚，使关节联结得更加牢固！

许多健美者有意逃避这种训练)。

　　另外重要的一点是，在锻炼紧张柔韧性时，你的肌肉需要被拉长。但是"拉长"并不等于"极度拉伸"——在四肢的正常动作幅度之内即可。要获得最大的柔韧力量，你不需要（也不想要）变成柔术演员。

　　最后一点建议。当你锻炼肌肉的紧张柔韧性时，坚持只选择那些模拟自然的生物力学的动作，避免任何强制或引起疼痛的动作。大重量的颈后推举或颈后下拉或许能够让你的肌肉在承受压力的状态下拉伸，但是这些动作同样让你的肩袖容易受伤。大多数杠铃卧推和各种器械练习也是一样。不要采用。

熄灯！

　　如果想要高水平的"柔韧力量"，你不需要用到新奇的器械、不协调的动作或者昂贵的药物。你最聪明的选择就是把现代观点抛之脑后，然后坚持传统体操，只使用自身体重训练。要懂得循序渐进——一开始就以完全的动作幅度来进行练习，但阻力要很小（折刀深蹲、墙壁俯卧撑还有垂直引体就是很好的练习），然后逐渐强化，直到你能够运用自身的大部分体重为阻力（比如标准深蹲、标准俯卧撑和标准引体向上），然后继续升级到只运用单侧肢体（单腿深蹲、单臂俯卧撑和单臂引体向上）。这就是我从监狱中学来的方法，不仅能够帮你打造极为强大的关节，还会降低你受伤的可能性，因为你给肌腱和软组织提供了足够的时间去适应并达到以上练习对紧张柔韧性的要求。"柔韧力量"原则应该成为你训练的基石，如果你希望得到健康强大的关节的话。

第十三章 柔韧性，灵活性，控制

拉伸——狱中之见

在监狱外的世界，似乎无论走到哪里，都能听到人们在谈论柔韧性的重要性。大家把自己拗成奇怪的形状或者练习劈腿等等。健身房里要是没有用于练习拉伸的坐垫，那简直就算不上是健身房。拉伸成了任何训练计划中不可缺少的部分（甚至会为此专门设课）。许多运动员用于拉伸的时间远远比锻炼的时间长。如今，柔韧性被视为健康的核心要素。如果你不喜欢拉伸，你就成了落伍的、没文化的人。

监狱里可是另一番景象。

在监狱里，大家最看重的是力量，而柔韧性如果存在的话，也只是与力量一起才有意义。你可以在桥和举腿中，在全幅度动作的体操练习中看到这项事实。柔韧性本身是否有人关心呢？你可能看到一些家伙在两组练习之间进行轻量级的拉伸，以此放松充溢着血液与废料的肌肉。你可能看到有些家伙在锻炼前稍微进行一下拉伸和屈曲的练习，以准备特殊的肌肉练习。而且，你也可能看到有些囚徒轻轻拉伸由于瘢痕组织和伤痛而紧绷的肌肉。除此之外呢？再没有了。狱中的训练者并不会单独地进行特意地拉伸练习——他们的确不单单为了柔韧性而锻炼柔韧性。

猜猜我会买谁的账？

柔韧性应该是体操的副产品

狱中训练者并不把注意力集中于拉伸上，因为他们明白，若没有力量，柔韧性就毫无用处。高度的灵活性只是正确力量训练的副产品。与我一同训练的体操大师都对"柔韧性"不感兴趣。他们主要对力量技巧的适当"伸展"（即活动幅度）感兴趣。他们就是以此自然获得"柔韧力量"的。他们经常谈到"肌腱训练"或关节训练，但从没有提起过柔韧性。练成柔术演员？他们对此不感兴趣。为什么会这样呢？因为崇拜柔韧性是现代才兴起的。

旧时代的自身体重训练者从不会因为担心柔韧性而夜不能寐，他们只考虑力量。力量是控制力，用来控制自己的身体、重物或其他什么。（投、踢、击打东西可能展现爆发力或速度，但不展现力量。）拥有能控制你的身体的力量是非常有必要的。而拥有超出控制的柔韧性并不必要——甚至会适得其反。可以把肌肉拉伸到你的控制范围之外，又有什么意义呢？那只会让你更易于受伤。

力量 + 柔韧性 = 灵活性

人们经常混淆柔韧性与灵活性。这是个错误。灵活性是移动自己身体的能力。因此，灵活性首先基于力量，其次才基于柔韧性。施展灵活性的例子，比如跑步、跳跃、闪躲，都基本上依赖肌肉力量。确实，肌肉僵硬不可取。但是，运动者真正获得的柔韧性却是由肌肉运动自动产生的，而不是由被动拉伸产生的。真正迅速、敏捷的动物，都拥有灵活的力量，那是紧张柔韧性，而不是松弛柔韧性。孩子，想想美洲豹！

灵活性主要基于力量，不仅在运动中如此，在日常生活中同样如此。单腿站立，抬起另一条腿，穿上短袜，这需要一定的控制力才能把脚抬高到能被手够到的位置。这与你在被动情况下柔韧性有多好毫无关系，也就是说，这与在有人推你时你能把脚抬多高无关——这并不是灵活性。如果你不能自己抬起脚，那么，理论上的柔韧性就是白费，是毫无用处的。

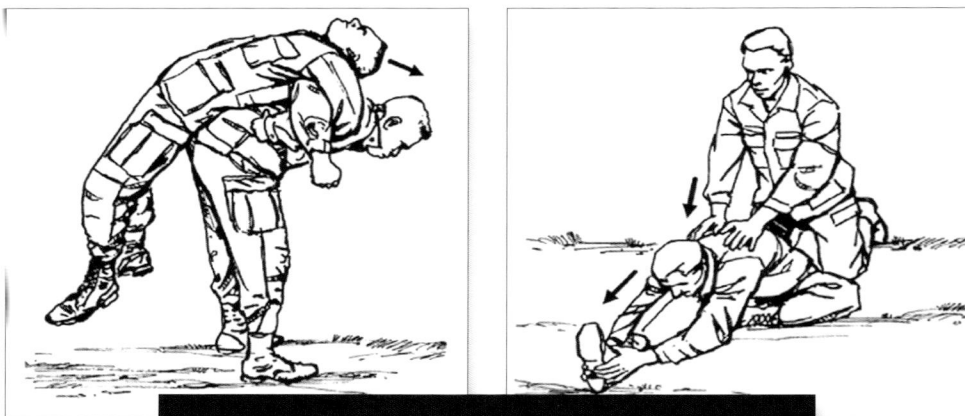

如果有个伙伴帮你推脊柱，那算是真正的柔韧性吗？把这两项被动拉伸与桥和直角支撑对比（详见第十四章）。

囚徒健身与柔韧性

力量练习是大多数狱中运动者的起点。传统的自身体重训练者并非野蛮粗鲁之人，他们还不至于笨到没有意识到拉伸练习的"尖端"优势。只是对于柔韧性与力量之间的真正关系，他们比大多数现代运动者看得更清楚。他们深知，拥有高水平的柔韧性而没有力量来控制这等柔韧性，那就像拥有狂暴的能量却没有固若金汤的熔炉来加以约束和指引一样。乍一看，这会令人印象深刻，但实际上不仅毫无用武之地，而且危机四伏。因此在锻炼中，必须以力量先行。

传统健身的态度已经反映在我的《囚徒健身》之中。我想让你练就力量与灵活性，而柔韧性则应当随着力量的提升而提升。凡是我的学生，我都教他们用大幅度的动作训练。即便是在我提倡半幅度或局部动作之处，这些家伙也经常在完成一个练习的过程中结合另一个标准幅度的技巧，比如标准俯卧撑、标准深蹲或标准引体向上，这样的组合雷打不动。

来看看我提倡的特别的关节训练技巧——三诀中的扭转、桥、直角式（详见第十四章）。对外行而言，这些都有可能被看作柔韧性练习。但实际上，在以正确的姿势进行练习时，比起柔韧性它们更需要力量。这些练习需要肌肉来牵引，进而完成动作，当无法完成动作时，那只是因为进行牵引的肌肉没有足够的力量。在这个时候，"柔韧性"只是虚而不实的花架子。使用我的方法，你将缓解僵硬的肌肉，而且一定会使你的灵活性达到最大化，因为灵活性是由力量主导的。但你不会像许多容易受伤的现代运动者一样全身肌肉都变得松懈，你的力量与灵活性将达到完美的平衡。

被动拉伸与主动拉伸

我在训练学生时，注意力主要集中在力量上。如果我看到有谁在浪费时间做可笑的拉伸练习而没有努力训练肌肉，我通常会给这混蛋一耳光。结果，那些了解我的人都知道："威德教练可不信柔韧性。"这种看法有失偏颇。我相信柔韧性的重要性，但我相信的是力量主导的柔韧性，在这种情况下，是由肌肉收缩来控制动作幅度（这经常被称为主动拉伸）的。

而被动拉伸却是另一回事。被动拉伸有不同的类型，但我把它总体定义为：使用外力拉长松弛的肌肉和软组织。

外力可能包括：

- **外在重物**（比如硬拉练习）
- **冲力**（"回弹"拉伸）
- **杠杆**（固定双脚然后向前屈身）
- **使用身体其他部位推拉**（比如用一只手向后拉另一只手的手腕）
- **器械**（像你在功夫杂志上看到的那些傻瓜式劈腿器械）

在这里，我没有把重力算在外力中。身体自身的重量是我们在拉伸时要自然克服的。你每次做深蹲或是俯卧撑时，都在重力的影响下拉伸肌肉。更重要的是，在这些练习中，你的肌肉没有松弛，它们一直在你的控制之中。按照我给出的定义，被动拉伸发生在你的肌肉松弛而又有某些外力把它拉伸的时候，可以是同伴帮你拉伸，或是使用物体拉伸，比如扶手杠。

图中，舞者正在扶手杠上进行被动拉伸，以增加髋部和腘绳肌的柔韧性。她正使用杠杆和放松来拉长肌肉。

本图中，马克斯也在拉伸髋部和腘绳肌，但却是在进行主动拉伸练习。（在单腿深蹲动作的最低点，你的腿不得不像这样向前伸展。）

　　我不相信被动的、松弛的拉伸，上一章我给出了一些理由。但是，如果你想改善自己的灵活性，那么，主动拉伸是个好主意。在这方面，我推荐的方法非常简单，只有几个强有力的力量主导的拉伸，可以顾及全身的肌肉（后面要讲的三诀就是主动拉伸技巧）。

被动拉伸的正确角色

　　话虽如此，但也不能把被动拉伸一棒打死。我只是不提倡把被动拉伸作为一个专项训练，但它仍然是有用处的。被动的、松弛的拉伸训练有以下三方面的价值：

1. 被动拉伸可以作为恢复的方法，拉伸僵硬的创伤组织，并促进血液循环，而在此等情况下，主动拉伸则可能引发再度受伤。

2. 被动拉伸作为高强度自身体重训练后的低强度治疗，可以协助血液循环，帮助去除肿胀肌肉中的废料。

3. 在特殊条件下，被动拉伸可以解放过度僵硬的动作模式，使运动者完成各种体操技巧（例如在学习正颈桥时）。

那么，在这三方面之外呢？那就不再需要被动拉伸了。大多数运动者练习被动拉伸所花费的时间都白费了。

如果你想提升身体柔韧性，那应该怎么办呢？

此事不难——请尝试主动拉伸。

主动拉伸与刀枪不入的关节

如果你想获得刀枪不入的关节，那你需要练习体操。如果你想增强柔韧性，那就应该进行主动拉伸。被动拉伸对保护关节来说毫无用处，相反，它还会让关节更容易受伤，而不是减少其受伤的概率。

为何主动拉伸如此炙手可热？下面是一些根本的原因。

主动柔韧性与紧张柔韧性共同提升

如果你已经读完了前十二章（如果没读，为何不读一下呢？），你就会知道为何我这么推崇紧张柔韧性，或者称为"柔韧力量"——即身体在肌肉与关节被拉伸的情况下也能安全发力的能力。这是强化肌肉最好的方式，而主动柔韧性训练就是安全提升紧张柔韧性的绝佳方式。

被动拉伸训练你去放松肌肉，放松正是这一方法的关键所在。在练习主动柔韧性技巧时，你的部分肌肉已经为了最大限度地移动关节而做好了大干一场的准备，与过度放松相反，张力会在四肢、躯干或任何你正在训练的部位周围放射开来。一旦你了解了紧张柔韧性，你就能很容易地将其融入主动拉伸之中。一旦你在拉伸中，就不要放松。打起精神——绝不放松！

主动拉伸会教你的身体作为整体运转

被动拉伸是以非常片面、孤立的方式对待身体。如果你在拉伸腘绳肌，那么你就只是在拉伸腘绳肌，与之相对的肌肉——股四头肌——根本没有得到拉伸。在这个练习中，股四头肌什么都没有做，就算是从最理想的角度说，股四头肌也只是得到了放松。在被动拉伸训练中，人们就像避开瘟疫一样在避免紧张。结果，不管你何时进行被动训

关节环绕

如果你想让紧张或疲劳的肌肉恢复，无须依靠被动拉伸。你可以尝试关节环绕。关节环绕并非真正的"拉伸"，而只是通过关节的开合来促进新鲜滑液的循环。这是一种低强度、低难度的"润滑"关节的方式。关节环绕可以使关节恢复精神，增加血液流动。与高强度的拉伸不同的是，它不会在细胞层面损伤肌肉，这意味着如果你觉得需要，每天都可以做几次。

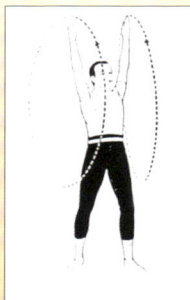

关节环绕演练

- 颈部
- 肩部
- 手臂
- 肘部
- 腕部

- 脊柱
- 髋部
- 膝盖
- 脚踝

手臂环绕是关节环绕极好的例子，只需每次用你的手臂画圈即可。（尝试每次做两组，每组 20 次，分别练习两个不同方向，这可以为你嘎嘎作响的肩部做好热身。）关节环绕很简单，也应该能让你感觉舒适。找个方法，以关节为中心点环绕手臂、腕部、膝盖等任何你觉得有些僵硬或酸痛的部位。

练，你的身体也只有某一方面得到了练习。

从某种程度上说，这一套路与训练中将肌肉隔离起来的健美谬误并驾齐驱。两种方法都将身体当作诸多部分的简单结合。其实不然，身体是复杂的系统，所有部分相互依存、共同运转。在现实生活中，绝不会出现身体的一面在拉伸而另一面却在放松的情况。在真实的动作中，身体的一面必须强有力地收缩，使另一面得到拉伸！主动拉伸方法就是在模拟现实生活，拉伸的部位只能拉伸到对立的肌肉能够收缩的程度。

如果某一训练方法与身体相协调，那么它就既能改进你的收缩能力，同时又能改进你的柔韧性。要知道，这才是你要找的方法。

主动拉伸比被动拉伸更安全

对健康人士来说，主动拉伸比被动拉伸更安全。练习被动拉伸很容易受伤，是因为推动身体的是外力。但在主动拉伸过程中，是身体在自己推动自己，神经系统也在扮演自然的"安全阀门"，预防过度拉伸。我们要相信自然！

主动拉伸训练增加力量

监狱外有很多家伙喜欢玩命地举重或练习复杂的健美动作，他们总是忘记主动拉伸才是最自然、最基本的力量助推器。的确，如此简单的主动拉伸并不能让你练就 19 英寸（48.26 厘米）的手臂和 30 英寸（76.30 厘米）的股四头肌，但却可以给你更健康的身体，给你控制肌肉的力量，并且可以产生高强度的收缩力。大多数人只是不经常以最大的强度收缩肌肉。让一个懒虫慢慢向一侧抬高腿并保持位置，很有可能只能离地几十厘米。想象一下范·达梅（Van Damme）这样抬起一条腿并保持位置的特殊髋部力量训练……现在，把那种收缩力应用到身体上每块单独的肌肉上，你懂了。

若没有高强度的收缩，那真正的力量也就只是空谈。主动拉伸练习就像对神经系统的调校，因为这会迫使你尽可能地绷紧自己的肌肉，会增强负责肌肉高强度收缩的神经模式。即使你不做其他练习，单单进行主动拉伸训练就能以最健康的方式提升你的力量了。但是，如果你将主动拉伸训练增加到自己的日常力量训练日程中（尤其是自身体重力量训练日程），那么，这两个训练计划将协同发挥作用，相得益彰，扩大战果。

问： 要有多么强大的髋部，才能做到慢慢抬腿到这个姿势啊？

答： 变态地强大，小子。

主动拉伸训练能加大能用的动作幅度

许多人进行被动拉伸练习是因为他们认为这是加大肌肉与肌腱动作幅度的最佳方式。事实上并非如此。通过练习被动式的放松与拉伸，比如通过搭档、重量或杠杆等外力放松与拉伸，你确实可以比使用主动拉伸技巧（在任意方向上）更远地伸展肌肉。许多运动者很快就能理解这一事实。但他们却没有认识到，这额外达到的动作幅度是完全无用的。实际上，能够再次达到那一动作幅度是在你经过循序渐进的热身（使肌梭失去活力）之后以及当你的身体受到外力影响时。

再次思考这个事实。你进行被动拉伸时，正在试图得到自己无法控制的能力。它只能靠外部因素"开动"，比如迅猛的冲力或外力。从本质上说，你是在训练自己失去对肌肉的控制能力！

主动拉伸训练却截然不同。虽然被动拉伸会加大你热身好的肌肉的最大动作幅度，但主动拉伸训练却可以把你的肌肉"能用的"的动作幅度最大化。由于主动拉伸训练是在完全的肌肉控制之下移动身体，所以，我把通过练习加大动作幅度称为"功能性增长"。与通过被动拉伸所加大的动作幅度不同，这样的动作幅度是你真正可以使用的。肌肉的动作幅度若不与力量匹配，那就是毫无意义的甚至是虚假的。迫使自己的身体劈叉而你的肌肉却只能把腿抬到大腿的高度，这又有什么意义呢？

通过使用主动拉伸的方法，你将能够加大你身体所有关节的动作幅度。而且，你将以安全和平衡的方式获得，并且以身体自己的节奏进行。既没有强迫，又完全真实。

熄灯！

为了未来的体操传奇，我们把这些观点总结成简单易懂的信息。

• 拉伸有两种类型：以力量为主导的你可以控制的拉伸（主动拉伸）以及使用外力的拉伸（被动拉伸）。被动拉伸通常用来放松肌肉，以帮助其比正常情况更进一步伸展。

• 就像自身体重训练专家更喜欢使用自己的身体而不用自由重量训练一样，大多数囚徒运动者也更喜欢使用自己的力量，而避免使用外力拉伸。他们在练习拉伸时，是以力量为主导进行拉伸，甚至，此时他们所想的是关节训练，而不是拉伸。

• 被动拉伸有很多益处，但主要应用于在身体受伤部位无法承受主动拉伸的压力时，帮助这些部位进行伸展。被动拉伸是一种治疗手段，而非运动手段。

这些使用"能用的"的动作幅度来锻炼健康关节的"秘密"很简单，但在外界，它们已经被人遗忘。你在训练时，应将精力集中于自身体重训练中，并且坚持所有练习都以标准幅度的动作作为基础。当你确实要选择拉伸时，应选择主动拉伸——即以肌肉主导的练习，而尽可能忘记被动拉伸。

如果你已经参与到切实有效的自身体重训练计划之中，并且想继续推进自己的关节训练，那应该怎么办呢？如果你想要拥有真正刀枪不入的关节，又该怎么办呢？在数十年的狱中训练中，我掌握了很多高级窍门；若结合"柔韧力量"这一训练项目，一天只需几分钟，就会让你的关节达到最健康的状况。在 20 世纪 80 年代后期，我把这些策略融入一个简单的程序之中，我把这一精彩的训练内容称为"三诀"。它效果惊人，可以把僵硬和不灵活的身体转变为轻盈、充满生气和敏捷的身体，而每天只需几分钟。

在下一章中，我们将一睹其真容。

第十四章 战胜僵硬与伤病的"秘密武器"

三 诀

1988 年，我离开圣昆汀监狱时，已经 31 岁了。在那段时间，我回到里士满，开始和一些半生不熟的朋友闲逛。其中有一个好朋友叫卡特，他满身刺青，有爱尔兰人特有的怪异个性。

卡特像一座房子一样魁梧，又特别强壮。他真的像是生来就该做自身体重训练。他很少在健身房里使用器械，这并不是因为他不喜欢器械，而是对他来说，这些器械显得轻飘飘的。有时，他会让几位训练搭档跳到腿部伸展机上，再增加 250 磅（113.40 千克）重量，他就是这般疯狂。他没有参加比赛，但在他快速增长的肌肉中却有令人敬佩的力量。他能在没有进行太多热身的情况下推起 350 磅（158.76 千克）并保持姿势。他在做硬拉时，每一面能放 6 片杠铃片。但他对我说这些已是往事，因为他的后背在 1985 年便不能再承受这样的练习了。就在最近，他仍然可以用 80 磅（36.29 千克）的哑铃练习弯举，也喜欢以跟伙伴一起举铁桶和原木取乐。他虽然是个大块头，但很友好。说得粗野些，他就像一头熊。

但是，尽管他如此强大，也有一些问题。他现在 40 多岁，身体衰退得厉害，不能再像过去那样运动了。他向我们抱怨说，自己常常得枕着胳膊入睡，因为肩部伤得实在太重。醒来时，必须吞些放在床头的止痛药才能起床。就算起床后，他走路也很僵硬，就像上了岁数的老头子。如果他坐在椅子上或地板上，就需要用双手扶在膝盖上才能再站起来，尽管这位老兄很可能还能背着哈雷摩托车做上几组深蹲。他说过："与其说我有个身体，还不如说拥有伤痛的集合。"

尽管卡特和我对于训练的看法不同，但我们有时会就不同的话题，比如肌肉锻炼、高频次训练等等进行讨论。有一天晚上，几瓶啤酒下肚，我们开始谈论伤痛，卡特几乎是哭着告诉我他身上的问题。因为他知道我从圣昆汀监狱出来后身体状态一直很好，所以想从我这里得到一些建议。

"保罗，如果你的身体也像我的这样差，你会怎么办？"

我告诉他："很简单，我会不再用重物训练。从现在开始就不用。我会开始进行简单的体操训练，全身的那种。当我感觉好些的时候，再增加一些爬绳索训练，也可以是倒立练习。这样，我就能保持力量，甩掉大肚腩，很快就会感觉像重获新生一般。"

卡特向下看了看，摇了摇头。

他说："没办法啊，兄弟，我天生就是举重的。我注定举着杠铃直到咽气。"这位老兄已经举重成瘾。他又继续说道："你就不能给我透露点狱中的秘密技巧，来帮我放松肌肉吗？"

我喝了一大口啤酒，擦了擦嘴边的酒沫儿，往后靠了靠，仔细思量着。

解放三条功能链

几天之后，我回去见卡特，并给了他一份训练计划。在这个计划中，只有三项练习。这些技巧并不是动作，只是一些姿势。一旦他能够做到这些姿势，就要至少每隔一天练习一次。在 10 周之内，卡特消除了 90% 的关节疼痛，而且他对消除剩下的 10% 持有乐观态度。他不仅重获了以往的灵活性，而且他还认为，自己比当年在林肯高中身为少年篮球运动员的时候更加柔韧和敏捷，尽管现在体重超重。卡特非常喜欢我给他的这个训练计划，他开始称它为"三诀"——完美三项。从那之后有一段时间，我与卡特失去了联系，也各自走上不同的生活道路。在五六年之后，我又听到那家伙的消息，他在做背后硬举，同时，他仍然在虔诚地练习三诀。

这些是不是听起来太好而显得不真实？好吧！朋友，可别这样来看待我的话。你不妨自己亲自试一试，只需要 5 周时间，然后就会明白它有多好。但在我向你展示实际训练计划之前，先来说点题外话，聊聊这个训练计划如何起作用以及为何起作用。

关节训练——这门技艺的三个诀窍

每当有人问我强壮关节的关键所在，我总要先谈谈循序渐进的体操。我讨论体操动作，是因为它们能够逐渐发展肌腱中正确的"柔韧力量"，或者说叫紧张柔韧性，我在前几章谈到了。但是有些人，比如像卡特一样的人，没有兴趣练习俯卧撑、引体向上和单腿深蹲。他们需要感觉到外在的挑战。所以，我转而思考在柔韧力量中涉及的那些原则以外的、关于关节训练的理念。我自问：真的存在运动者可以使用的——在他们的力量训练计划之外——能改进关节功能、提高关节健康的锻炼内容么？

我突然想到了三个观念，三个在关节训练中最强大（目前来说）的策略。

它们是：

1. 集中于三条功能链；
2. "润滑"你的关节；
3. 使用主动拉伸。

我把这三个观念结合为一个相当简单易学的训练计划。此计划——它被潦草地写在餐巾纸背面上——现在已经成为著名的三诀。我们依次看一下这三点。

1. 集中于三条功能链

当年（20 世纪五六十年代那会儿），重量训练的推崇者有时会谈谈"沙滩肌肉"——即在身体正面能被看见的肌肉。我指的是肩部、胸大肌、肱二头肌、腹肌以及股四头肌。这些肌肉有时被称为"体形肌肉"。如果你想拥有能在沙滩上取悦少妇的好体形，那么，这些就是亮在人眼前的肌肉。同时，也认识到真正的力量型肌肉——即在大负荷工作中举起重物、打扫卫生、拉东西时的肌肉——都集中在身体的背部，我指的是腘绳肌、臀大肌、小腿肌肉、竖脊肌等等。这些肌肉能组成令人不可思议的强壮身体，并在所有大负荷举重中占据重要位置。对许多 70 年代之前锻炼的人来说，可以理解这一二分法：身体前面有"沙滩肌肉"，身体后面有"工作肌肉"。

现代的健美者一般都忘了这个概念，但一些教练和力量训练的作者将其铭记于心。他们还升级了一点点，增加了一些时髦的伪科学语言，让它听起来很牛气。他们称"沙滩肌肉"为前链，称"工作肌肉"为后链。

此时，基本的观念虽然还是正确的，但许多举重者已经忘了，身体是三维立体的，而这一点，自身体重训练者绝不会忘记。除了前链和后链，身体还有侧链，即体侧的肌肉。我指的是两腿侧面的阔筋膜张肌，腰部的斜肌，胸腔的锯肌和肋间肌以及腋窝下著名的"背阔肌"。

这三条链组成了我们所说的三条功能链。

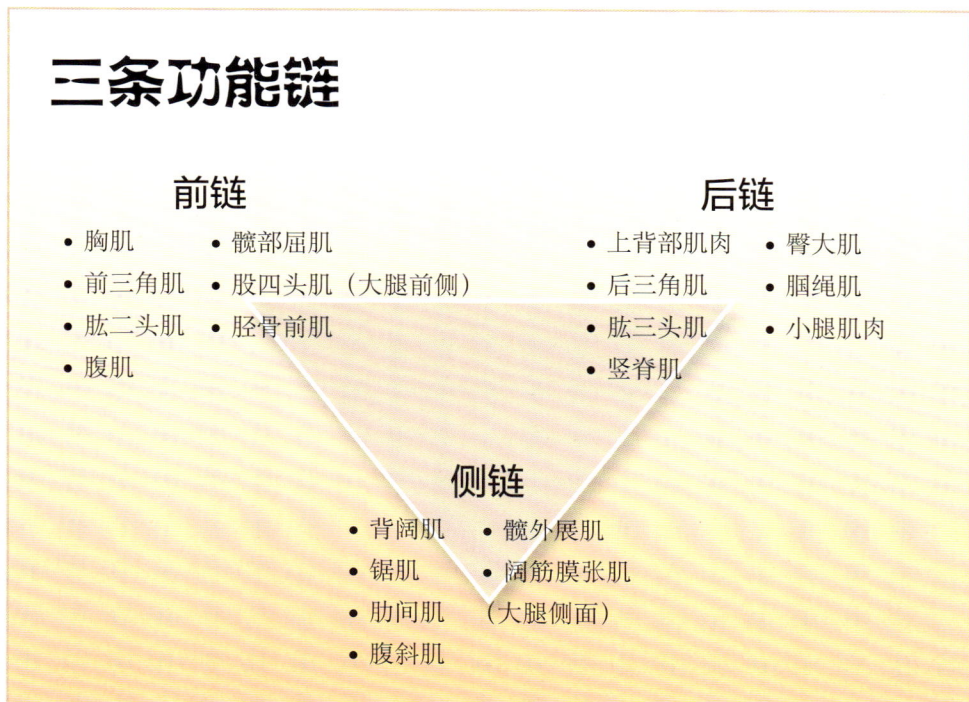

三条功能链

前链

- 胸肌
- 髋部屈肌
- 前三角肌
- 股四头肌（大腿前侧）
- 肱二头肌
- 胫骨前肌
- 腹肌

后链

- 上背部肌肉
- 臀大肌
- 后三角肌
- 腘绳肌
- 肱三头肌
- 小腿肌肉
- 竖脊肌

侧链

- 背阔肌
- 髋外展肌
- 锯肌
- 阔筋膜张肌
- 肋间肌
- （大腿侧面）
- 腹斜肌

有些思想家还不止谈论这三条链，他们甚至扩展到了六条链！但是，对我来说，这真是有点思考过头。人体只有三条基本链，只要正确训练这三条链，便可毫无遗漏。

如果你打算训练自己的关节，那么理解三条功能链便很有必要。大多数训练都是完全不平衡的。健美者有僵硬和训练过度的前链，精通大负荷举重的举重者有训练过度的后链，大多数武术家在后链和侧链方面练就了柔韧性，但前链却没有，等等。这些都是不平衡的训练，它们将使身体陷入功能失调，并引发伤痛。

对此只有一种"解药"——即实用的关节训练计划，通过同等训练这三条链，让你的身体恢复和谐均衡。

2. "润滑"你的关节

这世界上肌肉最发达、最强有力的运动者都进行高强度、低频次的训练。他们努力锻炼自己的肌肉和肌腱，然后留下时间让它们充分休息、恢复、变强。这是练就肌肉和力量的完美秘诀，甚至对练就"柔韧力量"来说也是如此。

可惜，尽管这些训练能让关节周围的肌肉和肌腱增厚、变强，但未必能同样地强化关节里面的韧带、软骨、软组织。

在关节内部，其实没有血液流动。虽然你的肌肉和肌腱是从血液中获得营养，但软骨却是通过被称为滑液的浓溶液来获得营养的。这种溶液富含氧和蛋白质，并包含了关节茁壮成长、变强所需要的各种成分。滑液也有润滑油一样的作用，就像汽车里的车用机油，可以运走废料，为关节内部提供营养，为关节缓冲，并保护关节免受损伤，这真是一种了不起的物质。但是，虽然血液由心脏推送到全身各处，但滑液却只能通过运动生成并循环——是关节的"打开"使滑液更新，并为软骨提供健康的供给的。

这就是为何单单进行力量训练并不会让你的关节最健康。努力训练常常会使关节疲劳磨损，而训练少又会经常使关节得不到足够的滑液。解决办法只有一个。为了让关节最健康，你在进行力量训练时，要给关节充足的时间恢复，而在不训练的日子，你应该进行灵活性练习，为关节提供营养，"润滑"关节。

"润滑"关节最好的方式就是运用各种体操"式"。调动身体进行主动拉伸，然后在动作顶部稳住。如果说瑜伽能帮助那么多人免去疼痛之苦有何秘诀，那就是这一点。桥式就是个好例子——把身体撑到最顶端的姿势，然后保持住。这类拉伸把软骨（在这个姿势中，即脊柱的椎间盘）打开到最大限度，允许理想数量的滑液进入循环。

在《囚徒健身》中，我主要论述了运动体操，而非"式"。运动体操会使肌肉很快疲劳，并能锻炼肌肉、力量与耐力。由于不移动外部负荷，所以体操式并不会过多消耗身体。这对关节训练来说是理想的：既允许你经常性地锻炼关节，又不会由于练习量过大而磨损关节。我建议大家在不进行力量训练的日子进行灵活性练习，但那只是我的推荐。一旦你的身体适应，你就可以天天练习体操式。有些人一天练习好几次，让关节恢复精神，焕然一新。这样的频率要是用在艰难的自身体重运动技巧上就行不通了。

滑液关节

滑膜
关节软骨
关节囊
充满滑液的关节腔
韧带

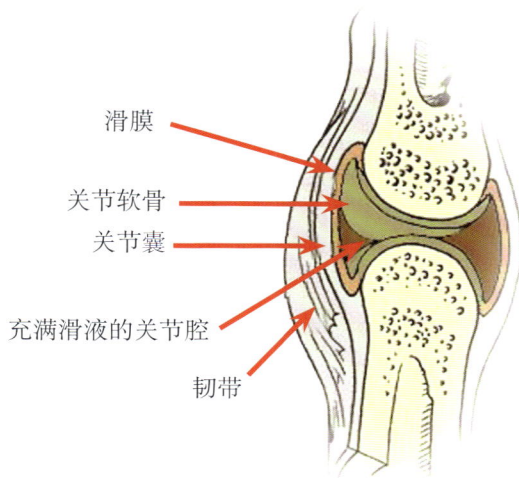

滑液是关节的"生命之水"。滑液负责：

- 减震
- 润滑
- 滋养
- 处理废物

如果你想拥有超人的关节，那滑液的健康供给必不可少。

你很快就会撑不住。

每天练习拉伸式不仅可以为关节提供"饮食"，而且也能在最短的时间内增加灵活性。生猛、硬朗的力量训练可以增长力量，但在细胞层面上，对身体却太苛刻。时间久了，将导致肌肉和关节中的粘连与瘢痕组织，这将减弱你的柔韧性，使你的身体变得僵硬，这就是大多数举重老手都像木板一般僵硬的主要原因。每天进行拉伸式练习将解决这个问题。体操式会自然地消除紧张，移除粘连、废物以及有毒物的聚集。许多运动者使用回弹技巧或是运用外在重物或器械迫使自己拉伸，这可能在短期内会见效，但从长远来看，将造成肌肉微创，就像力量训练一样。因此应避免这类方法，坚持使用基于体操的式，以自己的力量平缓地练习。如果你使用重物或冲力练习拉伸，那过度拉伸就不可避免。如果你使用自己的肌肉力量，那么，你的神经系统就会作为自然的"安全阀门"发挥作用。

"兄弟拉伸"就是一种流行的被动拉伸。但是，如果是其他人在控制你的动作幅度，那怎样才算是过度了呢？运用主动拉伸，你的动作幅度将由自身的神经肌肉系统来控制。你将自始至终得到在你的能力水平上的完美拉伸。

在前几页中，我已经为你展示了一些让关节终生健康的主要秘诀。这些秘诀也是大多数运动者所忽视的。

- 坚持那些使你身体恢复而不是让你疲惫的动作。
- 经常训练以便为关节内部提供营养。
- 练习体操式，而非采用极端的拉伸训练。

这些听起来非常简单，但也是最正确的。我知道你的心里在嘀咕——可是保罗，我应该使用什么"体操式"啊？

问得好……

3. 使用主动拉伸技巧

如果你已经读了前两章，那你会知道，我不喜欢用什么练习来让肌肉和关节松懈。今天大多数人采用的训练方式并不是狱中训练者的方式。真正精于自身体重训练的人拥有真正刀枪不入的关节。他们不是为了放松而训练，而是为力量而训练。

柔韧而拉紧的肌肉是可以安全吸收压力的强壮关节的关键。如果要你选择自己汽车的减震器，你是愿意选橡胶还是硬钢弹簧呢？高强度的钢能够伸缩和吸收外力，远比在吸收外力之前就会被撕裂或扯断的橡胶好。

把这一原则也用到三条功能链的训练中吧！别再提那轻柔的放松技巧。松弛、放松的被动拉伸已成明日黄花。我想让你通过使用对抗性的而不是放松的肌肉力量来训练关节。这一方法即主动拉伸（上一章已论述），而且，主动拉伸促进柔韧力量的增长、提高身体的灵活性和灵敏度，可谓一箭三雕。

主动拉伸并不难，通过收缩身体一面就能使身体另一面得到拉伸。下面我们就把这一说法应用到三条功能链上。

- 如果你想拉伸前链，那收缩后链即可——比如桥式。

- 如果你想拉伸后链，那收缩前链即可——比如直角式（又名直角坐）。

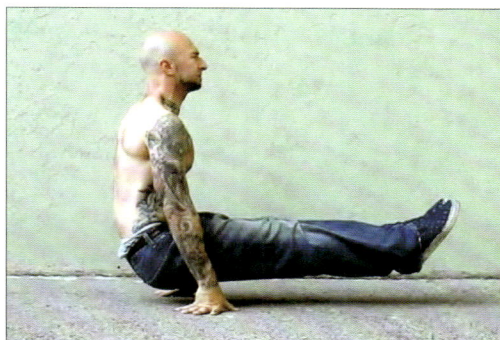

- 如果你想拉伸侧链，那收缩对面的侧链即可——比如扭转式。

三条功能链解剖图

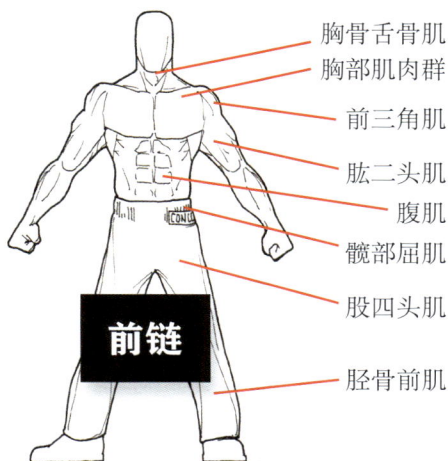

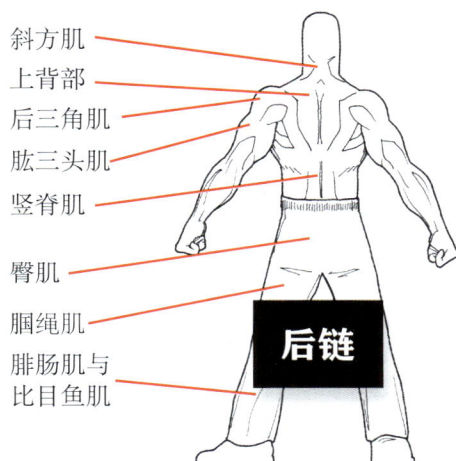

前链

胸骨舌骨肌
胸部肌肉群
前三角肌
肱二头肌
腹肌
髋部屈肌
股四头肌
胫骨前肌

后链

斜方肌
上背部
后三角肌
肱三头肌
竖脊肌
臀肌
腘绳肌
腓肠肌与
比目鱼肌

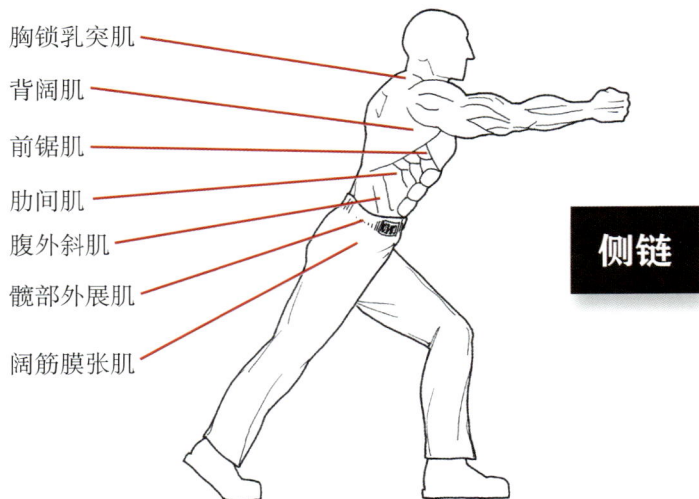

胸锁乳突肌
背阔肌
前锯肌
肋间肌
腹外斜肌
髋部外展肌
阔筋膜张肌

侧链

各链训练

桥式

强力收缩：
· 后链

主动拉伸：
· 前链

直角式

强力收缩：
· 前链

主动拉伸：
· 后链

扭转式

强力收缩：
· 侧链
（以及身体一
侧的肌腱）

主动拉伸：
· 侧链
（以及身体另
一侧的肌腱）

这三个动作组成了"三诀"的基础，它们犹如金子一般珍贵。当你同时运用时，它们不只代表了一个伟大的关节训练计划，而且其实还是使"年久失修"的身体再次变得轻盈和像猫一样灵敏的真正的"快速修补术"。即便你不做其他力量练习，你的整个身体也依然可以保持年轻、敏捷、柔韧，并且免去疼痛之苦。要做到这一切，只需合理使用这三种技巧。

我向你展示这些技巧，如果你担心它们对于现在的自己来说太难，那大可不必担心。如果你需要，那就能练成。每个人，不管体形多么糟糕，都可以从练习三诀中获益。下一章，我就会向你展示难度低一点的动作。

有些瑜伽大师的柔韧性简直不可思议，但那却不是你我的目的。三诀是为了使僵硬的结缔组织变得"正常"，并轻柔地引导关节达到理想的动作幅度，可不是要你达到高级瑜伽的水平！

三诀的奇效

在我的学生中，运用过三诀的人都发现它有着神奇的效果。但三诀并没有那么神秘莫测，那只是我多年以来总结的有效、强大的关节训练法的精华版而已。这三项练习可以同时练就功能、力量与灵活性。这可是个惊人的组合。

但凡体操运动员都会和你说，这种训练会让你强壮。这是因为你不得不奋力收缩才能练习三诀各式。如果你还不习惯桥，那么亲自试一试，你就会明白我的意思。问题不在于要举起多大的重量，而在于需要多大程度地收缩肌肉。大多数人都不习惯高强度地收缩肌肉。就像我在上一章所说的，主动拉伸练习就像是对神经系统的调校，因为它们迫使你尽量绷紧肌肉，并强化了负责肌肉强烈收缩的神经模式。同时，反面的肌肉得以拉伸，但并不是以夸张的方式，而是在肌肉可控制的动作幅度之内。所有主动拉伸训练都是这样，但这三项练习锻炼整个肌肉链，整个身体系统都会从中受益，所以比单独使用一个个主动拉伸技巧更有效。

由于这些是相当"大"的动作，牵涉到身体的大部分或全部肌肉，所以，你的肌肉将为了保持稳定而不得不奋力应对。这是发展我在第十二章极力赞美的紧张柔韧性的最佳方式。练习直角式时，你的下背部得到拉伸，但却并没有放松。它保持紧张是因为腰部正弯曲着，而且你的背部肌肉正用力地在脊柱上拉扯，它们需要火拼一场才能维持脊柱的稳定、安全。同样，在练习桥，拉伸前链时，股四头肌和腰部必须拉紧才能保持姿势。扭转式是令人惊叹的躯干练习，如果以正确的姿势完成它，全身肌肉都将得到收缩训练。三诀能为全身提供"柔韧力量"。

三诀也强化了肌肉骨骼的功能。之所以有些人身体差、容易受伤，其主要原因是缺乏对称。身体的某些部分收缩得很好，而其他部分却不能，一面有很好的动作幅度，而另一面却僵硬等等。这三个动作可以消除这类功能失调。比如说直角式，身体一面收缩，另一面就在拉伸，桥与扭转式也同样如此。这意味着拮抗肌的拉伸程度总是与主动肌的收缩能力匹配。此即阴阳相生相克，万物和谐平衡。当你在一个训练计划中练习三个体操式时，是在三维立体地锻炼身体，这样效果也将得到强化。

三诀所带来的恢复活力这一益处，已不限于简单的功能、力量与灵活性，而且已经深入实际治疗领域。由于这三项技巧都是"式"，而非动作，所以，它们并不会像一般体操那样积累废物、消耗肌肉。这意味着如果你处于良好的状态，那就可以每隔一天、每天、有时甚至可以一天练习好几次。这是"润滑"软骨、为关节提供营养并治疗旧伤的完美方式。

我可以给你更多理由来说明为何这三项练习在同一个计划中应用时是如此惊人，或者为何它们是如此强大。但说到底，你必须亲身练习才能真正理解。在练习后，你很快就会在身体上感受到训练的效果。

编排三诀

三诀的动作有很多不同的编排方式。你可以每天练习一式，三天一循环，或一天练习两式等等。我发现，一回练习三式的效果最为显著。

三诀训练模板

1. 桥式　　　　练习 1 次，每次 10 秒

练习 2 次，每次 5 秒

至此，你的脊柱已经进行了充分的热身，可以练习下面的内容了。

2. 直角式　　　　练习 4 次，每次 5 秒

你的脊柱与髋部已经热血灌注，关节也灵活自由。此乃练习扭转式的最佳时机。

3. 标准扭转式　　　　练习 1 次，每次 20 秒（每侧）

这就是你的灵活性训练——一气呵成。

这一套路也并非金科玉律。三诀可以做很多调整，比如，你可以"重组"各式，练习 5 秒桥，5 秒直角式，5 秒扭转式，然后再重复，直到达到预定的时间。你还可以有很多选择。你要学着为自己做主，多多试验，看看怎样最适合自己。下面是一些有用的指南。

升级：

大多数运动者都需要练就直角式、桥式以及标准扭转式。这没问题，在下面几章里，我介绍了每一项练习的升级步骤。从易处着手，然后找到适合自己水平的技巧，找到你自己可以完美练习的动作。不要勉强为之——切记，这是灵活性训练，而不是力量练习！

强度：

体操式应该为你提供能量，而不是让你耗费能量。保持姿势，直到你感觉肌肉兴奋起来，而不是坚持到筋疲力尽为止。如果你在这项练习上竭尽全力，那就是自找苦吃，而且也不能保持比较高的练习频率——这与我们的初衷是相反的。选用更容易的体操式，而不是你能做的最难的体操式，将有难度的动作留给力量训练。万万不可"力竭"。

时长：

每个姿势坚持多久应由你来做主。这要看你的力量、体能情况以及灵活性。少于 2 秒的练习没有任何意义，因为这样就还谈不上"保持"。试验并找到让你感到神清气爽，甚至精神振奋却没有疲劳之感的时长。我以往的经验是每一式至少坚持 20 秒。这可以分为几大块。比如：

- 练习 5 次，每次 4 秒
- 练习 4 次，每次 5 秒
- 练习 1 次，每次 10 秒，然后再练习 2 次，每次 5 秒
- 练习 2 次，每次 10 秒
……

一定要循序渐进地提升，并且起初要使用"比较容易"的体操式。你是在打算"润滑"自己的关节，可不是让关节疲劳磨损。

频率：

如果你的关节状态良好，那在力量训练的同时，每周还可以练习 2 ~ 3 次三诀。若是打算进行长期关节训练，我建议在非力量训练的日子，每周训练 3 ~ 4 次。如果你真

的想消除关节上的障碍，改善灵活性或治疗旧伤，那也可以选择每天训练，但要保持在中等强度，不要进行高强度训练。一天多次的训练计划将变成你的拖累。你可以偶尔找一天进行多次训练，但要偶尔，不要经常。

即兴练习：

如果你觉得自己很僵硬，那就不要担心打乱计划，进行一次即兴的体操式练习吧！如果你背部紧张，那就停下做几次直角式。如果觉得肩部不灵活，就尝试一些扭转式等等。锻炼之后，你会感到大有改善。如果在某一段时间里你不得不久坐，比如长期坐在书桌旁或看电视太久，那么，即兴练习将成为你的及时雨。

整合锻炼：

如果你不想花费大量时间练习三诀，但又想增加自己的灵活性，那你可以把这些动作融入你的练习之中。它们可以成为非常不错的热身项目。更资深的家伙可以用这些练习作为训练之后的恢复手段。

次序：

如果你的某一条链感到疼痛或是有点紧张，那么，在练习拉伸该链的动作之前，应先练习收缩该链的动作。如果你感到背部有点僵硬，那么在练习直角式之前先练习桥式，将使你的脊柱肌肉得到热身从而放松，这将使直角式练习更轻松。

更上一层楼：

我并不推崇极端的柔韧性。没有证据表明，练就马戏团演员那样的畸形扭曲能够增加力量，对关节有益，或是改善身体素质。但有很多证据表明，更高水平的柔韧性可以让肌肉松懈，使你更容易受伤。一旦你练到了桥式、直角式以及标准扭转式，你就已经达到了最佳的有用的动作幅度。在拉伸练习的范畴中的确有更高端的项目，但你根本不需要。关节灵活性训练与力量练习不同，并非多多益善。

熄灯！

采纳我刚才给你的一些建议，你应该就可以准备开始练习三诀了。你只需要找到适合现在能力水平的 3 种动作。后面三章详细介绍的训练内容将让你获得（或重获）没有疼痛的、具有适应性和完美灵活性的关节。

……还等什么？现在就试试吧！

第十五章 终极康复和修复技巧

桥 式

　　无论什么时候，只要有运动者问我有关练就强壮的关节与肌腱的问题，我都会告诉他们如何发展柔韧力量。有许许多多的自身体重练习可以练就肘部、膝盖、腕部等部位的紧张柔韧性。但我总是明确地建议：应以训练脊柱为先。

　　脊柱代表了身体结构的深层中心线，就类似汽车里的万向接头，或建筑中的主要承重大梁。如果中心线失常，甚至只是轻微失常，那么身体其他部位也会失衡。这包括髋部、肩部以及四肢，甚至包括手指与脚趾。相信我，它直接与生猛的能力、粗犷的力量以及刀枪不入的关节相关。你的整个肌肉骨骼系统都是围绕脊柱而建立的。如果你的脊柱不强大，不笔直，那从长久来说，身体的其他关节也就不会强大，也难免有疼痛之苦。

　　我们要勇于面对这种疼痛。当大多数人谈及脆弱的关节或是"疼痛"时，糟糕的背部总是被第一个抱怨。据最近的研究，80% 的美国人背部都有这样那样的问题，而且这些人还不仅仅是年迈体弱者。引起这些痛苦与功能不佳的罪魁祸首是什么呢？正是在脊柱的深层肌肉。当这些肌肉脆弱的时候，组成脊柱的椎骨就不能合适地堆叠起来。在有负重时（有时甚至仅仅是自身体重），这些椎骨便扭成了使人感到不舒服的姿势。最终，这些椎间盘就以这种脆弱的姿态"固定"下来，而这将导致失衡的运动，甚至是不对称的身体缺陷。而最后的结果就是疼痛以及行动不

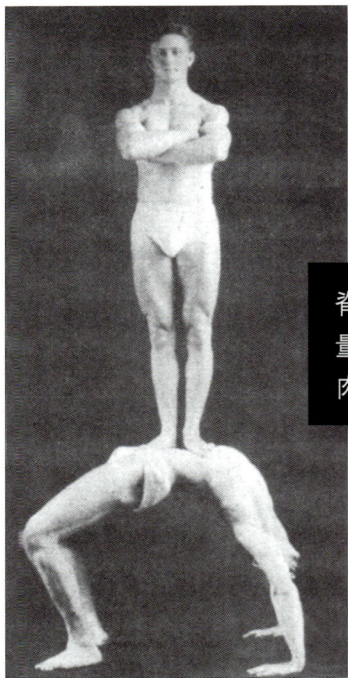

> 脊柱的深层肌肉比胸大肌或肱二头肌的健康与力量要重要千百倍。现代的训练者都忽略了这些肌肉，但前辈运动者却以他们的"背部力量"为骄傲。

便，运动竞赛也因此成为不可能的事情了。这也就是为何像亚历山大疗法、费尔登克莱斯方法以及普拉提都强调身姿、加强脊柱力量的原因之一。深层力量练习是减轻背痛、恢复功能的唯一方式。如果你去找医生来治疗疼痛，他也只能给你开点止痛药。除了毒害

身体、暂时遮掩一下症状之外，屁事不顶。

幸运的是，对于引起背部疼痛的柔弱深层肌肉，还有一副永恒的解药，这就是古老的桥。我在《囚徒健身》中用了整整一章来讲述这个技巧。

静态桥与动态桥

在《囚徒健身》中，我集中阐述了动态桥，即需要上下移动身体的桥，与俯卧撑或深蹲无异。动态的运动风格在狱中相当普遍，因为这是一并练就肌肉、耐力以及关节力量的最好方式。如果你纯粹想用桥来调整脊柱、增加各关节的力量、恢复椎间盘，那你无须拼命在动态桥上下功夫。你倒是可以练习静态桥，撑起身体做好姿势，然后在顶部姿势保持住。这样做对关节有好处，但又不会使身体太疲劳。你可以以更高的频率练习。正如我在上一章所说，难度较低的、更加经常地练习桥式，会更快地增加灵活性、"润滑"关节。

提升你自己的桥

只要稍微付出一点努力，即便最僵硬、最紧张的身体，也能做出相当令人敬佩的桥式，这不会耗费你很多时间，但你应当一步步地进行。我在后文将教授 4 项简单的升级练习，使你一步步做到完美的桥式。熟悉《囚徒健身》的人会明白这些升级练习背后的逻辑。

至此，你应该理解了以保护关节健康为目标的桥式不同于以锻炼肌肉力量和耐力为目标的动态桥。切记：

- 练习桥式时，每式应坚持 20 秒（这可以细分为多次）。
- 要追求动作的完美，而不是动作的难度。
- 不要把肌肉练到酸痛或是使自己"力竭"。
- 关节"润滑"训练应该是提供能量，而非耗尽能量。
- 经常训练以保持灵活性，但不要拖累肌肉。

多说无益。开始升级吧!

第一式 短桥式

动作

平躺在地，双脚平放在地上，与你的髋部相距 6 ～ 8 英寸（15.24 ～ 20.32 厘米）。这是起始姿势。通过双脚下压，髋部与背部离地，直到只有肩部和双脚支撑身体。在此，你的大腿与躯干应该成一条直线。这是支撑姿势（见下图）。保持此姿势，尽量平缓呼吸，达到规定时间。然后反向动作，慢慢回到起始姿势。

深度解析

短桥式是开始"润滑"髋部与脊柱的理想方式。由于膝盖弯曲，前链得到轻微拉伸，而且背部也没有受到太多压力。以短桥式开始的实用灵活性训练将锻炼和增强纵贯脊柱的肌肉，练就腹部僵硬肌肉的基本柔韧性。膝盖（分泌滑液的关节）也会从中得到少许的治疗功效。这是开始关节训练的完美方式。

通过双脚下压，髋部与背部离地，直到只有肩部和双脚支撑身体。在此，你的大腿与躯干应该成一条直线。

第二式 直桥式

动作

在地上坐直，双腿向前伸展，双脚分开，与肩同宽。把手掌平放在身体两侧。手掌下压，同时向上推髋部，直到双腿和躯干成一条直线。下颚上抬，眼睛望着天花板。这是支撑姿势（见下图）。保持此姿势，尽量平缓呼吸，达到规定时间。然后反向动作，慢慢回到起始姿势。

深度解析

直桥式中，上肢和下肢作为支架协同发力，这个动作开始锻炼肩部后侧的深层肌肉，同时也轻轻拉伸肩部前侧和胸部的肌肉。双腿伸直也更加激活了股二头肌，而且可以让膝盖后面的肌腱产生紧张柔韧性。双腿伸直这一姿势更好地调动了腹部肌肉，使髋部屈肌放松。而力量型运动员身上的这些部位都是出了名的僵硬。

手掌下压，同时向上推髋部，直到双腿和躯干成一条直线。下颚上抬，眼睛望着天花板。

第三式 高低桥式

动作

练习高低桥式需要一个物体，大约与监狱里的床铺同高。仰卧在支撑物边缘，髋部不与其接触，两脚平放在地面，分开，与肩同宽。双手置于头部两侧，手指指向双脚。通过双手下压，向上推举髋部，后背形成弓形，直到你的头部与身体完全脱离床铺。眼睛看着身后的墙壁。这是支撑姿势（见下图）。保持此姿势，尽量平缓呼吸，达到规定时间。然后反向慢慢回到起始姿势。

深度解析

高低桥式是从直桥式的支撑姿势继续升级。该练习仍然在收缩后链的同时拉伸前链，但通过这样一个姿势，上身的关节也真正开始受益。"双手置于头部两侧"这一姿势，打开了胸腔，略微放松了紧绷的肩袖，并开始锻炼腰部与肘部（它们在小负荷下被拉伸）的柔韧力量。

通过双手下压，向上推举髋部，后背形成弓形，直到你的头部与身体完全脱离床铺。眼睛看着身后的墙壁。

第四式 顶桥式

动作

平躺在地上，双脚分开，与肩同宽，距髋部 6 ～ 8 英寸（15.24 ～ 20.32 厘米）。双手放置在头部两侧，肘部指向上方，手掌平放在地上，手指朝向脚趾。尽量抬高髋部，使身体离开地面。在这一动作过程中，头部保持与地面接触，并且向后转，直到头顶触地。切记，要使用两臂的力量推起身体，颈部只是略略辅助保持平衡。这是支撑姿势（见下图）。在支撑过程中尽量使呼吸平缓。然后慢慢降低身体。

深度解析

顶桥式与《囚徒健身》中详述的动态的半桥略有不同。在这一式中，我让你像使用杠杆一样使用头部，与反颈桥（详见第十章）类似，只是强度略小。由于你的头部一直保持与地面接触，所以，这一桥式的锻炼效果没有标准桥式那样显著，而且施加在肩袖上的压力也略小。顶桥式因此成为完美的过渡练习。

尽量抬高髋部，使身体离开地面。在这一动作过程中，头部保持与地面接触，并且向后转，直到头顶触地。

第五式 | 标准桥式

动作

平躺在地上，双脚分开，与肩同宽，距髋部 6 ～ 8 英寸（15.24 ～ 20.32 厘米）。双手放置在头部两侧，肘部指向上方，手掌平放在地上，手指朝向脚趾。尽量抬高髋部，使身体离开地面。允许头部在两臂间向后倾斜，这样你就可以看到背后的墙壁了。

继续靠两臂和双腿推动身体，直到身体尽可能地形成弓形，然后调整身体至相对舒适的位置。这是支撑姿势（见下图）。在支撑过程中尽量使呼吸平缓。然后慢慢降低身体。

尽量抬高髋部，使身体离开地面。允许头部在两臂间向后倾斜，这样你就可以看到背后的墙壁了。

继续靠两臂和双腿推动身体，直到身体尽可能地形成弓形，然后调整身体至相对舒适的位置。

刀枪不入的关节：效果！

桥式的益处足以再写一本书！在这里，我仅列举一二。

- 练习桥式可以增强后链的力量。与大多数杠铃练习不同，桥式可以锻炼脊柱的深层肌肉。当这些肌肉强壮之后，它们就会像整个背部的铠甲一样，使脊柱能够正确地排列成行，治愈背部的旧伤，并减少新伤发生的概率。
- 桥式强有力地主动拉伸身体的整个前链，可以解放僵硬的髋部屈肌，还可以打开腹部、大腿以及膝盖的"结"。
- 许多武术家（训练高位踢腿）在拉伸时身体前倾。这使他们整个身体的背部很柔韧，而同时前链极其僵硬。桥式能使他们的身体重新恢复平衡，拉伸前链，并弥补任何不均衡的柔韧性。
- 向后旋转的肩部姿势将增加肩袖里小肌肉的力量，在一定程度上，直线式的举重不可能做到这一点。
- 肩部的肌肉与结缔组织常常会发生供血不足，这也就是为何该部位易于出现无法治疗的"恼人小伤"的原因。经常练习桥式可以为这些部位提供新鲜血液，促进血液循环，增强治疗效果。
- 手臂在负荷之下拉伸的姿势可以非常好地锻炼肘部与腕部的紧张柔韧性。把"柔韧力量"融入力量训练和日常活动可以减少肘部与前臂出现问题的机会，比如网球肘、高尔夫球肘、腕管综合征等等。
- 许多健美者都在忍受肩部下塌，这通常是由过度卧推引起的。桥式可以把胸部肌肉拉回，解决身姿问题，扩充胸腔，增加肺活量。

更上一层楼？

许多运动者在琢磨，在掌握了桥之后，应当何去何从。答案是：哪儿也不用去。你可以进入难度更大的动作中，你可以不断增加难度，直到脚跟可以碰到头颅，但那并不会改善你的关节健康。即便你做到了，那也只是让你的身体更加松懈，为受伤做好了准备而已。

话说回来，我很少见到有人能做完美的桥。真正理想的桥要求运动者双臂与双腿挺直，而这所要求的肌肉力量与结缔组织的柔韧性极少有人（除了瑜伽大师或专业舞蹈演员）能够具备。所以，你就不要在桥式之外再增加练习了。桥具备对脊柱而言最理想的后向动作幅度。如果你达到了练习完美桥都轻而易举的地步，那真是恭喜。因为根据脊柱的功能来说，那可不是"高原"——而是"巅峰"。

熄灯！

　　桥式将让你的脊柱刀枪不入，并且调校你的中线肌肉，这些肌肉是其他训练方法无法触及的。但你不需要急着练习标准桥式。慢慢来，从易处入手，经常练习，让关节保持有营养和润滑的状态，这会对你的身体很有好处。

　　为了健康与灵活而训练脊柱与硬派的力量训练不同。难度更大的动态类型的桥式，比如铁板桥，并不比桥式需要更多的柔韧性，但它们对脊柱与躯干肌肉的锻炼效果的确更好。如果你为了背部的力量而训练，那可以每周留出一或两天来练习《囚徒健身》中安排的动态桥。把三诀训练集中到调校关节的练习上，而不是硬派的力量训练上！

直角式

　　就像贯穿在身体后面的脊柱一样，腰部和髋部的下肢带区则是另一个现代训练者很可能出问题的关键部位。如今，每个人都痴迷于外在形象——可见的"六块"腹直肌的厚度。但是，深层、内在的核心肌肉呢，比如腰大肌、髋部屈肌、髂肌、腹横肌等等？要说到力量与功能，这些关键肌肉可远比外在的可见肌肉重要，但这些肌肉却遭到忽视，甚至是有意忽略。随便从报摊上拿起一本《腹肌特训》，你就有机会看到作者告诉你从腹肌动作中分离髋部屈肌的"秘诀"。这真是疯了！外在肌肉的生长却要以深层的核心肌肉为代价。如今，人们都搞不懂为何现代人（尤其是那些曾经是运动员的人）会受髋部问题如肌腱炎、坐骨神经痛、骨关节炎等折磨。当稳定躯干与髋部的肌肉都已经出了问题，你怎么还能期待拥有强壮的下半身呢？这将影响你的一举一动！

　　老派的健身文化拥护者理解腹部深层肌肉的重要性。在追求巨大力量与外在肌肉的过程中，西方现代思想家都已经快忘了这一点，但在东方，这一点仍然被传承着。看看功夫大师们——他们都是从丹田呼吸并完成动作的。李小龙便深通此理。与他那个时代的美国"肌肉男"不同，他并不相信力量来自大块头的手臂。他知道强大的力量与功能都来自腰部，这就是他为何首先训练核心肌肉（髋部、中段、脊柱）的原因。日本武术家也奉行同样的原则。任何研究合气道或古典柔术的人都熟悉丹田或 hara 这个词，这是与人体深层中心相关的重要概念。

　　在日本，整个战斗体系都基于

要兒現形圖

他日雲飛方見真人朝上帝

潛龍今已化飛龍　一朝跳出珠光外　湧身直到紫微宫

夫嬰姹之氣　孕育於二十　傳其佳炁焉　特訊於笑容　其神得如如　小娘須待哺

潛龍今已化飛龍

我聞空中誰氏子　他云是你主人翁

此背开发更須惹事情要兒

氣穴法名無量藏　藏包於笑我包空

衍炁坐卧　抱煉守雌　綿綿若存　念茲在茲

神水溶波　沈潛根抵　内外無塵　良養靈軀

在东方的健身文化中，功能上的中心（丹田，日语作 tanden）被视为所有身体能量的源头。这个概念有其解剖学上的基础——重力的中心。

这一概念。多年以来，围绕这一概念的论述已经太多，但其原始概念却并没有你想的那么神秘。日本武术家理解的力量是由身体重心推出去的。那就是他们把灵魂放在腹部的原因，也是为什么日本武士愿意以剖腹自裁的原因。

武术家们深知，发展腹部深层肌肉不仅仅是为了练就什么了不起的六块腹肌。你需要训练能稳定躯干与双腿的肌肉与肌腱。卷腹、孤立练习以及器械训练都是外在的，要求抬腿并踢出的强有力的主动柔韧技巧则是内在的。我并不在意你的腹部有多"性感"，如果你不能在高过头上的横杆上悬吊并完美地把腿举出，那么你腹部和髋部的深层肌肉就是脆弱的。你就需要对此有所作为。

悬垂举腿与直角式

悬垂举腿是增强髋部深层肌肉与内脏的理想方式，但它对力量的消耗太大了，没法经常练习。正如我在第十四章所解释的，分泌滑液的关节需要定期"润滑"，对力量要求如此高的练习并不适合经常做。为了获取最大的锻炼收益，要在你的力量训练日程中保留悬垂举腿，并在你的三诀训练日程中更多地增加一些直角式。

直角式是可以融入任何"刀枪不入的关节"训练的优秀小窍门。集中于举腿动作的顶部姿势不仅可以让你的深层肌肉最大限度地收缩，而且也可以拉伸脊柱，并锻炼下背部的"柔韧力量"。由于腰部肌肉是固定在脊柱上的，所以在强有力的前链收缩过程中，下背部也必须紧绷，才能保持自身稳定——这使得直角式成为平缓锻炼背部的紧张柔韧性，使之更强壮、减少受伤概率的安全方式。你可以在悬吊时练习直角式，但是，如果要经常练习，那么采用离地练习的方式会更方便，因为这无须器械。

提升你自己的举腿式

切记——三诀是主观训练计划，改善主观素质比如关节的感受与反应的方式。它并不适合产生客观的结果，比如增长力量。当你开始运用举腿式时，先选一个适合自己的练习——不要将其视为进到下一式的垫脚石。当你锻炼到觉得这一式对你已经毫无难度时，再尝试更难的变式。

20 秒的体操式锻炼（可以细分为几次）用来拉伸和润滑关节，那可是绰绰有余。如果你想要在升级过程中冲刺，那么，增加更多时长会有帮助。但为何要把精力花费在这些特技上呢？如果你真的想要获得更强大的力量，就把更多精力投入到悬垂举腿上吧！

第一式　曲腿式

动作

为了练习此式，你需要找一把带扶手的坚固的椅子。如果在健身房里，你也可以使用双杠。两臂伸直（或略微弯曲）抓住椅子扶手以支撑上身，膝盖向上提。在动作顶部，你的大腿至少应与地面平行（见下图）。随着时间的推移，这一式将变得更加容易，那时你可以尝试把膝盖抬得更高，以便更好地进行主动拉伸。最终，你将能够把膝盖提到靠近胸部的位置。在整个动作过程中，双脚、双腿应保持并拢，并保持正常呼吸。

深度解析

大多数训练者都曾躺在地上锻炼自己的"腹肌"，即练习卷腹。他们听说这可以将腹肌与髋部和下背部脱离开来单独锻炼。但由于这些肌肉一向是一同发力的，所以，使用这种方法只会导致身体的不平衡。曲腿式可以作为非常出色的纠正练习，因为它不仅可以增强你身体的核心肌肉，也可以使腰部肌肉开始产生紧张柔韧性——腰部肌肉在奋力保持身体稳定的同时，也受到了拉伸。

两臂伸直（或略微弯曲）抓住椅子扶手以支撑上身，膝盖向上提。在动作顶部，你的大腿至少应与地面平行。

这些练习都经过尝试和检验。伟大的大力士托马斯·英奇在 100 多年前曾练习过这一式。

第二式　直腿式

动作

　　练习这一式也需要上一式用到的椅子或其他设备。两臂伸直（或略微弯曲）抓住椅子扶手以支撑上身，膝盖向上提。在动作顶部，你的大腿至少应该与地面平行（曲腿式）。然后，伸直双腿，直到它们伸直并锁定。这意味着你的双脚会下沉，双腿成倾斜的对角线（见下图）。不错，保持这个姿势不动，双脚、双腿保持并拢，正常呼吸。

深度解析

　　一旦你的背部和中段适应了曲腿式的要求，那么，就该到通过伸直双腿来继续前进的时候了。这就是直腿式的目的。由于后链的肌肉都相互连接，所以，通过双腿锁定来拉伸腘绳肌也会增加对下背部和腰部的拉伸。这增加了那些部位的紧张柔韧性，增强了髋部的肌肉，并且为训练者练习更难的式做好了准备。

两臂伸直（或略微弯曲）抓住椅子扶手以支撑上身，膝盖向上提。在动作顶部，你的大腿至少应该与地面平行。然后，伸直双腿，直到它们伸直并锁定。这意味着你的双脚会下沉，双腿形成倾斜的对角线。

第三式 折腿式

动作

先坐在地上，双手放在髋部两旁，双腿并拢，适当弯曲。两臂伸直，支撑整个身体，下压，直到髋部和双脚离地，只有平放的双手与地面接触（见下图）。如果在开始时此练习对你来说难度过大，那么，你也可以在手掌下垫几本书以降低难度。等练到不费力时，再尝试用拳头练习，最后再用手掌练习。

深度解析

折腿式看起来与曲腿式没有什么大不同，但不骗你，离地训练代表全新的能力水平。为保持双脚和髋部离开地面，你的躯干必须奋力拉住髋部，使之保持在手掌以上的位置。这说起来容易，做起来就难了，但此式能带给我们的成果也非常丰厚：更强的肌肉收缩以及脊柱令人印象深刻的柔韧力量。因为想要保持此姿势，脊柱就不得不一直紧张。

> 双腿并拢，适当弯曲。两臂伸直，支撑整个身体，下压，直到髋部和双脚离地，只有平放的双手与地面接触。

第四式 偏重折腿式

动作

坐在地上，先完成折腿式（详见上页）。然后伸直一条腿，尽量向远伸，最终锁定这条腿，另一条腿则保持弯曲状态。下身不要触地（见下图）。然后把伸直的腿收回，用另一条腿重复此动作，练习相同时间。随着你单腿伸出能坚持的时间不断变长，完成动作也更加轻松，你可以慢慢把弯曲的那条腿也伸出去。这是一个过渡的式，帮助你达到标准的直角式。

深度解析

偏重折腿式是折腿式的自然延伸。伸直一条腿延长了身体重量的力臂，增加了对于髋部屈肌的力量要求，同时也拉伸了腘绳肌和下背部。如果你能花点时间练习折腿式并从中获益，那么，完成这一变式应该不会有太大问题。你终将从中获得柔韧力量。

把伸直的腿收回，用另一条腿重复此动作，练习相同时间。随着你单腿伸出能坚持的时间不断变长，完成动作也更加轻松，你可以慢慢把弯曲的那条腿也伸出去。

第五式　直角式

动作

　　坐在地上，两手放在髋部两侧。双腿并拢，伸直，脚趾向上。伸直手臂，手掌下压，支撑起整个身体，直到你的髋部和双腿离地，只有平放的双手触地。双腿应该至少与地面平行（见上图）。与地面上练习的其他各式相同，在刚开始练习时，可以垫几本书或用拳头着地（见下图），这样会更容易些。如果对你来说直角式难度太低，那么，你可以慢慢抬起保持伸直状态的双腿（称为锐角式），以此增加拉伸度。在整个过程中，正常呼吸，内脏保持紧绷（所有举腿的式都应该做到这一点）。

伸直手臂，手掌下压，支撑起整个身体，直到你的髋部和双腿离地，只有平放的双手触地。双腿应该至少与地面平行。

与地面上练习的其他各式相同，在刚开始练习时，可以垫几本书或用拳头着地。

刀枪不入的关节：成果！

直角式对于提升僵硬的"问题点"（包括髋部与下背部在内）的灵活性和整体性有极好的效果。

- 大多数运动者习惯通过前屈拉伸自己的后链，或运用重力进行被动拉伸。直角式则运用肌肉收缩主动拉伸后链。结果，直角式加大了能用的动作幅度，增强了可以控制的柔韧性。

- 直角式增大了能用的动作幅度，将造就更现实、更健康、更安全、更强壮的动作模式。

- 为了保持髋部稳定，下背部在拉伸过程中必须保持紧张。这练就了紧张柔韧性，即"柔韧力量"。

- 增加下背部柔韧力量的水平将使因举重而引起的急性损伤得到缓解。哪有运动者不想拥有刀枪不入的背部呢？

- 直角式能增强髋部的深层组织，增加骨骼附近的肌肉力量，减少髋部慢性疼痛或受伤的概率。

- 直角式是打开腰椎椎骨的完美方式，这可以促进滑液循环，以滋养、润滑这些关节。

- 在所有举腿动作中，都要平缓呼吸，保持腹部紧缩。这可以增强腹横肌的力量，减少产生疝气的可能性，当然，对消除大肚腩也有效果。

- 把直角式作为三诀训练计划之一，可以增加下背部的血液流动和营养供给，治疗发炎的组织、旧伤，甚至可以治疗受损的椎间盘。

- 经常练习直角式将使髋部的粘连与僵硬消失，让你感觉腿部轻松，并且可以解放僵硬的椎间盘。

更上一层楼？

正如我已经表明的，如果你感觉直角式实在太简单，你身体的各链根本就没有得到充分拉伸或收缩，那你可以通过举起双脚来提高要求（即锐角式），此时腿部仍要保持紧绷。

直角式与锐角式并非全然不同的练习。更准确地说，锐角式不过是直角式的延伸。最后，二者都是相同基本技巧的扩展，随便你叫这个基本技巧什么吧！

一旦你可以做锐角式，你就已经达到一般人达不到的水平，此时你就真的无须再继

把腿抬到水平以上将会更加充分地拉伸后链，而且还是在更大的张力之下。这可谓真正的柔韧力量。

续前行不止，以求在关节上获得更多益处了。当然你还可以找到更难的动作，但切记，这已经不该是你锻炼的重点了。拥有力量固然好，但三诀旨在规律地提供补给、润滑关节、治疗破旧受损的身体，同时平缓地伸展或放松过早僵硬的部位。学习专业体操技巧或马戏团杂技确实很酷，但那有助于你达到以上这些特定目标吗？绝对不会。

本章所包含的几种姿势就是练就刀枪不入的关节所需要的全部。

熄灯！

这是一个简单的算式：

下背部疼痛 + 脆弱的髋部 = 现代训练者的"祸根"

说来让人难过，这些问题通常已经被视为生活的一部分。人们以为这些问题的出现或是因为上了年纪，或是因为使用过度，或是人体本身的设计缺陷所致。其实根本不是这么回事。

现代的腹肌训练，即在健身房地板上做那些无穷无尽的卷腹，经常与背部疼痛以及脊柱不适相关。为什么？锻炼腹部会带来背痛？

并不是这样。孤立地锻炼腹部会带来背痛。许多积极分子为了锻炼"核心"而尝试普拉提，不得不背部离地地练习举腿。猜猜老虎·伍兹（Tiger Woods）、帕特·凯什（Pat Cash）和柯特·希林（Curt Shilling）练习这些动作时"发现"了什么？这些慢性背痛将灰飞烟灭。在他们放弃了超级流行的孤立腹肌动作，开始以举腿式锻炼腹部和背部时，他们的关节就开始变得强壮，更有实际效用，也更健康了。

别慌，为了获得同样的效果，你不需要运用过于复杂的新体系来胡闹，比如说普拉提。小子，忘了其他姿势，就运用你需要的主动拉伸技巧——直角式吧。

第十七章 解放三条功能链

扭转式

　　如果你想拥有强有力的关节，只训练手臂与双腿是没有意义的。实际上动作是基于物理中心的，是从躯干尤其是脊柱、盆骨带以及上肢带向外辐射的。如果这 3 个部位是脆弱的，那身体其他部位再强壮也毫无意义。

　　现代的健美者并不理解这一点。他们为了肌肉发达的手臂和厚实强壮的大腿而训练，但他们却不理解自己为何还会受慢性和急性损伤的折磨。这是由于他们只留意自己的外在肌肉，即可以用来炫耀的东西，但却让位于身体深层的肌肉变得脆弱、僵硬。这就是症结所在。深层肌肉负责支撑整个肌肉骨骼系统，它们应该健康而有用。它就像建筑的地基，而在脆弱的深层肌肉之上培养大块头的外在肌肉无异于在低劣、不深的地基上建摩天大楼，出现问题在所难免！

消除深层的肩部疼痛与弱点

　　在本书的这一部分，我们已经讨论了脆弱的脊柱（由桥式解决）和脆弱的盆骨带（由直角式解决），而上肢带是另一个被现代健身房中的训练者所忽视的"深层"肌肉群。大多数举重练习者都会针对肩部周围的胸大肌、背阔肌、三角肌进行大负荷练习，但内部肌肉——比如肩袖却根本没有得到训练。没有主动拉伸训练的帮助，它们会一直发炎、疼痛，最终"一命呜呼"，凝结在一起。和任何长期进行重量训练的人聊天，他很可能会告诉你，他饱受一些可怕的、"反常的"肩伤的折磨。其实，这些伤痛并非"意

你的双肩是球窝关节。大自然的这一设计让肩部可以扭转、旋转以及绕圈。可是，大多数练习器械都是在强迫两臂以直线方式运动。这也难怪肩部的内部结构在锻炼中变得僵硬和失衡了。这种破坏可以通过特殊的自身体重扭转练习消除。

外"。如果训练者使用僵硬、脆弱的肩袖进行高负荷的推举力量训练，那伤痛也就在所难免。可惜，大多数训练者对于主动柔韧性训练一知半解，他们确实不知道如何运用正确的主动柔韧训练保养上肢带。因为这种无知，这些家伙就像对待其他肌肉一样对待深层的肩袖，使用小哑铃或是低强度的弹力绳来尝试锻炼。重量固定的多次数练习并不会让你的肩袖增加力量，久而久之，反而可能会让你的肩部更难受。

训练肩袖最精巧的方式就是自身体重训练——主动柔韧扭转练习。该练习可以拉伸并松开你的肩袖，并赋予它们这种特殊的"柔韧力量"。我们在第十二章讨论过"柔韧力量"。相信我，如果你学会如何正确扭转，那你就可以和肩部问题说再见了。我将在下面向你展示如何做。

七艺？

我现在要教给你一些事情。我在《囚徒健身》中确定"六艺"（俯卧撑、深蹲、引体向上、举腿、桥、倒立撑）时，差点就把扭转也列入其中了。可见我多么相信扭转的力量。没错，扭转对背部大有好处，而且还特别能提升身体躯干的柔韧性，这些事情很少有运动者仔细思量（他们大多数都只参考武术家们的方法，仅拉伸双腿而已）。扭转对于消除肩部疼痛有神奇的功效，另外，还可以锻炼侧链——这方面，我在六艺中并没有专门谈及。

最后，我还是忍痛割爱，放弃了扭转。因为它并不是真正的力量练习，而且也与六艺不合拍——六艺更偏向于传统体操。但这却丝毫无损于我对扭转的敬意。

让我们再转一次吧

如果你正在按照《囚徒健身》进行锻炼，那你已经获得了能从桥式（出自动态的桥）和直角式（出自举腿）中获得的一些好处。如果你不想或感觉不需要练习像三诀这样的单独为关节健康和灵活性设计的训练计划，那也没关系。但是，如果你对本书的其他内容并不感兴趣，那至少也要增加一项扭转训练。

扭转训练一周进行两次足矣，三次更佳。你可以把它们增加到自身体重训练计划中，或是单独留出一天来练习。扭转给身体的好处令人惊叹，它可以调校脊柱，解放僵硬的背部，治愈并增强肩袖。而且，它还可以增强并拉伸身体的侧面，甚至能以健康的方式拉伸肘部与前臂。

那么，已经准备好把扭转增加到训练计划中了吗？很好，兄弟。你不会为此感到后悔的。

第一式 直腿扭转式

动作

双腿并拢向前伸直，坐在地板上。弯曲一条腿，将同侧的这只脚置于另一条腿的膝盖内侧并平放在地板上。相对那侧的肩部向屈腿一侧扭转，并且肘部在弯曲那条腿的膝盖外侧。颈部和头部可以随躯干自然转动。把另一侧手放在身后，手臂伸直，然后以伸直的这只手臂支撑身体（见下图）。保持该姿势一定的时间，试着尽可能地自然呼吸。换另一侧练习相同时间。

深度解析

这一基本的扭转式，大多数没有严重伤病或残疾之人都可以做到。学习这一扭转式对于日后练习各种扭转式都是必要的。由于手臂的支撑与伸直的大腿，这一扭转式还比较温和。保持该姿势一段时间，就是解放髋部、背部、上背部、肩部等处的硬结和消除僵硬的理想方式。还有另外一个好处，即伸直的那只手臂的肱二头肌还可以得到一些柔韧性锻炼。此练习对那些想要挑战更难扭转式的身体僵硬的举重者来说可谓一剂良药。

第二式 简易扭转式

动作

两腿伸直，坐在地板上。一条腿弯曲，把脚平放在另一条腿的膝盖外侧。然后，弯曲另一条腿，直到脚跟与髋部接触。将最初弯曲的腿相对那侧的肩部向抬起的膝盖扭转，要确保同侧的肘部在膝盖外侧。把另一只手放在身后，手臂伸直以支撑身体。颈部随躯干自然转动，看向斜后方（见下图）。保持该姿势一定的时间，试着尽可能地自然呼吸。换另一侧练习相同时间。

深度解析

这一式比上一式略难。腿部弯曲并向内摆动会拉伸纵贯大腿和髋部（股四头肌、阔筋膜张肌、臀中肌等等）的肌肉。由于所有侧链上的肌肉都相互连接（所以使用了"链"这个词），就更提升了拉伸效果。练习该扭转式，腰部、脊柱上部、肩部都会受益。切记要以力量来引导拉伸，不要有任何勉强。

第三式 半扭转式

动作

两腿伸直坐在地板上。一条腿弯曲，把脚平放在另一条腿的膝盖外侧。然后，弯曲另一条腿，直到脚跟与髋部接触，腿应紧贴地板。将最初弯曲的腿相对那侧的肩部向抬起的膝盖扭转，然后将手顺势放在小腿外侧，与胫骨平行，直到手指触到脚背。把另一只手放在身后，手臂伸直，安全支撑身体。旋转颈部向后看（见下图）。保持该姿势一定的时间，试着尽可能地自然呼吸。换另一侧练习相同时间。

深度解析

我认为这一式是掌握标准扭转式的中级练习，如果你能坚持 20 秒并且保持自然呼吸，那么，你就已经到达中等水平了。贴着小腿的手臂姿势，需要灵活的脊柱进行的高强度扭转——你已经开始进步了。此时颈部也能获得锻炼。如果你能轻而易举地以标准姿势完成这一动作，那就可以展望下一步了，即把背后那只手从地板上拿起，围绕躯干，形成环形。

第四式　3/4 扭转式

动作

　　练习该动作时，你需要外物的帮忙——长度在 30 厘米左右的东西都可以（毛巾是再好不过的选择）。两腿伸直坐在地板上，先做半扭转式动作（见上页）。与胫骨平行的那只手抓住毛巾。向后移动这只抓着毛巾的手，使之位于肘部下方。另一只手则环绕躯干伸到后面，抓住毛巾。刚开始的时候需要练习一段时间才能做到。抓住毛巾之后，便旋转颈部向后看（见下图）。保持该姿势一定的时间，试着尽可能地自然呼吸。换另一侧练习相同时间。

深度解析

　　从难度来说，这一扭转式处于半扭转式和完全扭转式之间。之前，身后那只手臂都要接触地板，但现在却要环绕躯干。这就迫使训练者更加用力扭转，并且比之前更加拉伸上肢带和侧链。升级易如反掌——感觉轻松的话，就尝试让双手更接近一点儿。看似难如登天，但终究它们会相遇！

第五式 完全扭转式

动作

两腿伸直，坐在地板上。一条腿弯曲，把脚平放在另一条腿的膝盖外侧。然后，弯曲另一条腿，直到脚跟与髋部接触，腿应紧贴地板。将最初弯曲的腿相对那侧的肩部向抬起的膝盖扭转，与之同侧的手向后放，位于肘部下方。然后，用另一只手环绕住身体，两手手指互相接触，或是以"猴式抓握"（见下图）的方式锁定。挺胸，并旋转颈部向后看。保持该姿势一定的时间，试着尽可能地自然呼吸。换另一侧练习相同时间。

深度解析

这一扭转式应该是所有扭转拉伸练习的高级模板。任何人达到这一水平，都会拥有比别人更好的柔韧性。如果你觉得需要，那还可以更进一步，超越这个练习——不仅仅抓住手指。注意：更进一步就会步履维艰，难度将呈指数级上升。我曾经达到过抓住手腕的程度，但那要用上整整一年坚实的训练。

刀枪不入的关节：成果！

自身体重扭转堪称主动拉伸练习的"终极动作"，对力量型运动员来说尤其如此。原因如下：

- 许多练习者会训练身体进行上下、前后运动，但有多少人练习扭转呢？扭转可以关照到大多数训练计划"漏掉"的侧链，可以增强负责扭转的深层肌肉的柔韧性与力量。
- 难度更大的扭转中独特的手臂和肩部姿势可以由内而外地拉伸并调整肩袖，而无须重量、绳索或其他器械。这一深层的刺激可以解放肩部，并从根本上改善肩部的灵活性。它可以促进血液流动，治愈旧伤，并消除恼人的肩部疼痛。
- 随着时间推移，持续练习完全扭转式将减少肩部的钙沉积，甚至可以消除令人痛苦的骨质增生。
- 扭转是安全锻炼腹内斜肌的最佳方式。将它与训练腹外斜肌的练习（如顺风旗）结合起来，你将拥有完美的斜肌训练计划。
- 许多训练者都在经受上背部疼痛的折磨，这是他们肩胛之间的肌肉持续过度紧张所致（大负荷的划船和卷腹并不会起作用）。主动扭转是解放肩胛骨最有效的方式，它可以驱散上背部深层肌肉与筋膜中的僵硬。
- 深层扭转可以按摩内脏，使之保持健康，甚至有助于消化。
- 正确练习扭转可以减轻由于过度训练而引起的髋部和背部的僵硬与损伤，有助于防止髋部痉挛与背痛。因为髋部扭转对于极多的运动都很关键（如拳击、踢腿、击球、投掷等等），所以，即使是短时间的扭转练习也能有效改善运动素质、提升运动表现。

更上一层楼？

毫无疑问，大多数人都无法完成扭转，这是因为扭转并不是身体的正常活动方式。一般的健康人士要完成完全扭转式都非常困难，而健美人士，哦，就更别想了。完全扭转式体现了旋转动作的理想幅度，但如果花费精力耐心练习，就可以完成这个姿势。

当然，正常关节的理想动作幅度并不一定是最大动作幅度。运用我列出的这些练习之外的练习使自己达到最佳的柔韧性并不会改善你的关节健康或运动素质，只会让你更容易受伤。如果你想学习更高级的扭转，那你必须向瑜伽大师请教。但你真的不需

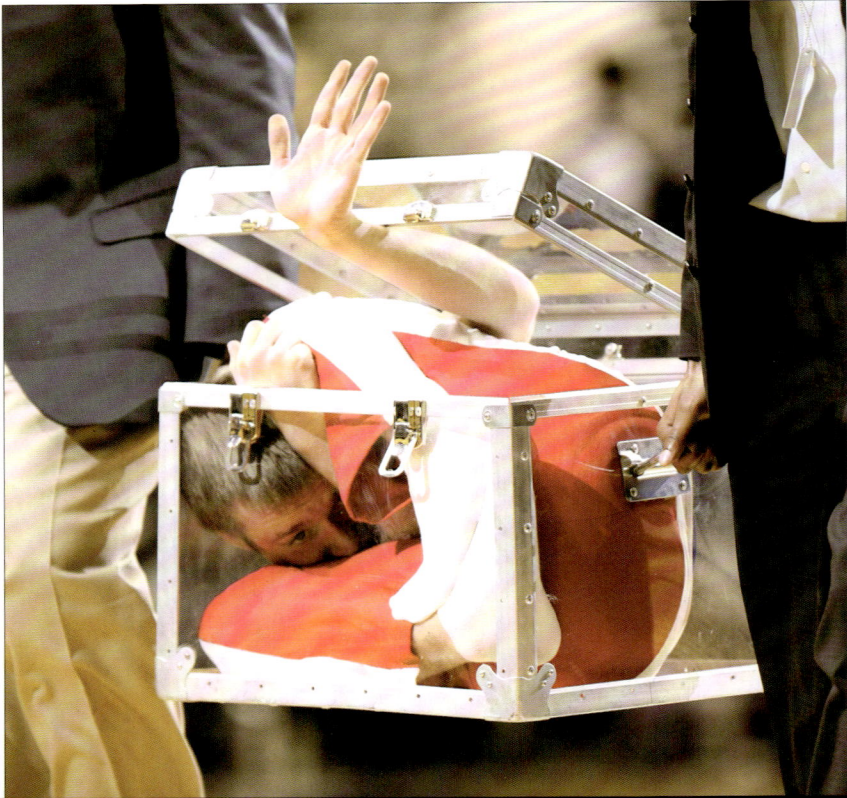

通过训练，人体可以做到极致扭转，就像上图中的柔术演员那样。这样的特技的确令人印象深刻，需要经过数年的练习才能掌握。他们把身体拉伸到了这样的程度，使本应像钢索一样紧绷的韧带也变得松懈了。想要练就刀枪不入关节的力量训练者应像避开瘟疫一般避开这种柔韧性。

要那样。逐渐练就完全扭转式并保持一周至少练习两三次，就足以保证完美的侧链功能了。

保持以力量为引导

在熄灯之前，我再给大家一条建议。扭转有很多好处，但你只有正确练习才能获得最大的收益。在扭转中，我所见过的最常见的错误就是运用惯性迅速完成动作。训练者会猛拉自己的身体或左右晃动，尝试使用冲力或通过快速的拉动来完成扭转。

不要这样做。记住，扭转是主动柔韧技巧，应以力量为引导。它们与桥或直角式没什么不同。不要通过快速活动、猛拉硬拽来进行扭转，而是仅仅使用肌肉力量扭转。正确的方法是使用躯干肌肉的收缩力量扭转，然后在动作的受限处暂停。你使用的技巧应该由你扭转的程度决定，而不是由其他方式决定。

如果你不能达到自己想扭转的程度，那该怎么办呢？不要着急。从目前的水平开始锻炼。不要强行让自己达到标准。强行拉伸只会让自己的动作失控（比如被动拉伸），那是得不偿失的。三诀体操式中的所有动作都是要消除运动造成的扭结，并改善实用的灵活性。它们并非一无是处的凌波舞比赛，把身体弯曲到走样就可以得分。

熄灯！

大多数人都不会伸展侧链的肌肉，也很少进行扭转，但投掷者除外，比如投手、运煤工、掷铁饼者、掷标枪者等等。这些人需要充分释放躯干的扭转能力。但即便是这些人，他们的肌肉也经常太过僵硬或出现更糟糕的情况——不对称的僵硬与强壮。如果你是这样的人，那你从扭转式中获得的益处将比大多数人都多。

普通的家伙们也能从扭转中得到收益。我总是说，如果你只能在力量训练计划中增加一项拉伸练习，那就应该是扭转式。它们可以消除躯干和肩部韧带中由于大负荷的力量训练所致的过度紧张，同时还能解放下背部和髋部。此外，也会让衰退的上身感到焕然一新。

试试认真练习一个月左右，你会损失的只是肩部疼痛和僵硬而已。

－ 第三部分 －
狱中箴言

高级体操指的不仅仅是俯卧撑之类。其实，我单独在牢房中训练了 20 年之久。在这段牢狱生涯中，我很幸运地认识了很多令人惊叹的老师，但他们中没有一个人拥有在外界看来理所应当的那些奢侈品。没有果汁小店，没有健康食品店，也没有桑拿浴、按摩师或脊柱按摩师。我们不得不经常学习大量东西，并进行痛苦的尝试与犯错。如果受了伤，在大多数情况下，我就得学会独自处理。在那里，我学会独自处理各种事情，方方面面，从狱中生活的负面诱惑到我自己头脑中的邪念。

　　在这一部分，我想传授一些自己学到的关于健身者生活的东西，这已经超出了单纯的锻炼的范围。

第十八章 合理运用时间

起居有时

在本书以及《囚徒健身》中，我都详细介绍了不同的训练技巧。我讨论了合适的动作、训练计划甚至是对于锁定训练目标所必要的更有效练习的原则。这些都是组成任何人锻炼计划的基本要素。

但是，如果我告诉你，变得更大、更强、更健康、更快、更好就是你训练计划的全部目标，那我也是在误导你。事实并非如此。从客观来看，锻炼只是你人生中的很小一部分。如果你每天锻炼一小时，这对于任何运动者都足够了，这也只是你一天全部时间的 4% 而已。真是不多，对吧？

这 4% 至关重要。但你如何度过剩余 96% 的时间，确实会对你在锻炼中会取得一般结果还是显著结果产生巨大的影响。你在一天中所做的全部事情，吃什么，睡多久，身体摄入什么，这些都会对你的训练成效产生影响。单独来看，这些影响可能微乎其微，但是，周复一周，年复一年，这些效果累积起来，将产生巨大的效应。我曾见过数以百计的囚徒在狱中训练，我可以肯定地说，生活方式是所有这些人成败与否、成就大小的关键因素。如果你在外面的生活马虎凌乱，甚至经常自我摧残，那么在囚室里，你就算像个野兽般锻炼也无济于事。我见过很多天分不算出众的人，但他们所取得的成就却比天分高的人更大，这纯粹是因为在训练之外，他们拥有规律的生活。

很多家伙在健身房里拼命锻炼，但却经常同哥们儿喝酒直到深夜，并对此习以为常。我曾为外界的学生写过不少训练计划，却常看到他们因为缺少休息和恢复而打乱了计划。在狱中，我也目睹了太多天生的、的确拥有巨大潜力的运动者因为滥用娱乐性药物而荒废了自己。

> 无论你多么信心坚定，无论你的训练计划多么充实饱满，你在狱中的大多数时间都不是用来训练的。

纪律释放天赋

纠正这些问题的关键就在于——纪律。如果说坐牢这一经历真的让我有所收获的话，那就是让我知道了有纪律、按规律生活的价值。在狱中，必须在规定的时间起床、工作、锻炼、吃饭、社交（如果你走运的话）、睡觉，生活规则类似于军队。这使很多菜鸟犯人抓狂，尤其是那些散漫惯了的家伙。这些小子是历史上最自由的一代，起床、社交、吸烟、睡觉，都随心所欲。他们许多人在之前的生活中从来没有面对过纪律，而他们的父母也没有这样教导过他们，因为他们父母那一代人几乎也是以同样的方式长大的。

这样的家伙在严厉的、规律的、靠警报掌握节奏的生活方式中受益最多。在最初的震惊之后，他们中的大多数人都开始重视监狱给他们生活强加的规则。我知道，我自己就是这样。如果你不能把某种模式、某种形式的计划或纪律融入自己的生活中，那么，你在自己的健康目标上将一无所得。其实，要实现任何有价值的目标，都必须有规律地生活。

在这一章里，我想放弃严格、清晰的锻炼科学，转而探索经常是混乱、朦胧的生活方式问题——即在你不锻炼时度过时间的方式。我们继续已经开始的旅程，检验在你训练时间以外的几个因素，这几个因素可能——或者不可能——影响你的锻炼计划的效果。或许头发有些斑白的有前科人士会根据自己不堪回首的往事教上你一两招，或许不会。让我们拭目以待吧。

休息与睡眠

休息是从高强度锻炼中恢复过来的最重要因素，它比营养、补品、主动康复或任何其他因素都重要。你练习高强度体操时会引起肌肉和关节的微创，锻炼产生的废物和毒素会注入你的肌肉细胞中，而你的神经系统和内分泌系统也在一定程度上被"拉伤"了。最重要的是，你把自己肌肉细胞内的糖原耗尽了。你的身体能够很好地修复这些伤害，并为肌肉填充新的能量，但它需要时间。

需要多久才能完全恢复到可以重新开始锻炼的程度，这是因人而异的事情。这要看你的恢复能力、运动经验和你锻炼的量与强度。有些人在一周进行3次力量练习后，还能从中受益——但大多数人都最好休息一周，然后再进行特定的练习，尤其是进行高强度、有纪律的训练。唯一能真正确定你需要休息多长时间的方法，就是通过不同的训练计划来试验。如果你在持续变强，增加高质量的动作反复次数，并升级到难度更大的练习中，那么，你的身体就得到了充分的休息。如果增加次数让你感到吃力，或者你的表现开始走下坡路，那很可能就是因为你在两次锻炼之间没有得到足够长的休息时间。从理想的角度说，你想精确调节自己的休息时段，以便让自己的锻炼频率达到最大，这就需要保持非常精确的平衡。你只能通过大量高强度的、科学的训练的结果来确定。别无他法。

无疑，睡眠在恢复中也扮演了主要角色。在第一次进监狱时，前一两周我几乎不能入睡。在监狱里，噩梦真是再平常不过的东西了，这是因为许多囚徒在每天的生活当中都经历着高度焦虑。所以，总有一些家伙在睡觉时鬼哭狼嚎。此外，通常晚上还有一些疯狂的蠢货在你的牢房附近叫喊，以证明某些事情。在刚入监狱时，这些夜里的闹声令我心生恐惧，每一夜，我都躺着无法入睡，听着这些声音暗中发愁。我几乎是在祈祷第二天快快到来，尽管第二天的到来也不会给我带来什么好事。我紧张、沮丧、疲惫、极度害怕，无法做任何像样的练习，更别提有什么进步了。

许多同狱的犯人使用小橡胶耳塞来阻隔夜间烦人的噪声，这种东西经常在噪声很大的工厂里使用。在入狱的第三周，我也弄到了一副这种耳塞，虽然这东西让耳朵很疼，甚至还产生了更严重的问题。大约用了 3 个月的时间，我才适应了狱中的氛围，能够安稳地、不被打扰地睡上 8 小时了。

在那些日子里，我可以在任何地方酣睡，不管周围发生什么。其实，一旦你习惯了，就会发现监狱非常适合睡眠。你没有什么熬夜的机会，比如聚会。因为晚上会断电，所以你也看不了电视，读不了书，只能乖乖上床睡觉。因此，在美国，大多数囚犯很可能比外界人士的睡眠时间更长。我在马里恩禁闭期间，一天有 23 小时都被关在自己的囚室里，其中有 8 小时是连续的，在那里的大多数家伙都会在下午打一两个盹儿。这种额外的小憩，外加所有的自由时间与充沛的精力，一起促使高度安全的惩戒环境成为高效体操训练的理想环境。

在外界，人们很难获得充足的睡眠，如果你习惯于狂欢痛饮、兴奋忙碌的生活方式，那就更是如此。我能给你的最好建议就是以规律的睡眠模式为目标。监狱里很少有什么事情发生，所以会有固定的熄灯时间，从熄灯时间到起床时间之间至少有 9 小时。如果你遵循这一模式，那你的身体最终将习惯这一日程，并知道自己需要什么。

活动水平

不要误以为你必须进监狱或躺在囚室里才能增长力量、增加肌肉。的确，在常规锻炼计划之外的许多高强度身体活动可能影响你的发展，但它的效果并不像人们以为的那么大。加拿大最伟大的大力士路易斯·西尔是在伐木场完成大部分力量训练的。铁臂阿童木（Mighty atom）是一名工人，他最大的力量是在工作中获得的。著名的举重运动员和健美人士约翰·格里梅克在去健身房训练之前，经常在铸钢厂工作得精疲力竭。取得突出成就的上班族并不止他们几位。

要说监狱里的囚徒都很优哉，这也不对。有些监狱可能是这样，尤其是特殊监狱，但大多数囚犯在狱中都必须工作。我在安哥拉监狱时，整天都要在著名的监狱农场辛苦劳作，只有在收工后才能训练。我有个好朋友，来自亚拉巴马州，白天要被拴上铁链，在极热的环境下工作，在这种情况下，他居然还有精力在路上练习俯卧撑和仰卧起坐！

如果你的锻炼很有规律，从某天突然开始了一项工作，需要你进行整天的体力活，一周 5 天，那么，你的锻炼就几乎一定会受到影响。无论什么时候，我们在正常生活轨迹中发生重大转变，想要适应都需要一段时间。但是，如果你给身体提供了做所有这些工作所需的额外能量，那么你就会发现，你的能量系统在很短时间内就可以适应新环境，你将能够再次从高强度训练中获得规律的进步。身体比人们所认为的更具有适应能力，它只需要一点时间。

约翰·格里梅克在整天的辛苦工作后练就了世界上最强大、肌肉最发达的身体。你还有什么借口？

压力

每个人都在谈论"压力"，似乎它是恢复中的一项主要因素。我只是不买这些新时代废物的账。压力似乎已经成了当今日常生活的主要部分。人人都有"压力"，而且大家还会毫不害羞地告诉别人自己的压力有多大。人们把饮食过量归咎于压力，把疾病归咎于压力，把懒得锻炼都推到了压力身上。

在监狱里我从没见过有人这么说——表现出有压力会让你很快成为"猎狗"。在监狱里，你得努力掩饰压力，因为压力就是弱点，它会让你看起来更易被击倒。与监狱相比，外界所谓的"有压力"的生活，于我们而言真是算不上什么。我一直在想，那些用大把时间来抱怨经济困难和人际问题的喋喋不休之人，就应该被关进监狱几个月，让他们一直承受浴室强奸、冒犯大佬以及午休时间被夹击的威胁。这样可能会让他们看清现代生活中的"压力"实在算不了什么。

也许我的想法有点偏颇。因为我在监狱中度过了太长的时间，所以我对外界的观点就有点像过时的电影。当我重新看到街道时，感觉一切都与过去不同，确切地说是更糟糕了。在我最后一次假释时，美国的变化让我震惊。我的偶像是约翰·韦恩（John Wayne）和查尔斯·布朗森（Charles Bronson），而如今的这帮孩子都把帕里斯·希尔顿（Paris Hilton）和布里特涅夫·斯皮尔斯（Britney Spears）当作偶像。我们生活在一个完全自恋的时代。这有什么奇怪的呢？我们国家相对富足的经济与颓废、堕落的媒体相结合，使我们都成了可怜的孩子，只能专注于自己的思想与情感，还有我们自己小脑袋瓜里的内容。

忘记你的各种想法与情感吧，专注于把事情干完。战区里的游击队员没有时间体味压力，因为他们要全神贯注于如何保全性命。遇上干旱季节，非洲的游牧民没有闲心唠叨自己有何感受，他们忙碌于寻找水源，并将水带到家里喂给孩子。当你觉得自己需要

找心理医生时，就埋头做几个俯卧撑吧，我保证你的感觉会好一些。

振作起来吧，美国人。

行房探监

好吧，现在我将提起一个让我看起来像老头子的问题。（我现在也开始习惯了。）许多州立监狱都设有"墓场"。墓场就是留出一块地方，用于进行"家庭访问"（加利福尼亚监狱是这样称呼的）……对你我而言，其意思就是性生活。而在联邦监狱，没有行房探监，在那里，我开始越来越多地思考性与训练之间的关系。

许多老派的健身者都认为过度的性生活在耗尽力量与耐力方面扮演了至关重要的角色。不仅是健身者这样认为，在 20 世纪 70 年代之前，很多拳击训练者通常会被要求在大赛前一周内戒绝房事。流行观点认为，性活动会消耗可以通过某种渠道转化为体能的能量储备。教练往往会这样命令：赛前禁止房事！

性活动会对身体能量有所损耗这一观点非常古老，在许多文化中都有它的影子。道教认为性能量，即"精"，可以转化为体能，即"气"。如果你浪费"精"，那你就会失去"气"。而印度"密宗"对性事的看法则是性能量可以保存并存储起来以改善身体健康。如果你注意搜集，就会在世界各地发现类似的理论。

目前，运动科学家都倾向于嘲笑这些古董观点，并把这些观点视为原始迷信。但我对此可不敢苟同。我身陷囹圄数年之久，对"性挫败"深有体会，而且我确信，正是这种挫败感迫使我以其他方式挥洒精力。对许多精力充沛的囚徒来说，这种积聚的精力只能通过高强度的身体训练获得缓解。当你获得性满足时，你会感到无与伦比地轻松，几乎处于迷醉的状态。你绝不会想起一组一组的俯卧撑。但是，如果你什么都不做，那你的身体就会变得充满活力，处于整装待发的状态，这就是体育运动的完美状态。

性是生活中最美好的事物之一，所以，我不会说让你出家或是把女友踢下床。但是，你要明白你自己的性活动与力量水平有着怎样的关联。如果你正打算冲刺训练纪录，那在训练的前几天避免性事，其带来的结果可能会让你大吃一惊。

二手烟

对我来说，真正棘手的问题是吸烟。这一习惯在监狱里远比在外界社会中更加平常。囚徒往往有大量的时间需要打发，而且狱中的大多数家伙都有着比担忧在 20 年内患上肺癌更大的问题。一般的囚徒只会想到未来几天或几周的事情。更长远地思考自己的生活会让人发疯，特别是想到还有漫长的服刑期。

烟草是狱中允许的，它的流通不需货币。在狱中，整根烟通常被称为"机制烟卷"，它就像金子一样稀罕。便宜一点的手卷的烟更常见些，通常都称为二手烟、卷烟，而其至就连这些都是要严加看守、唯恐遗失的财富。绝不要介入狐朋狗友与二手烟之中。当他们染上烟瘾，欲罢不能时，倒真是很有创造力。我见过有一些家伙，为了弄点纸，从茅房到《圣经》中的纸都搜罗了来。我听说，吸烟上瘾的程度几乎与海洛因一样，从这些年的所见所闻来看，我相信的确如此。

我觉得自己很幸运，因为我从没有尝过二手烟。我小时候曾经尝试过吸烟，我想，小孩子们都会这样做吧，但烟草的味道使我想吐。从那时起，我就再也没有品尝过那邪恶的致癌烟头，对此我感到很庆幸。对吸烟者来说，只要有烟在手，他们就拼命地尽可能吸得时间长一点，而同时，他们又会情不自禁地匆匆吸完，这真是自相矛盾。当他们手头没烟时，就像废物一般，脑子里只想着如何弄到更多的烟。吸烟真是有百害而无一利。而在监狱里，吸烟者的确要比不吸烟的囚徒更痛苦。

你可能听说过这样的观点：即使你是个运动员，你仍然可以吸烟。我就见过许多吸烟的运动员，有些还在他们所训练的方面有专长。乔·迪马乔（Joe Dimaggio）常常烟不离口，杰西·欧文斯（Jesse Owens）也是如此，甚至贝勃·鲁思（Babe Ruth）也是这样。这些家伙都名不虚传，但是，如果他们不吸烟，会更了不起。

当你在进行高强度训练时，不管是力量训练、耐力训练，还是其他什么你可以称之为真正运动的训练，你都需要大口大口地吸气。空气中的氧气通过肺部吸入，再通过血液输送到全身的肌肉。氧气对所有生物而言都是能量产生的至关重要的要素。在训练中，机体需要更多的能量，因而也就需要更多的氧气，而人体只能通过呼吸来获取氧气。

任何尝试体操或本书中某一项训练的人都会马上体会到我所说的这些话。人的健康完全依赖于呼吸与氧气的关系。但是，当你点上一根烟的时候，这一关系就被完美地

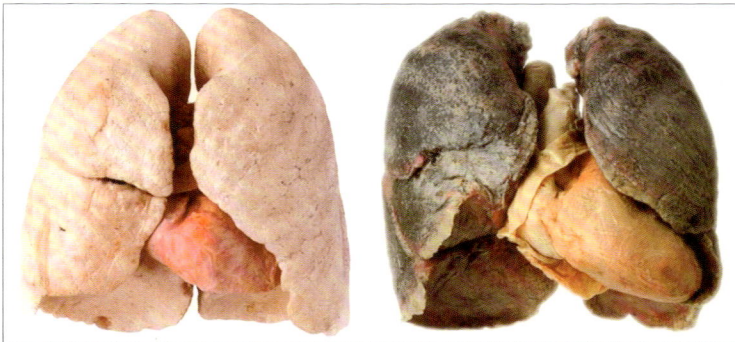

多年以来，从死神蘑菇、笑气到麦角酸二乙酰胺、二甲基色胺以及脱氧麻黄碱，但凡能吞下或注射的东西，我都尝试过。我是个蠢货，所以，我也不期望有人能听进我关于戒烟的建议。但是话说回来，如果你有吞云吐雾的习惯，那不妨看看这两张肺部的图片。左侧是不吸烟者的肺部，而右侧则是烟鬼的肺部。

打乱了。烟草所产生的烟雾中含有很多毒素，这些毒素可以破坏肺部内的肺泡和毛细血管，而这两者对于空气交换是必不可少的。这一破坏从吸第一口烟时就已经开始，久而久之，情况会更糟，烟草中的烟碱会引起呼吸系统中黏液的积聚，也会在肺部组织与你吸入的空气之间形成无法渗透的壁垒，这也就是为什么那些好烟成瘾之人常会喘不过气，很难吸入空气的原因。

虽然还是会有氧气进入吸烟者的身体，但吸烟对身体还是有很大的破坏作用。烟草燃烧会产生一氧化碳，而一氧化碳进入身体就会与血液中运输氧气的血红蛋白结合。这样一来，身体的有效血红蛋白就会减少，血液给最需要氧气的饥饿肌肉（包括心脏）输送氧气的能力就减弱了。吸入烟气甚至只是咀嚼烟草也会迅速增加心率，耗尽身体的耐力。吸烟甚至会引起或促发慢性支气管炎、心脏病、肺气肿甚至各种癌症。这些疾病都会让你的训练成果付之东流，甚至让你命丧黄泉。

如果你有吸烟的恶习，还想发挥身体的最大潜能，那就试着戒烟吧，至少要减少吸烟量。如果你没有吸烟的恶习，那就远离烟草吧。

狱中烈酒

酒在监狱里很少见。这似乎与烟草正相反。在外界社会，人们越来越少地拿起烟卷，但在那些仍然允许的地方，还有大量囚徒在傻乎乎地抽着烟。相反，饮酒在美国有很浓重的风气，但在狱中却不太盛行。

这其中的原因完全在于能不能弄到酒。监狱中允许烟草的存在，但是酒却不被允许。（毒品也是违禁品，但比起一瓶波旁威士忌来说，它们太容易混进来了。）这有一个很好的理由：没有什么比饮酒更能让一个男人变成混蛋了。

这并不是说囚徒连偶然弄到点酒精饮料也不能——绝非如此！很多酒鬼在狱中自己酿酒，这些通常被称为狱中烈酒、杰克葡萄酒或梅子酒。不同的囚徒会用不同的、只属于他自己的方法来制作令人作呕的劣质酒。标准的程序是这样的：先向垃圾袋里倒入水，放上水果，葡萄干、什锦水果、苹果、葡萄等都很流行。在过去，梅脯是某些酒鬼的最爱，因此也有了梅子酒之名。这种粗糙的混合物被称为"马达"。进行到这一步，这些黏糊糊的、里面还有很多块状物的"马达"就被放在热水盆里，或是贴在暖气管道旁，好让它一直保持温暖，一周之后，酒就酿成了。有时，他们还会在里面添加一些额外的东西，如不新鲜的面包或番茄酱，因为他们认为这些东西中富含酵母和糖，会加快发酵过程。"发酵"只是通常的说法，确切地说，应该是"使之腐烂"。当这黏糊糊的东西做好后，就进行过滤和饮用。这东西的劲头就像工业酒精一样，一牢房的犯人也就能喝掉一袋而已。

有几次，我有幸被邀请来品尝这种酒，但我都拒绝了，因为这东西闻着就令人作呕。这真不是夸张，有人就和我说过，喝这种酒真的像在喝晾凉的呕吐物一样。即便是

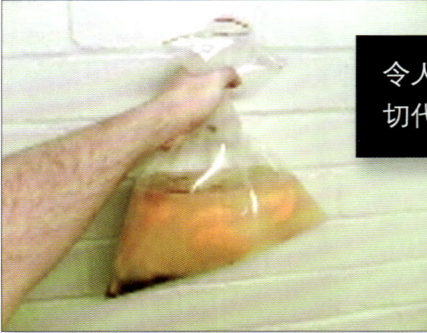

令人作呕的名为"梅子酒"的混合物，不计一切代价绕开！

那些铁杆酒鬼，在小口啜饮时也不得不捏紧鼻子，以防止呕吐。

那么，外界的那些豪饮之徒又是怎样的呢？好吧，公共健康组织说，适量饮酒有益健康。或许如此，但就我所了解，酒精不会带来任何运动方面的好处。无论是啤酒、红酒还是白酒，它们只会让你变肥、变得行动迟缓，这正与狱中运动者的目标背道而驰。如果你现在正处于饮酒过量的状态，并希望能想办法少喝一点，那就自己酿点狱中烈酒尝尝吧。只要喝下几口，就能让你几年都不想酒。

废物、蠢货、畜生

我在生活中犯了很多过错。我承认，我所犯的最大的错误就是在年少时沾染毒品。在很短的时间内，我就从吃大麻转而服用安非他明，最终开始滥用可卡因和海洛因。如果不是因为这些邪恶的东西，我也不至于身陷囹圄。在圣昆汀监狱中，我的毒瘾尚未消除，这使我最初的几年狱中时光糟糕得令人不可思议。而在我行文走笔之时，已经完全远离毒品将近 12 年了。

毒品对狱中生活的影响真是不可思议。外界人士无法想象到情况会糟糕到何等程度，警察、媒体都是如此，政客就更不用说了。毒品非法交易是巨大的狱中产业。违法物品通过狱警、访客、家人以及毒贩和"屁股小生"（即通过屁股携带毒品的家伙）偷运进来。合法禁药也被囚徒通过钻各种各样的空子弄到。在有些地方，毒品会从监狱围墙的另一侧扔过来。结果，烈性毒品在狱中随处可得。在监狱里想获得毒品，和在监狱外一样容易，在有些监狱甚至更容易。我之前说过，监狱生活对训练者有些好处，比如纪律、管理、日程等等。这没错，但监狱总不是铁打一块的。监狱生活也有严重的诱惑陷阱，而毒品横行就是其中最严重的一项。

囚徒购买毒品的价格令人难以置信。毒品的传播与帮派博弈有关，这又与街上的黑帮打斗联系在一起。监狱里的毒品供需与毒品领域的竞争滋生了大量暴力。毒品债务也会导致囚犯之间大打出手，甚至取人性命。所有与毒品相关的事情都只会导致痛苦。

我可以告诉你许许多多由毒品带来的疾病和症状，但是关注此类说辞的人已经错过了重点。毒品确实会破坏身体，某些剂量和药品的组合甚至会让你命丧黄泉，比超速卡车要人命还快——但是，由于吸毒而导致心灵遭受的痛苦远比身体遭受的还要多。在对毒品上瘾之后，你只会关心下一次的满足。一旦到了这个份儿上，你所有的想法和行为就都开始无可逆转地走上了下坡路，犯罪已经在所难免。可以说，在狱中了结一生的人，有90%都与毒品有关。毒品对人的生活影响之深之久，远远超过了你的想象。尽管在很久很久以前，我就已经戒毒了，但毒品还是没能离开我的生活圈子。在身体上撇清毒品之后很长一段时间里，在监狱生活中，周围的很多囚徒圈子中，毒品仍与我的心灵形影不离，这导致了破坏性行为的恶性循环持续了很多年。

我在自己和很多朋友身上都看到过这种邪恶的循环。虽然现在看起来一目了然，但当时可不是如此。刚开始吸毒的人绝不想成为令人厌恶的、可怜的、皮包骨头的、身体虚弱的、没有未来可言的人。没有人为了想吸毒成瘾而注射海洛因，没有人是因为想变成偏执狂或暴力的反社会者而吸食可卡因。人们这样做是因为这件事看起来很新奇、很有趣、很酷，这也是毒品的幻象之一。这种幻象强大得不可思议，这就是为何政府反复告诫年轻人要远离娱乐性药物却毫无成效的原因之一。只有那些能够拨云见日的聪明人才能自保安全。不能看穿幻象的人无法理解毒品的坏处，直到一切为时已晚。

随着时间的推移，我逐渐脱离了毒品。这真可不容易，特别是要从心灵上摆脱毒品。感谢上帝，我发现了健身，从很大程度上来说，这成了我的新"毒品"。虽然当时并没有这么想，但现在我不得不承认，这就是事实。如果没有体操训练，我现在很可能已经魂归九泉了，至少，我绝不可能变得更健康或更强大，我的力量水平更不会得到如此的提升。在年老的日子里，我希望能继续进步。

榨汁：合成类固醇

大多数人，即使是愚蠢的乡巴佬，也都能理解豪饮、吸烟、滥用娱乐性药物会毁掉你的身体训练。但在一般民众的眼中，类固醇以及类似的运动药物完全是另一回事。尽管约翰·多伊（John Doe）可能深知，从长远来看，类固醇可能会破坏人的健康，但他很可能会嘲笑下面这种想法，即类固醇会对你的身体活动能力有负面影响。毕竟，这些是"增强性能"的药物，对吧？大多数美国顶级运动员很可能都为类固醇着迷！看看大块头的专业健美人士，大家都心知肚明，这些老兄都是靠摄入大量类固醇取得这些成果的。所以，怎么能说类固醇对训练不好呢？这些说法都是骗人的，对不对？

一般人就是这样看待类固醇以及类似药物的。大家都错了，他们只知其一不知其二。

合成代谢类固醇，像大力补、康力龙、诺龙之类的合成物，模仿的是人体自身产生的雄性激素睾酮。睾酮，从名字就看得出，是在睾丸（就是你的蛋蛋，老兄）中产生的。睾酮在你的青春期开始产生，正是托它的福，瘦弱的肌肉能突然地快速成长起来。当你摄入类固醇时，也会发生类似的现象，但却是以夸大的方式。你将经历第二次青春期，产生情绪波动，声音也会变化，而所有的这一切都会导致你肌肉块头的增长。

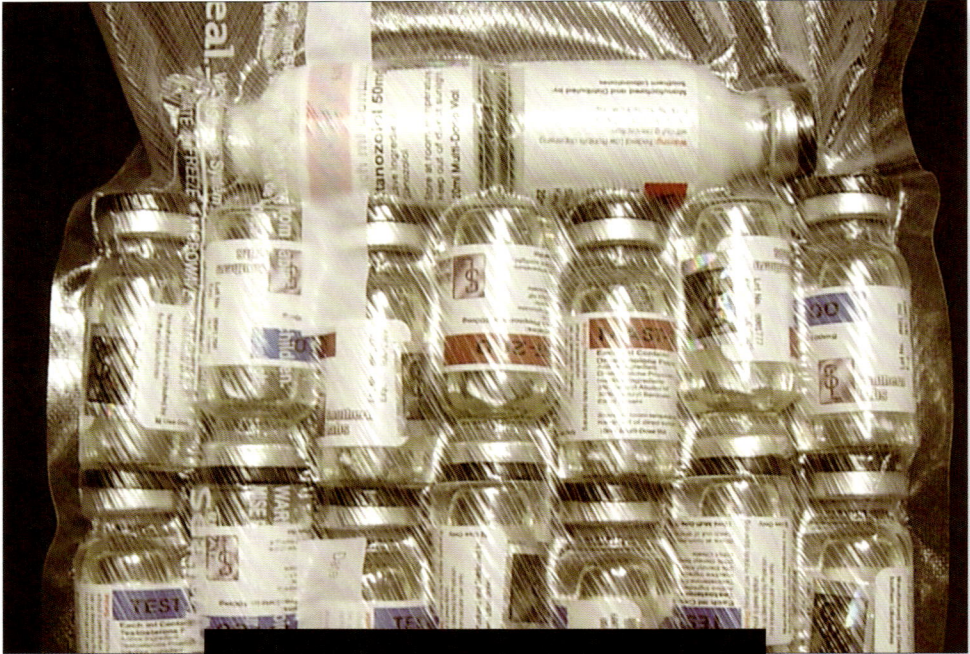

在狱中，获得毒品的途径很多，类固醇也一样。图中是工作人员收集的睾酮。

　　这听起来似乎不可思议，但在一定意义上的确如此，至少在一段时间内是这样。但类固醇却有一个致命的缺点：在你开始摄入这些人造睾酮之后，你自己的睾丸就不再需要分泌睾酮了，换句话说，它们完蛋了。无一例外，服用类固醇者体内睾酮的生成将慢慢停止。（这就是为什么服用类固醇者必然睾丸萎缩的原因。对不起啦老兄，我揭了你们的短，但这也是大家心知肚明的事实。）像所有药品一样，随着时间的推移，身体的耐药性增强，类固醇的效果也开始降低。最终，服用者将不得不"循环"用药，即暂时停药，以便一段时间后再用药时药物能够再次有效。

　　这真是件有趣的事。当你停止服用类固醇时，会发生什么呢？你的肌肉、力量、健康能维持服药之前的状态吗？当然不能。这些指标的高低主要取决于你的激素水平，尤其是睾酮的水平。当酒鬼以药片、注射等形式服用睾酮时，他们自己的睾酮工厂（即睾丸）就闭门歇业了。结果，在服用者停用类固醇时，他们的睾酮水平将远远低于正常男性的水平。最终导致的结果将是肌肉会实打实地减少，并逐渐松弛下来。很快，类固醇服用者的肌肉、力量会比服用前更弱。你看到的没错，服用类固醇最终会使你变得更小、更弱。如果你问那些大块头，他们会告诉你，每次照镜子的时候，他们都能真切地看到这种退化。

　　这种身体素质的下降固然可怕，但是，更可怕的是这个事实对于这些强壮家伙的心理上的影响。想象一下，你之前还是场中块头最大、最勇猛的家伙，可突然就看着更像小矮人而不是绿巨人了。你的自信将遭到挑衅和痛击。当然，在休整一段时间之后，类固醇服用者还可以继续服药。但之前对身体和心灵造成的伤害，将使他们更加依赖这种药物。

我们都知道，许多精英级运动者都服用类固醇，但能力锐减并没有给他们造成麻烦，因为他们只在相对较短的赛期内，为了保持巅峰状态才服用此类药物，并从中获益。在其他时间里，他们绝对不沾药物，即使他们的表现出现了直线下降，那又怎么样呢？许多囚徒都接受了以下事实，即类固醇并不是练就强大身体的长久之计。当你服用药物时，只要你不介意男性乳房发育症、脱发和睾丸萎缩等症状，那就没什么问题。但是，一旦你停了药，负面效应就将不可控制，它既会影响身体，也会影响心灵。这会让你在监狱里非常容易受到攻击。

如果你想一年 365 天里都拥有了不起的力量和运动素质，以及最强大的体格，那就忘了类固醇吧。只需稍稍坚定你的意志力，我保证你将获得意想不到的收益。

熄灯！

在美国很多监狱中，都有"苦行"这句俚语，用来表示特定的囚徒生活方式。为了混日子，大多数囚徒都开始接触帮派、毒品，以及其他随之而来的负面追求。苦行者则不同。他们是这样一些人，单独地训练，就像修炼的武僧一样。他们只是低头思考自己的事情，保持纯净，集中精力。一位苦行者绝不会让任何毒素进入体内，比如酒精、毒品或尼古丁。他们能够实现完全的自我控制。

我在入狱之后，对这种生活方式越来越感兴趣。大多数真正的、严肃的囚徒训练者都在以此方式进行着自我监禁。我发现，我越是严酷地坚守这一态度，从训练中获得的收益就越大。而当我松懈时，训练效果就会明显下降。

你没有必要把自己严格地限定为一位苦行者。在外界有许许多多不健康的分心事儿与违法的诱惑。但如果你真的打算开始严肃对待自己的训练，那就遵循我在本章给你的建议吧。

去苦行吧。

第十九章 狱中的营养与减肥

狱中饮食

关于囚犯的饮食标准，除了内容宽泛的《第八修正案》以及应用于任何饮食的特殊立法以外，的确没有放之四海而皆准的法则。结果，关于囚犯的饮食，不同的州都遵循不同的州内规定。唯一全国统一的要求是一日三餐，但据我个人经验来看，每一餐的食物也大不相同。

许多健美者在第一次入狱时，都会立下要吃得"干净"的宏愿。他们会吃食堂工作人员放在他们托盘上的好东西——肉类、鸡蛋、蔬菜——并且放弃任何垃圾食品，比如油炸食物、布丁等等。他们有时会用自己的垃圾食品与其他囚徒交换，以获得更多有营养的食物。但这种努力很少能有人坚持超过 3 周。在不久之后，对卡路里的渴望就会胜过纯粹健康饮食的愿望，最后以尽量多吃而结束，不管这是否符合他们之前的生活方式。

我的新陈代谢很快，刚进监狱时，我发现自己很难吃饱。我在狱中的大多数时候都是每天坚持锻炼，有时要练几十组高难度的自身体重练习，这使我食物缺少的困境雪上加霜。在煎熬过那一段时间后，最终，我学会了如何靠狱中的饮食成长。的确，大多数监狱的伙食都不太好，但却也不至于让你挨饿，至少对大多数家伙来说是如此。

在一定意义上，监狱与外界的街头没什么不同，在那里也有很多大腹便便的家伙。在有些地方（不是全部），你可以用自己的 ID 卡花钱在食堂买额外的食物。在安全监控略差的监狱，也很流行由外界家属带来食品。不管你信不信，有些囚徒还在自己囚室里开小灶。我从没听说过有任何机构允许囚徒在自己囚室里使用火炉或微波炉，但在有些地方，却允许囚徒有小的浸入式热水器，一次烧开的热水只够冲泡一杯速溶咖啡。这些被我们称为"毒针"。有些拥有额外食物的囚徒会在自己的"毒针"内做一杯汤或面条。

在没有这些奢侈品的地方，许多大块头的无期徒刑犯人都会想办法使自己被安排在厨房干活，这样的话，如果留心，就有机会得到许多额外的好东西。许多老囚徒也会欺负弱势囚徒或新来的菜鸟，以此获得些食物。这些都是家常便饭。此外还有走私、补品、维生素、浓缩蛋白都可以像类固醇和海洛因一样通过走私得到。

我绝没有使用这些伎俩，当然，这很可能是因为我太懒。我只是充分利用了自己托盘里的食物。许多家伙都发现，一日三餐对他们的生活习惯带来了冲击，因为在外面的世界里，如果你想吃，就可以随时得到食物，只要你愿意，就可以在午夜买一桶肯德基，或者在两餐之间来点零食点心。可不像在监狱里，还要等到固定的时间才能接到吃什么、什么时候吃的指令。不过，在几个月之后，你的血糖就会恢复到正常水平。我保持着一日三餐的生活，在出狱之后依然如此。这听起来似乎不可思议，但我已经习惯了这样的饮食习惯。如果不这样吃，我的胃就会觉得不对劲。如果你的饮食有点混乱，我建议你也试试一日三餐进食。

狱中食谱

由于囚徒个人会调整自己的饮食方案，所以，我不可能在这里给你展示标准的食谱。由于时令和监狱所在地的不同，食品差异也广泛存在。然而，我却可以让你深入了解囚徒都吃哪一类的食品。下面是两天的食谱，在之后几页里，我罗列了联邦监狱局施行的官方三周食谱。

这种饮食远非如今所认为的"健康"饮食。可能有很多人认为，这样饮食，没有任何人能获得力量或肌肉。但是，成千上万的囚徒——有些真是令人敬畏——却已经获得了力量与肌肉，尽管他们长年累月这样吃。

监狱食谱示例

食谱 1
早餐：牛奶泡玉米片
　　　烤面包和果冻
　　　一个橘子
　　　一杯咖啡

午餐：意面和肉丸
　　　奶酪沙拉
　　　两个甜甜圈
　　　一杯牛奶

晚餐：肉糕配原味洋葱汁
　　　大米饭
　　　四季豆
　　　三块饼干
　　　一杯可乐

食谱 2
早餐：牛奶麸片
　　　烤面包和果冻
　　　两个苹果
　　　一杯咖啡

午餐：鸡翅
　　　素什锦
　　　一块巧克力蛋糕
　　　一杯牛奶

晚餐：汉堡
　　　土豆泥
　　　玉米面包
　　　冰糕
　　　一杯水

当你要把自己的饮食习惯变得复杂之前，可以参考一下狱中饮食，并将精力集中在以下这些指导方针上。

联邦监狱局的官方食谱 - 第一周

	周日	周一	周二	周三	周四	周五	周六
早餐	新鲜苹果 包装的全谷干麦片 3 片面包 2 杯脱脂牛奶 1 杯咖啡 2 个包装的果冻 2 块人造黄油	鲜橙 包装的全谷干麦片 3 片面包 2 杯脱脂牛奶 1 杯咖啡 2 个包装的果冻 2 块人造黄油	新鲜苹果 包装的粗燕麦粉 3 片面包 2 杯脱脂牛奶 2 个包装的果冻 2 块人造黄油	鲜橙 包装的全谷干麦片 3 片面包 2 杯脱脂牛奶 2 个包装的果冻 2 块人造黄油	新鲜香蕉 包装的燕麦片 3 片面包 2 杯脱脂牛奶 2 个包装的果冻 2 块人造黄油	鲜橙 包装的粗燕麦粉 3 片面包 2 杯脱脂牛奶 2 个包装的果冻 2 块人造黄油	鲜橙 包装的全谷干麦片 3 片面包 2 杯脱脂牛奶 1 杯咖啡 2 个包装的果冻 2 块人造黄油
午餐	新鲜苹果 一西班牙式煎蛋饼 一马铃薯 包装的麦片 3 片面包 2 杯脱脂牛奶 2 个包装的果冻 2 块人造黄油 洁食饮料 *	一新鲜苹果 一菜豆和豌豆 一马铃薯 2 份芥末 2 块人造黄油 洁食饮料	包装的薯片 鲜橙 1 份包装的沙丁鱼 1 份蔬菜汁 3 片面包 2 份色拉酱 2 份芥末 洁食饮料	一牛肉肉糕 一瘦肉汁 一土豆泥 一素什锦 3 片面包 2 块人造黄油 新鲜香蕉 洁食饮料	1 份包装的大红肠 1 份蔬菜汁 3 片面包 2 份色拉酱 2 份芥末 鲜橙 洁食饮料	一鸡翅 一罐头水果 一土豆泥 一香豌豆 3 片面包 2 块人造黄油 新鲜苹果 洁食饮料	1 份包装的金枪鱼 1 份蔬菜汁 3 片面包 2 份色拉酱 2 份芥末 新鲜苹果 洁食饮料
晚餐	一意面 一肉丸 一番茄酱 一香豌豆 3 片面包 2 块人造黄油 新鲜苹果 洁食饮料	一鱼片 一番茄酱 一白米饭 一青豆 2 份塔塔酱 3 片面包 2 块人造黄油 鲜橙 洁食饮料	一火鸡肉片 一肉汁 一土豆泥 一素什锦 3 片面包 2 块人造黄油 鲜橙 洁食饮料	一意式焖鸡肉 一番茄酱 一蘑菇 一通心粉意面 一胡萝卜 3 片面包 2 块人造黄油 新鲜苹果 洁食饮料	一蔬菜辣椒 一白米饭 一素什锦 3 片面包 2 块人造黄油 鲜橙 洁食饮料	一索尔斯伯利牛排 一瘦肉汁 一土豆泥 一青豆 3 片面包 2 块人造黄油 新鲜苹果 洁食饮料	4 盎司 (0.11 千克) 花生酱 4 个包装的薯片 1 份蔬菜汁 3 片面包 2 块人造黄油 新鲜苹果 洁食饮料

* 洁食饮料指符合犹太教教规的饮料。——编者注

一置于托盘中。

不能提供热水的地区，以热冲麦片代替包装的全谷干麦片。

联邦监狱局的官方食谱 - 第二周

周日	周一	周二	周三	周四	周五	周六
新鲜苹果 包装的全谷干麦片 3片面包 2杯脱脂牛奶 1杯咖啡 2个包装的果冻 2块人造黄油	鲜橙 包装的燕麦片 3片面包 2杯脱脂牛奶 2个包装的果冻 2块人造黄油	新鲜苹果 包装的粗燕麦粉 3片面包 2杯脱脂牛奶 2个包装的果冻 2块人造黄油	鲜橙 包装的全谷干麦片 3片面包 2杯脱脂牛奶 2个包装的果冻 2块人造黄油	新鲜香蕉 包装的燕麦片 3片面包 2杯脱脂牛奶 2个包装的果冻 2块人造黄油	鲜橙 包装的粗燕麦粉 3片面包 2杯脱脂牛奶 2个包装的果冻 2块人造黄油	鲜橙 包装的全谷干麦片 3片面包 2杯脱脂牛奶 1杯咖啡 2个包装的果冻 2块人造黄油
－ 乳酪蛋卷 － 马铃薯 － 包装的麦片 3片面包 2杯脱脂牛奶 2个包装的果冻 2块人造黄油 新鲜苹果 洁食饮料	－ 1份包装的大红肠 包装的薯片 1份蔬菜汁 3片面包 2份色拉酱 2份芥末 新鲜苹果 洁食饮料	－ 鸡肉馅饼 － 鸡肉汁 － 土豆泥 － 素什锦 3片面包 2块人造黄油 鲜橙 洁食饮料	－ 1份包装的沙丁鱼 包装的薯片 1份蔬菜汁 3片面包 2份色拉酱 2份芥末 新鲜香蕉 洁食饮料	－ 索尔斯伯利牛排 － 瘦肉汁 － 土豆泥 － 青豆 3片面包 2块人造黄油 鲜橙 洁食饮料	－ 菜豆和豌豆 － 马铃薯 2份芥末 2块人造黄油 新鲜苹果 洁食饮料	包装的金枪鱼 包装的薯片 1份蔬菜汁 3片面包 2份色拉酱 2份芥末 新鲜苹果 洁食饮料
－ 鱼片 － 番茄酱 － 白米饭 － 青豆 － 2份塔塔酱 3片面包 2块人造黄油 新鲜苹果 洁食饮料	－ 煎白菜卷 － 番茄酱 － 香芹土豆丝 － 素什锦 3片面包 2块人造黄油 新鲜苹果 洁食饮料	－ 牛肉肉糕 － 瘦肉汁 － 土豆泥 － 素什锦 3片面包 2块人造黄油 鲜橙 洁食饮料	－ 鸡肉炒面 － 鸡肉汁 － 四季豆 － 白米饭 － 豌豆和胡萝卜 3片面包 2块人造黄油 鲜橙 洁食饮料	－ 炒肉片 － 菌汤 － 白米饭 － 青豆 3片面包 2块人造黄油 洁食饮料	－ 意面 － 肉丸 － 番茄酱 － 香豌豆 3片面包 2块人造黄油 洁食饮料	4盎司（0.11千克）花生酱 4个包装的果冻 包装的薯片 1份蔬菜汁 3片面包 2块人造黄油 新鲜苹果 洁食饮料

－ 置于托盘中。

不能提供热水的地区，以热冲麦片代替包装的全谷干麦片。

联邦监狱局的官方食谱 – 第三周

	周日	周一	周二	周三	周四	周五	周六
早餐	新鲜苹果 包装的全谷干麦片 3片面包 2杯脱脂牛奶 1杯咖啡 2个包装的果冻 2块人造黄油	鲜橙 包装的燕麦片 3片面包 2杯脱脂牛奶 2个包装的果冻 2块人造黄油	新鲜苹果 包装的粗燕麦粉 3片面包 2杯脱脂牛奶 2个包装的果冻 2块人造黄油	鲜橙 包装的全谷干麦片 3片面包 2杯脱脂牛奶 2个包装的果冻 2块人造黄油	新鲜香蕉 包装的燕麦片 3片面包 2杯脱脂牛奶 2个包装的果冻 2块人造黄油	鲜橙 包装的粗燕麦粉 3片面包 2杯脱脂牛奶 2个包装的果冻 2块人造黄油	鲜橙 包装的全谷干麦片 3片面包 2杯脱脂牛奶 1杯咖啡 2个包装的果冻 2块人造黄油
午餐	新鲜苹果 西班牙式煎蛋饼 马铃薯 包装的麦乳 3片面包 2杯脱脂牛奶 2个包装的果冻 2块人造黄油 新鲜苹果 洁食饮料	鸡翅 罐头水果 土豆泥 香豌豆 3片面包 2块人造黄油 新鲜苹果 洁食饮料	1份包装的大红肠 包装的薯片 1份蔬菜汁 3片面包 2份色拉酱 2份芥末 鲜橙 洁食饮料	菜豆和豌豆 马铃薯 2份芥末 2块人造黄油 新鲜香蕉 洁食饮料	1份包装的金枪鱼 包装的薯片 1份蔬菜汁 3片面包 2份色拉酱 2份芥末 鲜橙 洁食饮料	鸡肉饼 鸡肉汁 土豆泥 素什锦 3片面包 2块人造黄油 新鲜苹果 洁食饮料	1份包装的沙丁鱼 包装的薯片 1份蔬菜汁 3片面包 2份色拉酱 2份芥末 新鲜苹果 洁食饮料
晚餐	鱼片 番茄酱 白米饭 青豆 2份塔塔酱 3片面包 2块人造黄油 新鲜苹果 洁食饮料	索尔斯伯利牛排 瘦肉汁 土豆泥 青豆 3片面包 2块人造黄油 新鲜苹果 洁食饮料	火鸡肉片 肉汁 土豆泥 素什锦 3片面包 2块人造黄油 鲜橙 洁食饮料	意面 肉丸 番茄酱 香豌豆 3片面包 2块人造黄油 洁食饮料	鸡肉炒面 鸡肉汁 四季豆 白米饭 豌豆和胡萝卜 3片面包 2块人造黄油 鲜橙 洁食饮料	牛肉肉糕 瘦肉汁 土豆泥 素什锦 3片面包 2块人造黄油 新鲜苹果 洁食饮料	4盎司（0.11千克） 花生酱 4个包装的薯片 包装的果冻 1份蔬菜汁 3片面包 2块人造黄油 新鲜苹果 洁食饮料

- 置于托盘中。

不能提供热水的地区，以热冲麦片代替包装的全谷干麦片。

- 对训练者来说，规律很重要。尝试每天在相同的时间进餐，这样，身体就会知道应该在什么时候期待营养。

- 确保摄入足够的热量以维持训练。如果你正在进行高强度训练，就不需要避开"垃圾食品"，比如日常吃的蛋糕、果冻或糖果，前提是要有节制。

- 不要饮食过量。如果你的新陈代谢快，可以多吃一份（甚至两份）小吃，但一日三餐足以满足你的需要。即使你的运动量比较大，也不用再加一顿饭，在每餐适当增加饭量即可。

- 不要吃得太少。每到进餐时间，即使你那时还不饿，也要适当进餐。不吃某一顿饭，只会让你饿得难受，进而感到疲劳。等你习惯了这种进餐时间，你的身体就会明白应该什么时候期待进食，到该吃饭时，你自然就会有好胃口。

- 平衡饮食。"平衡"是指每日消耗的肉类、粗粮、细粮、奶制品（牛奶、奶酪）、蛋类等等以及蔬菜和水果的数量应均衡。如果你是素食者，那么，就要多摄入一些奶制品。

- 保持身体的水分。在每次用餐时喝点东西，在两餐之间也不要忘了补充水分。

在你想把自己辛苦赚来的钱挥霍在蛋白粉、营养棒以及补品上之前，先尝试遵循这些规则。你可能会发现，你的训练效果会比以前还好，而且你也根本就不需要什么昂贵的饮食。我敢打赌，你会对结果满意的。

液体摄入

人类最需要的物质是我们从周围获取的氧气，其次就是水，食物则居第三位。没有食物，人可以存活数周，没有水只能活几天，而没有空气则只能活几分钟。尽管营养品公司在推销产品时自有一套，但你可以持不同的看法！

液体摄入是另一个现代思想的误区。为了存活下去，身体需要经常补充液体。只要液体本身无毒（比如酒精）或本身并不催吐（比如海水），那么，无论你从哪里得到这些东西都无关紧要。如今口碑不好的咖啡就是好例子。许多人误以为咖啡的利尿功

你在监狱的商店里绝不会发现这一排排排列整齐的水瓶，你真的不需要这些。

能会使人脱水，其实不然。喝咖啡并不会刺激肾脏让你脱水，而在你喝咖啡的时候摄入的水分超过了小便排出的分量，所以，咖啡其实是在给你补水。

本来很好的自来水成了市场宣传的另一个牺牲品。我在上次出狱时注意到一件事情，人们总是随身带着从商店里买的、价格昂贵的瓶装水。在我待过的监狱里，都买不到这种东西。如果想多喝点水，你不可能从阿尔卑斯山脉弄来矿物质水，也不能从欧洲的减肥温泉疗养地弄来温泉。你只有两个选择：要么从水龙头接一杯，要么就渴着。

许多人都担心现代水龙头里的水不干净。所有液体都包含杂质，即便是经过净化的瓶装水也一样。水中总是会有杂质的，而且也应该有。但这并不是大家对其弃置不顾的理由。人体在千百万年的进化过程中，大多数时候喝的液体都来自沼泽、溪流、泥潭和猎物的血液。在这个过程中，你的身体已经进化得相当强悍，而且有能力过滤所需之物，从而变得更加强壮。美国的自来水是世界上最干净、最安全的水之一，而且价格还不到每加仑（一加仑约为 4.55 升）一美分。敬请饮用。

简单行事，亲爱的

读到这里，你可能发现了，我可不是那些新营养理论——比如运动员每天需要吃 6 ~ 8 顿饭，或是摄入大剂量蛋白质之类的观点的信奉者。所有这些现代理论赞同的做法都使消化系统超过了负荷，最终导致体重增加，使人成了胖子。

当今的营养科学已经变得极其复杂（以至于运动界都不知道该何去何从），开始过分强调饮食的次要方面，比如大量营养物的比例、酶含量与血糖生成指数。许多健身狂热者着迷于自身的维生素和矿物质摄入。在 20 世纪 50 年代时，东欧集团还在用老一套来对抗美国的竞争，苏联的教练常常嘲笑美国男女运动员使用大量的维生素药片。他们的科学家在很早以前就知道，人类身体所需的维生素和矿物质完全可以通过正常、平衡的饮食获得，任何过量的摄入通常都会通过尿液被当作废料排出。那时，苏联流行的笑话是，美国参赛队员的尿液一定是全世界最贵的。

要避免用可疑的流行理论和现代时尚观念把自己的饮食弄得过于复杂。大家都忘了，训练者需要从食物中摄取的最重要的东西，不是蛋白质或维生素，而是热量，这才是能支持你练习高难度体操的能量。如今，"热量"已经成了贬义词，就像骂人话一样。但是，这只是因为我们生活在暴饮暴食的社会。我第一次到圣昆汀监狱时，又高又瘦，还有着像原子弹一样高速的新陈代谢能力——为了不让自己挨饿，我很快就学会吃光自己餐盘里的所有东西。在此基础上，再注意培养一下自己平衡的、精

准的三餐习惯。如果这样做了，你也就真的不再需要大量氨基酸或特殊食品组合来变得强大了。老派的完善了囚徒健身系统的囚徒有足够的食物维持生存，就已经很幸运了。

蛋白质的骗局

谈起现代营养学中的骗局，蛋白质就是个极好的例子。大多数健美专家都会说，要想快速增加肌肉，就需按照每1磅（0.45千克）体重摄取1克蛋白质的比例来进食。因此，体重200磅（90.72千克）的健美者在每天的饮食中就应该（至少）吃200克蛋白质。这实在是太多了。要意识到这一点，你根本不需要拿个营养学的博士学位，只需要简单的数学。

举个例子，一个体重为200磅（90.72千克）的男性，在17～70岁之间，每天大约需要56克蛋白质来维持体重。这可不是我从兄弟、个人训练者或连环画书上得来的，而是《参考摄入量》中的官方数据。此书是由美国国家科学院与美国医学研究院推出的，许多美国监狱都推荐使用。这些颇有威望、严谨公正的组织声称，一个200磅的家伙，每天只需56克蛋白质，不管这家伙是不是运动员。因为你活动所需的能量来自热量，而不是蛋白质。如果你通过碳水化合物和脂肪摄取了很多热量，那么，你日常的能量需要就不会消耗你摄入的蛋白质，所以，你也无须比懒鬼更多地摄入蛋白质。但是，那些健美杂志都会告诉大家，如果你想成为健美人士，或成为力量型运动员，那么，你每天需要200克蛋白质，不是56克。那么，剩下的144克去哪里了呢？

大师想让你相信，蛋白质可以直接转换成肌肉，最终变成大大的手臂和胸肌。这听起来很酷，是不？不，不要相信这种宣传。你会很惊奇，居然有那么多聪明人也被广告欺骗，相信肌肉是由蛋白质构成的。其实，肌肉并不完全由蛋白质组成，在肌肉组成中，超过70%的都是水，蛋白质还不到1/3。其实，在1磅肌肉中，蛋白质的含量通常只有80克，绝对不会超过100克。如果像现代营养学家建议的那样，每天摄入额外的144克蛋白质，再加上水，它们转化成肌肉，那么，这家伙一年之内将增加650磅（294.84千克）以上的纯肌肉。换言之，这家伙的肌肉将比阿诺德·施瓦辛格在获得奥林匹克先生的全盛时期还要重五六倍——仅仅在训练12个月之后。尽管由于当作能量消耗、消化吸收不良、组织生长效率低，所摄入的蛋白质的3/4以上都会被损失掉，但是假如未损失掉的蛋白质全部转化成肌肉，那体重200磅的健身者仍然很容易在一年之内变成地球上肌肉最发达的人。

蛋白质超载

如果你仍然不相信高蛋白质的饮食没有必要，那么可以想一想自然界当中的几个例子。即便块头最大的健身者，从比例上说，也没有婴儿需要的成长原料多。在婴儿出生后的前 5 个月，身体大小翻了一倍。（没有哪个健身者能在 5 个月内将自己的块头翻一倍，不管他是多么有天分或用了怎样的药物，都不行。）或许你会认为婴儿由于自身成长，需要含有更多（或者在比例上更高）蛋白质的饮食？其实不是这样的。母乳中蛋白质的含量不足 5%。

想想看吧。在人类真正需要成长的时候，由大自然提供的饮食，其蛋白质比例却不到 5%。这就是婴儿实现爆发式生长的全部凭借。

来将母乳与牛奶做个对比。相比于母乳，牛奶包含的蛋白质大约为 15%。为何这么多？原因在于，尽管人的体重在半年内就能翻一番，但小牛犊只需要 45 天就能将体重翻一倍。比起人来，牛生长得更快。健康男性的体重会长到 190 磅（86.18 千克）左右，但公牛会长到 2500 磅（1133.98 千克）甚至更重。* 问题的核心在哪里？牛奶中所含有的蛋白质和成长原料远远比人体成长所需要的多。

营养专家们告诉健美者要怎样喝牛奶呢？往里面放蛋白粉！把蛋白质或乳清放进牛奶真是可笑的做法，这就像把糖加到冰糖里一样。

更糟的是，营养食品公司还一直尝试着在彼此之间进行数量战。市场上有许多种蛋白质奶昔，每一种含有的蛋白质都超过了 50 克。而在许多现代健美者的饮食中，蛋白质的比例都达到了 40% 甚至更多！为什么会这样呢？所有额外的蛋白质都不能被身体吸收利用。但摄入了这么多，总得通过新陈代谢处理掉，这就给肾脏造成了压力。

别误会！我可不是提倡低蛋白饮食。每天一定要摄入一些牛奶、蛋类、奶酪、海味或不错的牛排。我喜爱蛋白质食品，它们构成了健康、美味的饮食。但是，这股超高蛋白质狂热潮已经完全无法控制。吃肌肉（蛋白质）得肌肉根本就没有用。那并不是科学，只是类比思维而已。这与吃掉敌人的心脏以获得其勇气的野蛮思维如出一辙。

要获得结实的肌肉，你并不需要大量蛋白质，一般饮食中的蛋白质完全能够满足这一要求。

那为何美国的各种杂志和网页上都漫天飞舞着这种愚蠢的想法呢？好吧，朋友，

公牛成长大部分靠普通的牛奶。绝没有蛋白粉！

---

* 值得你们这些蛋白质瘾君子注意的是，公牛像大猩猩、大象以及大多数真正的大型哺乳动物一样，都是食草动物。他们吃蛋白质含量很低的饮食就可以维持超大块头的肌肉。

答案十有八九是这样的——这些杂志和网页参与了蛋白质食品的销售。

不要相信任何向你兜售商品的人的话。如果你想获得精瘦的肌肉与强大的力量，那么，你可以通过遵循狱中饮食轻松达到，即一日饱餐三顿即可。

"少食多餐"……果真如此？

另一个在健康饮食中"神圣不可侵犯的"观点是，你一天至少需要进餐 6 次，甚至有些作者还要求吃更多次。这完全是胡扯，有些作者恨不得要一周 7 天，每天 24 小时用传送带往你嘴里送食物，即使上厕所时也不停。

这种理论的主要理由是，少量而多次的进食可以让身体更好地吸收所需的营养。其实，这个理论要颠倒过来才正确。经常进食会使消化器官内持续留有食物。这种"超载"将严重影响消化器官吸收养料。如果你真想改善每顿饭的吸收，那么，应该一日三餐适当进食，两餐之间至少间隔 4 小时。如果你这样做，那么当你坐下来吃饭时，你的胃内将没有废物，同时有充分的必要的酸和酶，这二者对于分解和利用维生素、矿物质和营养都是必要的。你也会因此从饮食中获得更多益处。

在监狱里，罕有囚徒会在夜里吃东西。他们一天中的最后一顿饭在 5 点到 6 点之间，然后直到熄灯前，在这五六个小时里，他们的肚子会慢慢空下来。对一般的健美人士来说，这简直就是噩梦。他们认为，如果没能每两三个小时进食一次，他们的四肢就会无力抬起。而我还是非常相信一日三餐这种饮食方式。我认为，这就像预防肥胖的安全阀。在我国成为胖子国之前，人们都习惯于以这种方式进食。仔细想想，如果你每隔几小时就吃一次东西，那你的身体哪有时间来消耗脂肪呢？

其实，睡前略微感觉有点饿也不是坏事。在这短暂的时间内，身体会把脂肪作为燃料消耗掉，而不是消耗肌肉，所以，你不会失去任何辛苦得来的肌肉。如果你真的觉得饿，那就弄点小吃，或喝点咖啡或苏打水，因为我们晚上感到的"饿"在很多时候其实是口渴。睡前空着肚子会让消化道放松，能促进血液排毒，使夜间消耗的脂肪达到最大化，并改善睡眠质量，也会让你在第二天吃早餐时更有胃口——而很多胖子都是不吃早

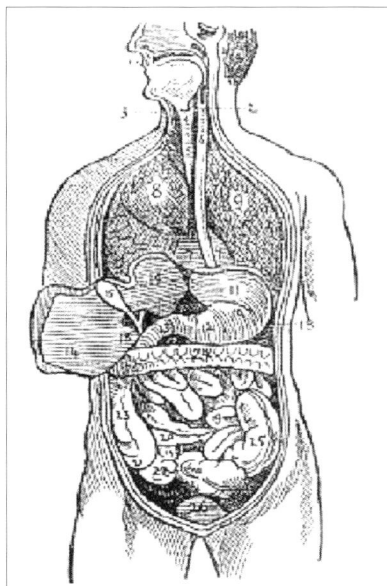

内脏和其他消化器官就像身体的其他部分一样，都需要休息，连古人都理解这一点。

餐的。

其实，在进餐之前清空肚子虽然听起来像是革命性的观念，但这确实是自然的趋向。你以为穴居之人每天会吃 6 ~ 8 顿吗？当然不会。他们整天都在打猎，都在消耗脂肪，只有打到猎物才能吃一顿。而这种生活习惯使他们的身体更适合打猎。

几乎所有"专家"都不会同意我这一章的观点，但那又如何？你不用听信我或听信任何人，只需坚持锻炼。如果你在保持一日三餐的情况下不断变得强大，那么，你就的确是在增长肌肉。你无须在饮食中增加任何东西，那样只会让你变肥。

肥胖

肥胖让我很容易想到另一个话题，那就是困扰着 2/3 的美国人的——超重。我们国家在这个问题上的迅速恶化主要是由于贪婪和过度进食。

如果你认为健美者可以免去此劫，那就请再想一下吧。尽管有很多健美者会经常在电视上表演或在杂志中亮相，但他们中只有很少一部分"有明显的肌肉线条"。绝大多数的现代健美者和力量型运动员都超重，从很多方面看，这是由于过分强调营养与蛋白质的摄入。我在前面提到过，大多数健美大师都过于强调蛋白质对于增长肌肉的作用，就好像把蛋白质狼吞虎咽下去就可以增大肌肉一样。这真是愚蠢至极。肌肉主要是由水组成，而不是蛋白质，可是，每天喝下十几加仑的水，也不会让你增加肌肉，只会让你多上几次厕所而已。如果你向胃里灌进多余的水，它们只会通过膀胱过滤掉。但是，如果你向身体里塞进过量的蛋白质，那么蛋白质作为氨基酸进入血液，便会降解为糖和脂肪。没错，你的身体把超有营养的蛋白质转化成了糖和脂肪，然后这反过来又变成了多余的脂肪塞在身体各组织之内，在内脏之间摇晃。

健美者可以开车去健身房，通过练习解决掉大肚腩。他们甚至还可以信心满满地认为自己两臂、双腿以及躯干上的每一寸赘肉都是"块头"。但是，对传统的体操大师来说，身体多余的脂肪确实是严重的问题。因为我们使用自身体重作为阻力，所以每一克多余的脂肪都会成为拖累，会使练习更难，阻碍你的进展。越肥胖，你想在练习中取得进步就越艰难。一点额外的赘肉是一回事，但如果你大腹便便，你就别想在体操方面有所造诣了，除非你减肥瘦身。

燃烧卡路里无济于事

许多人在想减肥的时候，都将精力过度集中在锻炼上。这是个错误。尽管身体活动水平在增加或减少肥胖水平方面有一定作用，但与饮食相比，它的作用较小。大多数人在闲暇之时所做的那点运动，真不足以影响整个体重。

许多健身推动者告诉我们说，通过提高活动水平，比如通过午休时散步，很容易减

骑单车？所有这些有氧运动器械都能让健身房赚钱，但这却不是减肥的良方。

肥。但果真如此吗？

我们想象一下，如果你超重 10 磅（4.54 千克），并决定在自己的日程中增加半小时散步以减掉这 10 磅，那么你将用多长的时间来完成这个目标呢？好吧，大部分人每小时能走 3 公里，这意味着 30 分钟可以走大约 1.5 公里，走 1.5 公里将消耗大约 150 卡路里，而 1 磅（0.45 千克）脂肪则包含大约 3500 卡路里。因此，如果你天天走，每天走半小时，你将需要 233 天才能减掉这 10 磅体重。这可是 8 个月，超过 116 小时的单纯步行啊。从投入来看，回报不太丰厚，对不对？令事情更糟的是，锻炼还会促进食欲，所以人们经常在一天当中不知不觉就摄入了他们消耗掉的卡路里（甚至摄入更多）。摄入 150 卡路里可不是难事，两片面包、一小袋薯条或者一杯牛奶就能做到了。由于这些原因，想通过加强锻炼来减掉 10 磅体重，甚至需要不止 8 个月的时间。就算真能减去，也可能花费数年之久。

通过饮食减轻体重

如果你真的想减肥，那请把注意力集中在营养上，而非锻炼上。适度减少卡路里的摄入，你就可以很容易、很安全地在 10 周之内减掉 10 磅，甚至可能更快。

如果你选择通过饮食减肥，可以使用几种方式。计算卡路里是较为流行的方法，但在现实中，极少有精瘦的运动员会真正计算卡路里。他们通过数天、数周、数月持续规律的进食来建立一条标准线。一旦标准线建立，运动者就可以很容易地通过逐渐减少标准食谱中的部分食物摄入来达到减重的目的。

如果你想甩掉赘肉，那你可以把狱中食谱作为模板，然后遵循下面这些简要的原则。

1. 一日三餐均衡间隔饮食。如果进食次数超过 3 次，那就会阻止身体减肥，因为你的身体很容易获得能量循环。一天之内，每隔 4 小时进餐一次是个好方法。如果能忍住，就不要吃夜宵。

2. 正点饮食。坚持在固定的时间饮食，会使血糖水平维持在稳定的范围。当身体知道会在确定的时间获得食物，你就会更少体验到无端的进食欲望了。

3. **食谱均衡**。尝试大范围地选择食材，在挑选每天摄入的肉类、奶制品、谷类、蔬菜和水果时，应尽可能扩大食材范围。你可以使用上文列出的食谱作为模板。在每次进餐时，别忘了喝点东西；在其他时间觉得口渴了，也可以喝一点。要关注你摄入的量而不是质。别忘了，摄入过量的话，就算纯蛋白质也会转化为糖和脂肪。

一旦你通过这种规律饮食建立了标准线，就可以通过严格的控制确保自己的体重在一两周之内保持稳定。只要找到平衡，减重将是举手之劳，只需慢慢减少每日摄入的量，直到体重开始下降。

不过，在这样做的时候，也要记得给身体留点准备时间。强制减重会导致肌肉减少。如果你耐心一些，那这种后果就不会发生。就算你超重 100 多磅，也可以通过每周减掉 2 磅（0.91 千克），在一年之内全部减掉。通过训练和规律饮食，你可以很快就获得完美的体重。

"潜意识的影响"——减肥的秘密武器

在谈论减肥这一话题时，我还要提另一件事，这是体操训练带来的与众不同的福利，对此，我在《囚徒健身》中也略有述及。许多超重的自身体重训练学徒发现自己身体的脂肪水平在逐渐下降，而且肌肉也增长了，尽管他们根本就没有刻意去减重。这与燃烧卡路里无关，而与自身体重训练的潜意识效果有关。

重量训练会导致过量进食。比如说，你上周卧推了 200 磅（90.72 千克）6 次，而这周，你定了个大目标，虽然重量不变，但要练习 7 次。你越想着这个目标，吃得就越多——你想确保吃饱了以便成长、修复以及充能，以达到自己的目标。可惜，这些人无一例外地会吃过头。这就是健美者变得胖乎乎的，至少在非赛季是这样子的原因。

但是，自身体重训练对你的饮食习惯有相反的影响。比如说，你上周做了 6 个单臂

减重与自身体重的力量训练，二者可以携手并进。如果你不是非常瘦，那么，就几乎不可能完成高级的引体向上动作。

俯卧撑，而这周你打算做 7 次。你的潜意识认识到，因为你正在推动自己的体重，为了达到目标，过量饮食是你最不应该做的事情。吃得越多，就会越重，做单臂俯卧撑就会越难！对于深蹲、桥、引体向上以及所有主要的体操动作都是如此。结果，深层的心理在轻量饮食与成功（或至少是在训练中少受罪）之间建立了联系。为了生存，身体知道做什么。它会卸掉多余的包袱。

不相信潜意识的影响？我总说，我不期待有谁相信。你只要去试试，就会看到效果。

熄灯！

很多人都回避狱中饮食的理念。对大多数人而言，饮食与自由和个性相关，他们都憎恨由别人来告诉自己吃什么以及什么时候吃。现代的大多数男男女女都受不了一天只吃三顿、每次只吃规定食物的想法。

我和许多运动人士都发现，监狱风格的饮食其实很有价值。真的，外界的人对于吃什么和什么时候吃，都有很多选择。但是，近 70% 的美国人超重，有 40% 的人找不到能量进行常规锻炼，这样的现状迫使我们去质疑"自由"与"个性"在饮食标准方面到底有多大用处。通常，比起外界的人，狱中之人变胖的更少。事实上，在身陷囹圄的人之中，运动者的比例更高。这种现象一定与狱中饮食有关。

你越坚持基本、平衡、规律的饮食习惯，就距离自己的目标越近。为了保持精瘦的体形，并为锻炼补充好能量，你不需要攻读个生物化学的博士学位。对大多数人来说，他们对于饮食和营养的认识越复杂，就越可能把事情搞砸。

本章所介绍的简单规则已经在我和狱中运动者的身上奏效，这些规则也会在你身上奏效。你确实只需要了解这些简单的道理。

第二十章 修复起来

疗伤八法

在狱中的岁月里，我曾多次受伤：因打架受伤，因罚劳动办事受伤，或是因为愚蠢的事故受伤。但有趣的是，我却不记得自己曾经因为训练而受伤，尽管我每天都进行高强度的训练，一周 7 天从不停歇。这多归因于传统体操，传统体操是一种不可思议的安全训练方式。走进任何正在运营的健身房，看看那些正在努力使用很重的杠铃、哑铃以及绳索器械训练的家伙，你将注意到，他们一直都在伤害自己。在柔软的身体与无情的钢铁之间进行的这场战斗中，钢铁总会是最后的赢家。

不管你的训练多么安全，总有些时候，你不得不在伤痛中训练。身体并不是机器。身体是个奇怪的、持续调整的整体，适应力强，但很难预测。我曾见过一位举重运动员，他能够硬拉起近 800 磅（362.87 千克）的杠铃，却不能把他不到 50 磅（22.68 千克）的小女儿放到背上。你可以毫无疼痛地做一个单臂引体向上，但刷牙时肩膀咔咔地响个不停。身体有时真是不可思议。我猜想，这也就是人类生活的本质。

在我的 3 次长期监狱生活中，曾经两次弄断鼻子，掉过 3 颗牙齿，扭伤过左臂二头肌，右前臂有过三度灼伤，折断（还有再次折断）过肋骨，右腿膝盖骨脱臼过，撕裂过骶髂韧带，拉伤过腹股沟肌肉，脚踝也曾骨折过。我并不是在抱怨，许多家伙在出狱时比我惨多了。监狱的确是个摧残身体的地方。

这种损伤的确会影响训练。由于监狱里很少有与外界同等的医护支持，所以，这影响会比在外界更大。狱警和狱医都很反感囚徒寻医问药，因为这通常是逃避劳动的借

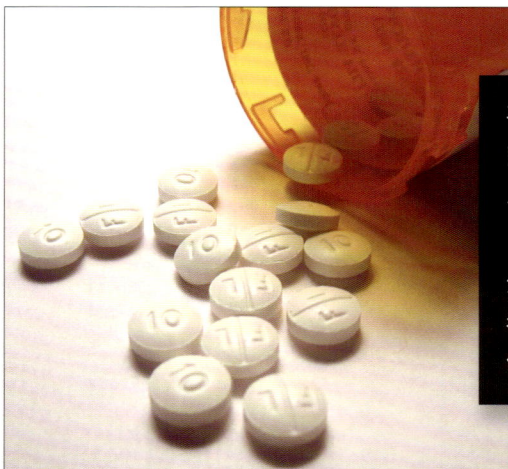

在监狱外的世界，你可以在 24 小时营业的药店买到药，也可以很容易地从私人医生那里得到处方药。比起其他医疗保健行业，狱医很少开处方药。这是因为绝大多数囚徒都倾向于滥用药物，而且没有囚徒能让人放心地自我用药。

口，或是获得止痛药（或其他药物）的机会。通常，囚犯受轻伤时只是被送回自己的囚室，要靠自己好起来。我总是沉浸在身体训练之中（这是唯一能让我在狱中保持清醒的事情），而我绝不想让受伤之类的蠢事情阻碍我的训练。结果我经常训练过度，但我非常懂得如何从训练者的角度来看待受伤后的训练。

我并不是医学专家，而且也不可能成为医学专家。如果你在外界受了伤，可以求助于专业医疗机构。但依我的经验，医生通常不知道运动员受伤之后需要哪种救助。所以你最好是问问运动员，特别是问那些已经训练数年之久的家伙，他们的受伤次数并不少，却很少以手术、医药、物理疗法来治疗。就像我刚才所说的，我并不是医生，但我的经验却能证实上面的这段话。

为了给你尽可能多的帮助，我把自己学到的东西尽可能地压缩在 8 条常识中。对我来说，这是疗伤八法。经验丰富的训练者会立刻认识到我所说的话的价值，至于你们这些小家伙，早些在个人生涯中采用这些观念，可以减少很多麻烦和痛苦。

准备好没有？好，开始。

第一条：自我保护

处理受伤的最好方式是首先不要受伤。这话听起来好像是废话，但其实并不是。绝大多数伤痛的起因都是些愚蠢的、不起眼的小事，在开始时都可以避免。青少年是最擅长闯祸的一群，尤其是"笨蛋"一代。随着青春期的到来，小孩子（好吧，尤其是男孩子）热衷于挖掘他们新得到的身体的各种潜能。他们觉得自己能长生不老、所向披靡。他们乐于冒险，喜爱各种新鲜的挑战，比如飙车，而丝毫不顾自己的身体健康。

在受过几次伤之后，你会开始认识到，身体确实是不能所向披靡的，而自己也不能长生不老。在断了一根肋骨或指头的时候，你的这些部位就再也不会感觉"不错"了。而如果你的韧带完全撕裂了，那么，你将永远失去它，它绝不会再长回到原来的状态。如果你的肩部脱臼，那么这一辈子，你的肩部都会不牢固，当承受一定压力时会更容易脱臼。（就是肩部脱臼结束了史蒂夫·里维斯的健美生涯。）随着时间的推移，伤痛开始累积，即便是不严重、很小的撕裂和扭伤也是如此，最后你将被恼人的伤痛、功能减退持续折磨。那些 20 年前在高中球场上大展身手的强壮家伙，至今都在疼痛的深渊里挣扎。

或许你会认为在健身界，人们应该更会照顾身体。然而，实际情况似乎恰好与此相反。不管是为了证明自己的能力，还是仅仅为了满足虚荣心，健身房里的家伙都更会持续地练习愚蠢的动作，这些动作迟早会让他们尝到苦头。他们背负着可以砸碎骨头的重物进行危险的练习，比如卧推、颈后推举，让杠铃杆在他们的胸腔和脊柱上弹跳。这些练习会损害关节，在一周又一周的坚持数年之久的训练中，他们的结缔组织和软骨被不断地损耗着。他们食用各种垃圾食品、注射各种有害药物，只为了看起来比身边的人光鲜点儿，而与此同时，他们的身体却在遭受从内到外的伤害。

在监狱里，没有人会照料你。真的没有。你可能以为自己的哥们儿会助你一臂之力，但实际情况是，绝大多数的攻击都发生在哥们儿之间。要是两伙之间打群架，那倒是大事儿，但在大多数情况下，这种事情不会发生。在监狱里受伤可不像在外界一样是表现男子汉气概的好时机，这只会让你更容易受到攻击，所以，囚犯们必须及早培养生存之道，养成自我保护的习惯。如果你想充分从训练中获益，避免搞砸身体、耽误训练使伤痛累积，那你就需要一直保持这种习惯，要以敏感的神经面对四周的一切，避免陷入极度危险的境地中，同时，善待自己的身体。

这点既适用于你在训练中，也适用于你在训练之外做的选择。谨慎训练。具体有以下几个因素：

- 确保训练环境的安全。注意地板上是否散落着可能绊倒自己的杂物等。
- 如果你使用物体或器械进行训练，要确保这些东西稳定和安全。
- 如果你认为某项技巧会把自己置于危险的境地（比如摔倒、碰到头之类），那就不要练习它——你可以选择更安全的技巧来代替。
- 自我保护也与训练方式相关。如果某项练习伤害到了你——我是说受伤而不是吃力——那就停止练习，并换一种训练方法，以保证自己的安全。

自我保护作为一项原则，即便在你受伤（上天保佑你）之后也可以继续派上用场。在受伤之后，你的首要工作就是确认到底发生了什么，以防再发生危险。这听起来非常简单，其实不然。我认识一个家伙，当时与我是邻居，他在高过头顶的管子上练习引体向上，由于管子不牢靠，他从上面摔了下来，猛地撞到混凝土地上，把肘部一块骨头摔裂了。他没有就此停下，而是又跳起来想继续完成训练，但这只是让他的肘部伤得更重而已。这是愚蠢的心态，从长远来看，这种做法只会让你更加脆弱。我们不仅要强壮，还要聪明。

生病会扰乱训练计划，伤痛也一样。照顾好身体，吃好喝好，采取健康的方式生活，避开自己知道的那些感冒或带有病毒的人，对你按时按量完成训练计划很有好处。重感冒将让你的训练水平倒退三周。

第二条：及时治疗

在你真的受伤时——非常可能会出现——你需要在你受伤的那一刻起，立即采取措施迅速恢复。

关节急性伤害是运动员职业生涯的灾难。大多数的急性软组织损伤都是拉伤或扭伤。扭伤是包裹关节的韧带过度拉伸，拉伤则是肌肉组织的过度拉伸。在发生拉伤和扭伤时，受伤部位会进入保护模式，开始肿胀，身体会把过多的体液输送到受伤部位，像垫子或缓冲器一样发挥作用。可惜，有时身体不知应当何时停止肿胀，这是个严重的问

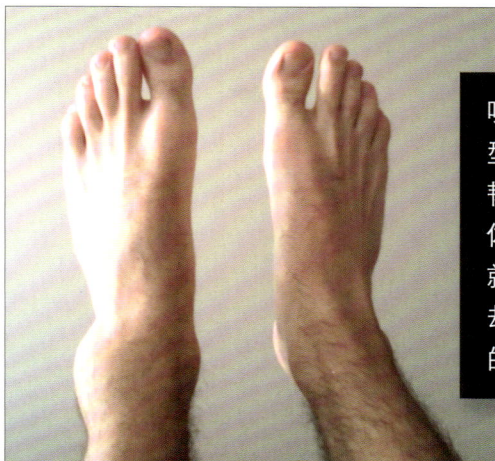

哎哟！脚踝的扭伤就是扭伤中比较典型的类型。在负重的情况下转动脚，韧带就会因过度拉伸而遭到破坏。身体的回应是把这一部位充满体液。这就像短期的缓冲器一样发挥作用，但却妨碍长期的治疗：它会使脚踝扭伤的康复时间比腿部骨折的更长！

题，因为肿胀的存在会妨碍康复过程。

受伤的话，最好是着手减少肿胀，以便启动身体的自愈机制。为此，最好的方式就是遵循"P.R.I.N.C.E."的原则，这一缩写的意思是：

保护（PROTECT）：这是应遵循的第一条法则。如果你受了伤，那就必须首要确保自己别再继续受伤。如果你是因为某项练习而受伤，那就先停止练习；如果你被物体弄伤——比如危险的器械——那就远离让你受伤的元凶。要立即确认问题所在，然后远离，以此保护自己。

休息（REST）：你越活动受伤部位，那里就会肿得越厉害，所以，必须让受伤的部位休息一下。如果你在练习中撕裂了一块肌肉，那就暂时不要使用这块肌肉；如果你在下落时伤到了腿，那就不要再尝试让这条腿负重。这是常识。与之矛盾的是，从长远来看，活动也至关重要（参见第三和第四条法则），但在刚刚受伤之后，还是休息更要紧。

冰敷（ICE）：当你在冰敷受伤部位时，冷的组织会收缩，以防前面提到的过度肿胀。应使用冰袋或冷冻食物来冰敷受伤部位。在冰敷时，应确保冰袋不接触身体，中间应垫上湿毛巾之类以防冻伤，或者用小冰块喷洒也可以。在拉伤或扭伤之后的两天之内，应保证每 2 ～ 3 小时内的冰敷时间不得超过 15 ～ 20 分钟。

非甾体抗炎药（NSAIDs）：NSAIDs 指得是非甾体抗炎药物。这些是减轻受伤部位肿胀的基本药物，主要是在分子层面上阻止产生肿胀的化学过程。在监狱里很难获得这些药物，但我可以肯定，在外界，受伤之后服用这些药物效果极佳。运动员在受伤时，通常的第一反应就是伸手拿那些无须处方就可买到的镇痛药，如扑热息痛。这样做是不对的。如果你能弄到，那就适当使用非甾体抗炎药，比如布洛芬或阿司匹林，因为这些药物是真正能够（通过减轻肿胀）加快康复的，而不仅仅是消除疼痛的感觉。

包扎（COMPRESSION）：包扎是减轻受伤组织过度肿胀的基本而有效的方式。在用绷带包裹受伤部位时，应以舒适为宜，不要扎得太紧，以免影响血液流通。应从离心脏最远处开始包扎，如果引起疼痛，或者该部位以下部分变得麻木，那就将绷带略放松一点。

抬高（ELEVATION）：把受伤部位抬高（高过心脏），靠古老而简单的重力原理排掉额外的液体。在受伤后应找到某些安全、稳当的方式，把自己受伤的肢体放在某物上，多放一会儿，至少半小时。当你睡着时是没法冰敷的，所以，这是夜间减少肿胀的特别有效的方式。

在关节严重受伤后的几天，最多一个星期内，应该采取立即治疗。当直接的伤痛与肿胀减轻了，运动员就可以运用第三条法则了。

第三条：坚持锻炼没有受伤的部位

在受伤之后，运动员都会本能地停止训练。这不仅不必要，实际上还会使身体的康复过程放慢。当你受伤时，应该尽可能地早点锻炼没有受伤的身体部位。

比如说左臂骨折，你仍然可以锻炼右臂，仍然可以锻炼腹部和双腿。如果你双腿骨折，那仍然可以找到锻炼躯干和手臂的方式。如果你下背部受伤，那仍然可以绕过伤处锻炼四肢。一般原则是，如果你能继续安全地锻炼某部位，那就应该锻炼。尽管你伤得厉害，只能锻炼某一单独部位——也许只能使用动态张力的鹰爪来练习抓握，那你也应该练习。

该方法还有以下种种益处：

- **心理**。训练能提升自尊，在痛苦的伤痛之后，我们的心理十分脆弱。训练可以让你保持积极的心态，帮你鼓励自己在恢复期间做些有创造性、有前瞻性的事情。
- **日程**。受伤之后就停止训练会扰乱你的时间表与习惯。尽快恢复训练可以减少自己偏离健康生活方式的可能。
- **交叉效应**。身体终归应作为整体运行。锻炼某一肌肉群自然会把力量传到其他肌肉群，尽管这些肌肉群之间看似毫无关联。
- **维持健康**。所有运动品质都以基本的健康为坚实基础，比如心血管功能、神经联络、细胞健康等等。继续锻炼将保持这些品质。
- **激素平衡**。身体训练能促使各类生长激素，比如睾酮的分泌。如果你因受伤而停止训练，这些激素水平就会骤跌。
- **循环与血液流动**。训练肌肉可以改善整个体内循环，这将加快恢复的过程（参见第五条法则）。
- **减少压力**。压力会产生去甲肾上腺素和皮质醇，对身体有负面作用。继续训练有助于调控这些化学物质的分泌，以抑制疼痛的内啡肽取而代之。

有些人可能认为，如果左臂不能活动，那么仅锻炼身体一侧——右臂会导致力量失衡。这也不无道理，但由于上文提到的交叉效应，未锻炼的一侧也会获得相对较高的力量水平——比起完全不动来说。而且，"肌肉记忆"会帮助你在恢复两侧训练之后尽快恢复到对称的力量水平。

有时，你可能并不确定应以怎样的方式来训练受伤部位的周围肌肉，但总会有办法的，在这个过程中充分发挥自己的创造力吧。职业摔跤手里克·卓森（Ric Drasin）在一次电锯事故中切掉了三根手指，就在第二天，他又出现在健身房，使用手掌而不是手指练习举哑铃。有位理疗师曾告诉我，有个强悍的家伙下肢截瘫，常通过尚在的手臂抓住杆子前后摇动以锻炼躯干的肌肉。切记，你训练受伤部位周围肌肉的时候无须创纪录，只需集中精神，尽自己所能锻炼，千万不要旧伤未愈又添新痛。

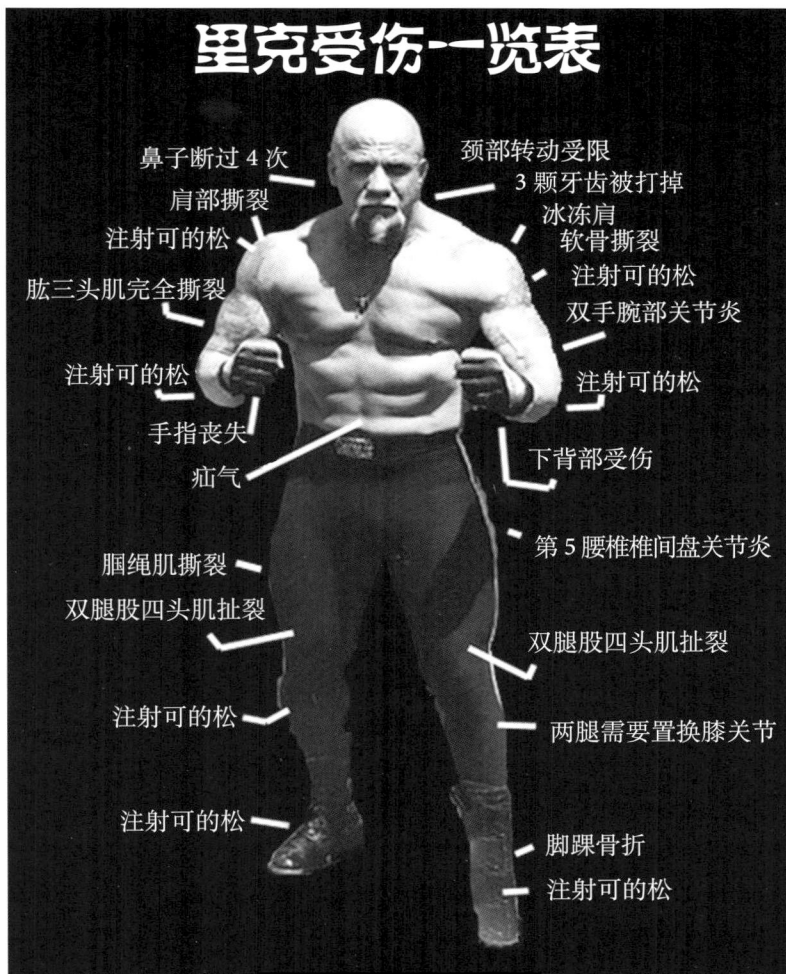

里克受伤一览表

鼻子断过 4 次
肩部撕裂
注射可的松
肱三头肌完全撕裂
注射可的松
手指丧失
疝气
腘绳肌撕裂
双腿股四头肌扯裂
注射可的松
注射可的松

颈部转动受限
3 颗牙齿被打掉
冰冻肩
软骨撕裂
注射可的松
双手腕部关节炎
注射可的松
下背部受伤
第 5 腰椎椎间盘关节炎
双腿股四头肌扯裂
两腿需要置换膝关节
脚踝骨折
注射可的松

里克·卓森只是舔舔伤口，继续前进！

常言道：天无绝人之路。通常，运动员会发现，当他们相对发达的身体部位受伤时，就可以从根本上改善那些平时被忽视的身体部位。原因在于，此时的身体系统（包括身体与精神）有更多精力投入到这些部位上。比如，手臂受伤正是增进腿部力量的完美时机。你不妨也试试看。

第四条：锻炼受伤部位

正如第二条法则所说，身体对伤痛的最初反应是肿胀和发炎。如果你想启动恢复过程，那就必须减轻肿胀。一旦肿胀消除，受伤的软组织就能开始自己修复，你就应该尝试着重新开始锻炼这一部位。至于身体要休整多久取决于受伤的严重程度，一周或一个月甚至更长时间都有可能。

许多初学者都容易在此时处理不当。他们在伤到自己之后（可能是膝盖、肩部、腕部受伤），就不再锻炼受伤的部位了，好让它"自己养好"。可惜，他们发现，过了半年、一年甚至两年之后，急性伤害变成了恼人的慢性疼痛，甚至会追随终身，不离不弃。由此可见，如果彻底停止锻炼受伤部位，想等到100%痊愈之后再锻炼，那么，这些部位就永远不会好起来。

之所以会这样，是因为与主要肌肉相比，许多结缔组织中的血液很有限。训练不仅能促进血液流动，而且还能把组织纳入生长与适应的协同进程中，而这其中有强大的分子愈合因子参与。过去的人都懂得这一点，他们通常建议训练者受伤后必须"解决"受伤的关节，说白了就是要把伤痛练走。这种观点看起来很奇怪，在大多数人看来，受了伤通常要休息以摆脱伤痛。但这种观点却是的确有效的。

然而，锻炼也要适度，"解决"受伤部位要量力而行。你受伤时，不应该急于恢复难度最大的练习，那样只会进一步伤害你的身体。首先，你一定要等受伤的关节或部位消肿，确保身体已经开始了自愈过程。其次，你需要找一种动作，既涉及受伤的关节或肌肉，又可以在毫无痛苦的情况下练习。许多接受了重量训练思路的治疗师建议受伤者使用轻一些的哑铃，选择一个习惯的动作，在毫无痛苦的状态下进行锻炼。而我从个人的体操背景来看，建议尽可能使用全身性的自身体重练习。自身体重训练不仅可以锻炼肌肉，还可以发展平衡、协调的核心力量以及实用的灵活性。所以，你在恢复的时候，相比于重量训练，应该优先采用自身体重训练。像俯卧撑和引体向上这样的练习对治疗来说通常都过重了，所以应选择更容易的练习。《囚徒健身》中的系列动作都是从三项"康复"练习开始的，所以，如果你正在找轻柔的自身体重练习来锻炼肌肉，那么，推荐你看《囚徒健身》一书。这些较温和的练习可以逐渐增加难度，是恢复身体的完美方式，可以帮你回到巅峰状态，甚至有所突破。

一旦发现可以练习某动作，同时又不刺激旧伤，那就将精力集中在增加次数上。更多次的练习可以加快血液流动，这正是你加快恢复所需要的，远比运用强度大、次数少的练习效果好。重复简单的动作，收缩正在治疗的肌肉，可以拉伸瘢痕组织，减少撕裂如果你的身体还没有达到主动拉伸或体操锻炼的要求，那么，被动拉伸可以改善循环，而且也有很好的疗效。

瘢痕组织的可能。在恢复过程中，最开始时动作幅度应当小一些，再慢慢加大幅度，直至练到标准动作。

第五条：热疗

一旦你能够重新锻炼关节，你的恢复就将加快，因为训练会将更多的血液注入受伤部位。在不训练时，你也可以运用热疗法来扩大这一效果。

使用热能治疗伤痛是一种不可思议的古老疗伤技巧。有证据表明，古埃及人已会使用热疗法，而使用热绷带和泥敷剂的记载则可以追溯到古希腊早期和罗马时期。今日的囚徒也非常倚重热疗法，主要是因为狱医对于开镇痛药和抗炎药物戒心太多。那时候，不管我是哪里受了伤（甚至仅仅是关节刺痛），我都会在小"毒针"里热点儿水，倒在小的橡胶热水袋中。我发现，把热水袋在疼痛部位放20分钟，可以放松紧绷的组织，而且真正加快恢复过程，也可以减轻疼痛。

在受伤部位放上热的东西，毛细血管会自然扩张、扩大，这会让更多血液流入受伤部位。富含氧气与营养的血液对恢复来说很可能是最重要的必要因素，因此，热能可以加快恢复。而额外的血液也可以放松组织，略微阻止疼痛感传到大脑。通常，在热敷时，我会迟一分钟感到疼痛。热疗法真是神奇。

你自己弄个热水袋来对付慢性或急性伤痛吧。我使用的是装液体的瓶子，你也可以买到其他的各种容器，包括可以在微波炉里使用的塑料饭盒以及装豆子的袋子。甚至可以使用电热宝。加热袋子，让它变得非常暖和，但要在人能承受的范围内，不要达到会烫伤人的温度，然后把它放在受伤部位20分钟。替代热疗法的另一个选择是循环疗法，即在受伤部位轮换施加冷热刺激（如使用热水和冷水等）。冷敷是为了确保身体对热疗不要习以为常，因此，循环疗法的确会更有效。如果能够正确调控温度，还可以使用水龙头或淋浴喷头。要留心，低温会让皮肤暂时麻木，之后在换到高温的时候，应小心不要烫伤。

由于运用热疗法可以增加某部位的血液流动量，所以，在受伤部位还肿着或发炎的时候切不可使用热疗法，那样只会让你肿得更厉害，起到相反的作用。热疗法只能在肿

胀消退之后采用，在能够轻轻锻炼受伤部位（见第四条法则）之后采用热疗法更好。肌肉以及结缔组织在高强度训练之后也会发炎，所以，不要在练习之后立即热敷疼痛的部位。在这两种特殊情况下，冰敷是最好的选择。

第六条：循序渐进

假定你受伤有一段时间了，而且你在锻炼受影响部位时也取得了一定成效（见第四条法则）。有时，你想开始朝"恢复之前的最佳状态"的目标进发。要注意，"进发"并不意味着"冲刺"。身体的恢复能力的确很强，但你也要给它留下足够的时间。当你逐渐回到巅峰状态时，太慢比太快更明智一些，因为，如果因为太急进而再次弄伤了自己，那么从长远来看，会耽误更多时间。就恢复来说，稳扎稳打胜于一切。

一旦你选择了某项练习，在运用适当的动作幅度进行锻炼时，没有疼痛感，那么你就可以进行《囚徒健身》中更有难度的练习，但要一步一步来，同时要做好训练保护。不要一次跨越几式，而是要一式一式地练习。你可以比第一次练的时候进展快一些，但一定要步步为营，以自己的直觉与感觉为指导。我没办法给你提供指导，因为你能恢复得多快，要看你的自愈速度以及受伤的严重程度。但是，就算你只是受了轻伤，也绝不可能马上回到之前的最佳状态。你要循序渐进，这样，你将在不知不觉间破除旧有的障碍。

第七条：信心十足

运动员通常为自己的身体能力而感到骄傲，在有些时候，身体条件甚至能成为他们自尊心的核心。当他们的能力由于受伤而削减时，尽管只是临时的，也会对他们造成很大的打击。他们会沮丧、失望，甚至会自杀。我还清楚记得一个例子，日本马拉松长跑运动员、奥运会奖牌得主圆谷幸吉，他因背部伤痛妨碍训练，在墨西哥城奥运会之前自杀身亡。

受伤会引起精神压力，这又会导致负面情绪。如果我们认为自己绝不会恢复，那么，我们将失去进行适当恢复的动力，那么，恢复进度将慢得像蜗牛一般。这会导致更大的压力，更大的压力又会带来更多的负面情绪，这就形成了恶性循环。这犹如一条自我实现的预言：如果你相信自己绝不会好起来，那你很可能就真的不会好起来了。

幸好，这个道理完全反过来也是成立的：如果你相信自己，那恢复的机会就会飞涨。不要对自己的伤痛念念不忘，不管你认为自己伤得多么严重。大多数时候，我们心中的伤痛要比现实中的更夸大。人的身体是个奇迹，很多人在受重伤后能够完全恢复。而在运动界，本应该在受伤之后终结运动生涯，却再次成为伟大运动员的人比比皆是。医学史上有很多人，他们在经历事故之后被告知无法再站起来行走，但最后，他们却真的靠自己的力量重新站了起来。如果对自己的未来抱有绝对的信心，你将更快痊愈。

试着将注意力放在你每天取得的进步上，保持积极的心态。积极的态度会促使你的身体释放 5- 羟色胺。这种神经递质可以在提升能量水平的同时帮助身体放松，这可是完美的恢复药物。同时，积极的心态也会刺激免疫系统，并释放减轻痛苦的内啡肽。近来研究甚至表明，好情绪可以增加人类生长激素的分泌，而生长激素正是人体内最强大的治疗力量。

心理作用的确有其生理学基础，来充分地发掘利用它们吧！

第八条：疗伤是个学习的过程

这一条与上一条相关，而且与受伤之后保持积极心态大有关联。人们难免会把受伤视为彻头彻尾的坏事，但其实也不全然如此。生活中总有阴阳两面，没有完全负面的事情。

如果你把受伤完全当作坏事情，那么你就会错失一个前进的机会。迄今，我已锻炼数十载，唯有受伤时，我才会对身体有新的理解。受伤会让运动员把精神集中在检验身体各部分如何运作上，并鼓励你学习新的动作形式、新的训练方法。如果你集中精神，那么，这些精华内容在你完全恢复之后仍然会被保留下来，而且在你追求更高水平的运动素质时给你带来远大于投入的回报。

另外，受伤还有更深的内涵。受伤会迫使我们这些又大又丑、刚愎自用的家伙停下来一会儿，看一下战场，也给我们一次躬身自省的机会，并回想起自己为何开始锻炼，为何需要锻炼。受伤也会有效提醒自己，身体其实是多么地脆弱和珍贵。也许正是因为如此，在漫长的历史中，治疗被视为非凡的技能，甚至是神圣的能力。

不要误会。我可不是让你为了获得深刻一点的生活道理去东奔西跑地弄伤自己。在锻炼过程中，要始终遵循第一条原则，尽可能保护自己，做好充分的热身和保护，以免伤痛找上门来。但是，在多年的训练生涯中，我体悟到，受伤就如同下狱，并不一定就是世界末日。如果你够强悍，那么，艰难困苦对你来说总会是有益的。

疗伤八法

第一条：自我保护

培养像囚徒一样的自我保护态度与意识。要照顾自己的身体，避免冒险，训练时以安全为上。

第二条：及时治疗

在伤痛来临时，可采取以下治疗方案。

保护：确保不要让自己继续受伤；

休息：不要再使用受伤部位；

疗伤八法（续）

冰敷：采用适当的冰敷治疗以减轻受伤部位的炎症；

使用非甾体抗炎药：消炎药会有帮助；

包扎：舒适的紧身绷带可以防止液体累积；

抬高：把受伤部位抬到比心脏高的位置，这样有助于消肿。

第三条：坚持锻炼没有受伤的部位

要尽快回去锻炼没有受伤的身体部位，这将加快恢复，维持体能水平和锻炼的势头。

第四条：锻炼受伤部位

如果不进行锻炼，疼痛或受伤的关节会因为缺少血液流动而变得笨拙，因此，要尽快在不痛的前提下恢复训练，重新开始训练受伤部位，使用轻柔的技巧，进行多次反复练习，这样会加快恢复。

第五条：热疗

狱中运动者通常会使用热疗代替药物治疗。一旦受伤部位消肿了，就可以使用发热物体来进行热疗。

第六条：循序渐进

当疼痛减弱时，你就可以逐渐恢复正常训练了，但一定掌握好节奏。

第七条：信心十足

受伤时，要避免消极情绪，要对恢复充满信心，这将有助于加快恢复。

第八条：疗伤是个学习的过程

要试着把伤痛当作一次更加了解自己身体的机会。

受伤——一次狱中经验

当我风华正茂时，并不会去想如何治疗伤痛，觉得那些都是橄榄球运动员和老年人的事情。但是，在我 25 岁时发生的一些事情改变了我的想法。

　　那就是 1982 年发生在圣昆汀监狱的那场著名的动乱。那次动乱的参与者多达 1000 余人，很多人都受了伤且伤得不轻。动乱的原因不得而知，虽然有许多"官方"说法，但我那时候就知道，那些说法大多数都是扯淡。种族和帮派可能是一部分原因，但绝非终极原因。

　　动乱始于下图中的那个大院子。当时，媒体将这次动乱定义为"有组织的集体暴动"，但还是老话，这些都是扯淡。当时集中在院子里的囚犯数量与暴力活动如此迅速升级的事实，都使得"有组织"的说法站不住脚。当时的情况很混乱，也很恐怖。每个人都处于肾上腺素飙升的状态，整个监狱就像被充满愤怒和恐惧的乌云笼罩着一样。渐渐地，推挤变成冲撞，然后，个别人的打斗如同星星之火一般点燃了大规模的混战，周围的兄弟和附近的帮派迅速地加入到打斗中。接着，这种疯狂蔓延到整个院子中。然后，这个院子又成了火星，点燃了更大的灾难。在短短 15 分钟内，整个监狱陷入了完全的混乱状态中。那真是疯狂。

　　我与这场动乱的发生毫无关系，并对此毫无兴趣。但是，就像许多囚徒一样，我也不可避免地被卷入其中。当事态飞速发展时，我正在那个院子里，身边有很多家伙因突然爆发的打斗而受伤。在 20 世纪七八十年代，监狱对物品的检查不如现在严格。比起今天，在当时，用铅笔、牙刷做成的带柄的小刀、短剑非常常见。对某些囚徒来说，动乱是他们浑水摸鱼地报旧仇的绝好时机。我就认识一个运气不好的家伙，他在这场打斗中受到了剃须刀的眷顾。他被两个大块头的帮派成员放倒，另一个家伙用短刀对着他的脸左右开弓，而这把短刀正是把剃须刀放在劈开的铅笔中间制成的。

圣昆汀监狱（San Quentin）俯视图。即便从高空来看，你也很容易地就能看到穿着橙色衣服的囚犯。大祸已在酝酿。

我想，我还算是幸运，没有受到这样严重的伤害。但是我也受了伤，还一度进入了冲突最激烈的地方。当时，我记起我有一些哥们儿为了乘凉待在了院子的北部。为了去找他们，我选择了最愚蠢的方法：从橙色的混乱人群中一路"杀"过去。在我将这个想法付诸实践的几分钟后，我被愤怒的人群包围了。被推来搡去的我心中开始紧张起来，因为我感觉到了形势开始往不对劲的方向发展。我明白，如果情况继续恶化，我将丧命于此。我为这个想法打了个冷战，想要穿过骚乱的人群原路返回，但此时，我已失去了方向。

正在此时，几个家伙猛地撞到我身上，把我推到了旁边。回想起来，那显然不是故意的，只是由于他们恰好被推搡到我身边。但是，那时候的我比现在足足要轻上 30 磅（13.61 千克），直接被撞飞到一个在我身后几步远、有着瘦长脸颊的囚徒的胸口。他很不高兴地猛推了一下我的肩胛骨，于是，我又向前冲了过去。那时，我的太阳穴已经开始流血了，可我还是在一时冲动之下，转过身用勾拳打在那个人瘦削的下巴上。我不能确定他是否倒了下去，因为说时迟那时快，立马就有一个大块头的家伙——大概是那个瘦猴的朋友——从我左侧撞了过来。我顺势一抓一转，就把他撂在了混凝土地面上。因为他抓住了我的衣服，所以我也随之倒地。我把腿压在那家伙身上，试着找个支点站起来，但就在这一刻，危险的事情发生了。

我猜想可能是周围有很多人在推搡，因为突然有个不知道哪儿来的大胖子秃驴向后栽倒，正好砸在我们俩身上。他并没有什么错，而且他的后背也伤得很严重，但他那恐怕有 300 磅（136.08 千克）重的身体就像哈雷摩托一样。他倒在我身上的时候，我的身体正扭曲着，只听到"啪"的一声，即使是在喧嚣的人群中，我也听得很清楚。我惨叫了一声，觉得左腿就像被雷击了一般。我一瞬间觉得身边涌动的人群似乎都要倒过来，干掉我们，但幸好没有人随着那个胖子跌倒。于是，我奋力地从大块头身下爬出来，一瘸一拐地逃了。

我到了院子的其他地方，但我知道自己受伤了。我的左腿一点感觉也没有了，就像一根不听使唤的树杈。

这场暴动似乎没有要停止的迹象，但幸好在其中我保住了性命。可是等到了晚上，随着体内肾上腺素和内啡肽的逐渐减少，疼痛出现了。我认识到自己太作践自己了，大腿后面的肌肉疼得就像从骨头上脱落之后，放在喷灯上烤完，然后再缝到大腿上的一样。在这种情况下，我还不知轻重地想站起来走一走，最后因为实在疼得厉害而放弃了。第二天，我的整个下背部都失灵了，连站起来都很费力，如果不用手扶着东西，几乎都没法走动。我相信是伤到了背部之类，为此感到很担忧，也告诉了狱警。

狱警们看出来我伤得很重，就把我送到了狱中医院。在一场大暴动之后，医院里满是病号。在那里，我手扶着墙，一瘸一拐地走着，觉得那情景就像电视节目《风流医生俏护士》中的一样。现场状况非常混乱。1982 年那场暴动仍然可能是圣昆汀监狱历史上最大、最严重的暴动，所以我敢说狱中医院从来没有这么忙碌过。

后来，有两位医生为我治疗。尽管他们可能是称职的医生，但要处理眼下这种局面和工作量，显然已经超出他们的能力范围了。我在描述完情况之后，他们翻来覆去地检查了足足 15 分钟。检查的过程简直就是折磨，尽管我几乎不能动弹地躺在轮床上，但还是全身浸透了汗水。我默默地等医生诊断。两位医生在商量之后，老医生过来用南方人那种慢悠悠的语气对我说："情况很明显。你髋部的韧带撕裂了，很可能是骶髂韧带。从肿胀的大小判断，很可能是完全撕裂了。"

我问："什么时候能治好？"医生抬起眉毛看了看我。

"先生，韧带的撕裂是治不好的。一旦撕裂，就完了。我们真的已经尽力了。我在你的单子上签了字，确保你将来在工作时间可以休息。"说话的时候，医生转过身，看了看下一位排队的人。

让我感到恐惧的是，医生给了我一双铝制拐杖，好让我回到牢房。当我满怀悲伤，咔嗒咔嗒地慢慢走过长长的路回到囚室时，我能感觉到其他囚徒不怀好意的眼神。以前在监狱里，我也曾感到害怕、脆弱，不管大家表面上怎么说，其实人人都曾经有过这种感受。但这回或许是我第一次在监狱里觉得自己就像是猎物，被捕食者盯上了。我步履蹒跚地从过道走过，走过这似乎是无尽头的路程，每走一步，我觉得更绝望一些。如果这伤永远也治不好，我该怎么办？医生已告诉我，撕裂的韧带是不会恢复的。我会不会一直要用一条瘸腿跛行度日？

要在圣昆汀这等藏污纳垢之地成为瘸子，我对这样的结果满怀恐惧。我知道，我必须尽力恢复健康，而且要快快恢复，否则就会被视为弱者，而这意味着以后将有一堆麻烦等着我。但是我也不傻。我知道伤成这样，要想恢复，需要很多物理疗法，而在圣昆汀监狱里接受这种特殊的医疗监护的机会微乎其微。我只能靠自己来解决这个问题。

借助柔韧性训练疗伤

那一周，除了吃饭时间，我几乎都躺在床铺上。我特别喜欢读书，在监狱里也曾因这一爱好受益良多。一有机会，我就会跟跄着走到破旧的监狱图书馆，寻找关于受伤恢复一类的书。我发现两本相关书籍，在提到关于软组织受伤的问题时都强调：并非实际的受伤部位限制了恢复后的活动，而是瘢痕组织。任何组织在受伤之后都不免会留下瘢痕组织，而且在很多时候，这是好事，能把受损的身体结构联结在一起，取代因受伤而丧失的功能，甚至还可以预防感染。瘢痕组织的韧性通常比正常组织还强，但对力量训练来说却有负面影响，这是因为瘢痕组织不太灵活，而这使受伤部位比原来绷得更紧。瘢痕组织会拉扯周围的肌肉，使之速度降低，功能减少，并引起关节疼痛。唯一使瘢痕组织更灵活的方式——相信你已经想到了——就是适当拉伸。

我很快就学会了几项拉伸练习，可以在不疼痛的情况下练习。我每天都在不厌其烦地拉伸，如果可以的话，我甚至每小时都在练习。这确实对我背部和大腿有好处，在几周之后，我就能恢复一些上身的体操练习了。一个月后，我就可以正常走路。只用了

一旦你可以练习三诀而又不会使自己感到疼痛，那么，离恢复也就不远了。

6 周，我就能恢复锻炼腿部的自身体重练习了。这确实提高了我的恢复速度。新鲜血液的流动以及组织的刺激直接把养分带到了受伤部位，所以，我每天都可以感觉自己在变强大。我一直坚持拉伸这一部位，在康复期间，还阅读了相关的书籍，吃透了每一本关于柔韧性和瑜伽的书。3 个月后，我的髋部便完全恢复正常，而且在这之后也没有留下任何特别的问题。其实，我甚至可以说我的髋部比我在 20 几岁刚入狱时还要强壮。体操的确在治疗过程中助了我一臂之力，如果没有它，我就不会像今天这样健康、强健，新陈代谢旺盛，运动能力也更胜于前。但是，坚持不断拉伸受伤的髋部无疑在我的恢复过程中起到了非常大的作用。

正如我所说，我们只能在身体受伤时才能更深入地了解它。当一切都正常时，我们不会留心这些平时看起来司空见惯的东西。在狱中受伤的经历，虽然在当时让我觉得恐惧，但事后想想，也未尝不是一件好事，正是这段经历促使我研究了柔韧性。

狱中大师

在这次事件之后，我更加认真地练习拉伸，并开始寻找在狱中可以教我高级拉伸技巧的家伙。在狱中很难看到有训练者练习拉伸，而且他们所练习的通常也是从外界带进来的技巧。最终，我结识了几位摔跤手，他们会进行很多拉伸练习，还有不少家伙对瑜伽也很有研究（如果你觉得奇怪，别忘了，圣昆汀可是在加州！）。但是，在刚开始时，我大多是和武术家聊。我认识几位狱中的武术家，他们大多都学习拳法，就是那种类似于空手道的混合技艺，那种运动当时在西海岸很盛行。鲜为人知的是，将拉伸练习法传到美国的、因谋杀罪于 1974 年被捕的詹姆斯·米拖斯（James Mitose）最初被囚禁在福尔松监狱，数年之后，他转到了圣昆汀监狱。我进监狱的时候他还在那里，只是在几个月之后便去世了。我甚至都不知道他也关押在那里，直到他去世几年之后才得知。我对没能与他见上一面深感遗憾。

左图：年轻时的詹姆斯·米拖斯在练习刮板。
右图：詹姆斯·米拖斯在加州入狱数年之后的大头照。

说来好笑，在恢复体操训练之后，我还继续进行被动拉伸练习（详见第十三章）。我发现，其实我在拉伸的时候更经常受伤。记住，你永远也不需要练习被动拉伸——除非你的身体还处于需要治疗的阶段，不能进行主动拉伸。随着你的伤处的痊愈，你也可以面带笑容地跟被动拉伸说再见了。重新练习主动拉伸，并进行一些体操练习，来练就关节的柔韧力量，并促进血液流动，这会让你以最快的速度恢复。

熄灯！

讨论疗伤并不性感。但是，疗伤在任何运动员的经验中都是绝对至关重要的部分。无论你是想变大、变强、变快、变敏捷，还是想达到其他的什么目标，都需要经过大量的、长期的训练，而这只有在身体按照其应该的样子发挥作用时才有可能进行。因为恼人的伤痛而停止训练的运动员数量比你想象的还要多，但是悲剧在于，他们通常是不必停止训练的。如果你能采用正确的疗伤方法，就可以从伤痛中恢复，甚至变得比过去更强壮有力。

可惜，关于治疗身体的知识，一般只能从时间和亲身经历过的痛苦中取得。我不能把我的头脑直接安在你的肩上，但我至少可以把自己在狱中多年处理伤痛所得到的技巧转变成你可以带走的东西。这就是疗伤八法的要义所在。学习并用心运用疗伤八法，将在你一生的训练中为你节省数年的恢复时间。

第二十一章 逃出真正的牢狱

心　灵

我们都孤身处于黑暗之中。

我最美好的回忆就是我祖父在临终前对我说的一段话。那时我才 10 岁，而我祖父则已经独居了 30 余年，生活在克莱顿一座狭小、破旧、脏兮兮的小屋里——我家以前就住在那里。祖父那时已经 80 多岁，身体不好，总是闷闷不乐的。我和母亲每周会去探望他两三次，帮他做些家务。好吧，其实是我母亲做家务，我只是坐在他旁边，听他说话。我觉得人上了一定岁数，就喜欢有人听他唠叨。

在祖父去世前，我最后一次去见他，由于当地盗窃成风，我妈妈在离开前千叮万嘱，让他睡觉前要锁好门。临走时，我问祖父，在黑黑的夜里，一个人待在屋子里会不会害怕。就是那次，他对我说："我们都孤身处于黑暗之中。"我以前从来没听到过这样的话，在之后的很长时间里，我都在想着这句话，哪怕是在祖父的棺材下葬时，我还在琢磨着他的这句话。为什么我们都孤身处于黑暗之中呢？屋子里可以有母亲或妻子，甚至会有条狗，怎么会是孤身呢？当时我还是个孩子，品不出这句话的任何意思。后来也就淡忘了。

几年之后，我被关在圣昆汀监狱，熄灯之后，我又想起了祖父的话，一时间悲从中来。我彻夜未眠，虽然囚室里还有一个难友，但那却是我人生中最孤独的时刻。周围都是那些囚徒吓人的鬼哭狼嚎，我真切地理解了祖父那句话的意思。

在入狱之后的头几个月里，每当无法安眠，我便想起祖父，想起他和我说的其他事情。通常都是在熄灯之后，我才能回想起往日的家庭生活和幸福时光。我祖父年轻时从事牧师一类的工作，他是非常严格和传统的路德派信徒，是个真的相信诅咒的人。当我还是小孩子的时候，每当妈妈不在房间，他就给我讲一些事情，很吓人。而我妈妈在旁边的时候，他绝不会讲——如果他讲了，我妈妈就会埋怨他。他不止一次告诉我，如果我是坏孩子，那我早晚要为此受到惩罚，这是无法逃避的——不是由他来惩罚，而是由魔鬼来惩罚。（对路德派信徒来说，魔鬼更像是鬼怪——至少对我祖父是这样。）那时候，我还是个很容易受骗的傻小子。有一次，我瞪大眼睛、屏住呼吸问他："如果我做了坏事，那魔鬼怎么会知道呢？"祖父斜靠在床上，饱经风霜的脸上挂满真诚，他认真地告诉我，有许多人们看不见的恶魔静静悬挂在每个人的肩膀上，只等着他一失足，就可以直接把他拉入地狱。祖父的话把我吓坏了，好几周之后还会战栗。

心灵的暗角

我不知道祖父的话是不是真的，也许是，也许不是。在宗教方面，我真是毫无天赋可言。如果信仰宗教，我也很可能不会自断生路。但是，在监狱里熬过的千百个黑夜，我都是在思索中度过的。我认识到，祖父想教给我的也是所有旧时代先知宣扬的东西。从象征意义上来看，它们是正确的。无论男女，其身边都存在某种消极力量，它们一直在我们周围等待时机，等待我们放松警惕的那一刻到来。

这些能把我们拉入深渊的消极力量并不是长着小翅膀和分叉尾巴的魔鬼。它们是隐藏在我们内心的自我批评、心理障碍、怀疑、有破坏性的想法以及最差的情绪。它们藏在我们心底，不仅不引导我们积极向上，还让我们走下坡路。它们可能产生于我们自己的头脑中，但不骗你，就像我祖父说的恶魔一样，这些负面力量总是在那里，总在伺机而动。一旦我们给它们机会，它们就会统治我们，压倒我们。我就是一个很好的例子。

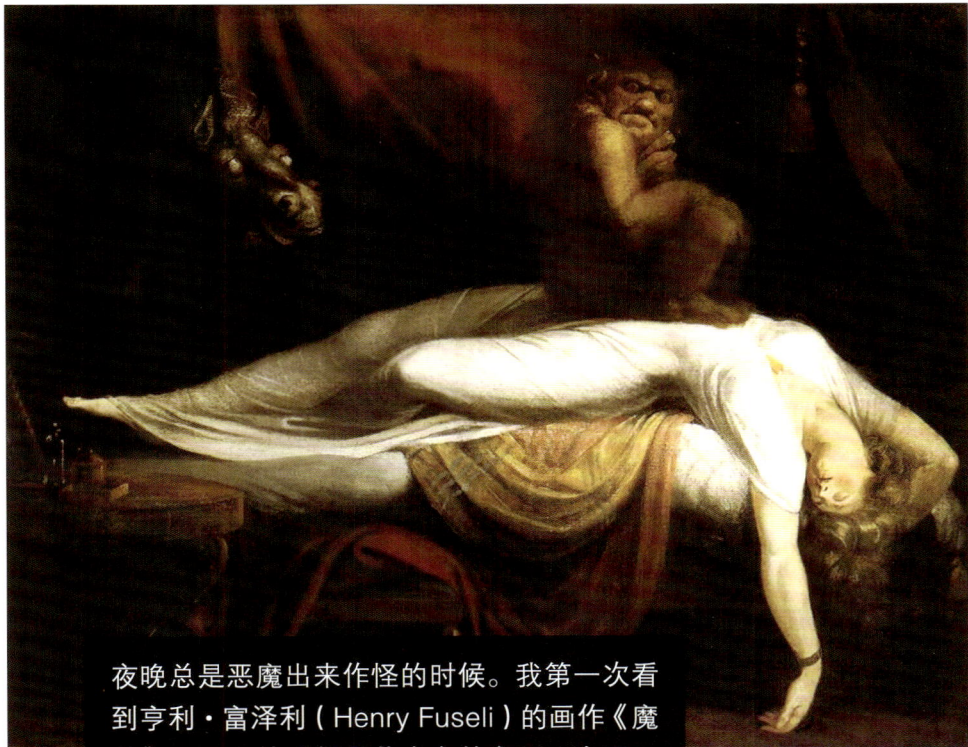

夜晚总是恶魔出来作怪的时候。我第一次看到亨利·富泽利（Henry Fuseli）的画作《魔梦》，马上就理解了艺术家的意思。白天，我们都能把自己怪诞的内心恶魔隐藏在文明的、华美的装饰之下。但是，夜幕降临之后，如果我们孤身一人，这些恶魔就会造访。

当你在外界时，总有些事情让你分心，不去关注这些邪恶的声音。你可以打开电视机、散步、看电影、给朋友打电话。但是在夜晚，当你一人独处，远离尘嚣时，你就能清清楚楚地听到这些恶魔的声音。而当你身陷囹圄时，对付这些恶魔的时间会比在外面长很多。这就是为什么绝大多数狱中自杀事件都发生在夜间的原因，这也很可能是为什么有那么多囚犯在狱中转而寻求宗教庇护的原因。我突然发现，我似乎可以明白这些关于恶魔的想法了。

训练中的六个恶魔

这些"恶魔"——我们内心的敌军——总是与我们形影不离。它们就是我们思想的产物，所以，就像无法逃避自己的思想一样，我们也无法逃避这些恶魔。当我们吃饭、必须与他人交往、工作、消遣时，它们都伴在我们左右。甚至在我们入睡时，它们也与我们同在，化身为梦、焦虑的梦以及夜惊。由于这些恶魔随时随地与我们在一起，所以，它们也影响到我们的所作所为。在锻炼身体时也不例外。

心灵可以掌控身体。不管我们的身体有多么健壮，或者从持续训练中收获何等丰硕，如果心灵不安宁，那训练也会前功尽弃。谁会在意你肌肉是否强壮呢？如果你心灵脆弱，已经被自己内心的声音腐化，那你就不会打破任何个人纪录。这时的你如果还能勉强练习日常的俯卧撑，就已经算走运了。愉快、健康而兴奋，我们的生活本就应该如此，但这些却很容易被我们内心喋喋不休的恶魔葬送。在它们的影响下，训练似乎痛苦难为、收效甚微——它被视为干旱的荒地，吞噬我们的时间，损耗我们的精力。

我们内心的"恶魔"主要是错误念头产生的后果。在不经意间，我们就会产生许多错误的念头，其中有大多数都是偶然产生的。可是，一旦这些错误念头住进你的大脑——也可能是某人告诉你的什么事情，那些人通常受这些念头的影响更深——就不太可能移除。好想法总是会在心灵中飞驰而过，而坏念头却会深深扎根。它们想要一直住在我们的心里。

千万不要对此放任自流。如果你的心里有了这样的恶魔，那就日日夜夜地面对它们，挑战它们。如果你给这些负面的想法以及有破坏作用的自言自语留了自由空间，那么，你心灵中的黑暗区域就会越来越大，最终控制你的心灵，把你毁灭殆尽。与这些负面想法斗争的唯一方式就是使自己变强，让自己意识到它们的存在，并挑战它们。

在下面，我罗列了最常见的 6 个"恶魔"，它们会消磨我们训练的干劲，还总是干扰我们的训练，阻止我们把自己变得更强壮、更健康。

让我们来联手解决它们。

恶魔一：自卑

"我见到的家伙都比我块头大，比我强壮……我天生就不是健身的料。"

人类任何有价值的转变都需要漫长的时间和不懈的努力，无论你是怎样的人物。所以，有始有终、言出必行这类品质比其他我们想象出来的天赋远远重要。

健身也不例外，你也可以说它恰好证明了这条道理的正确性。我见过一些家伙，他们在力量方面天赋异禀，应该可以成为世界上最佳体操运动员，但他们从来就没有获得过高于初学者的水平，这只因为他们的心灵脆弱。他们任凭恶魔摆布自己，总是轻易地停止练习。同样，我在监狱里见过一些家伙，他们开始训练生涯时，其潜力就如同小矮人，但是到最后，他们却把自己练成能赤手劈断红木警棍的怪兽，这是因为他们能掌控自己，勇于面对内心负面的声音。

要学会敲诈"潜力"。说句实在话，你从哪里开始并不重要，重要的是你在哪里结束。没有人能未卜先知，能预测未来会如何，所以，如果你不训练，那就绝不会知道效果。所以，快来训练吧！

恶魔二：泄气

"我没有进步。"

失去训练的动力十有八九都可以追溯到这一邪恶的想法上。"我没有变强壮""肌肉还缩了水"等也是这一想法的帮凶。这些都是让人半途而废的恼人想法。

如果你正有类似想法，那意味着你的训练已经有点不妙了。通常，出现问题都是因为训练计划安排得不好，排得太满或过于复杂。在这个时候，不要给自己太大的压力，把自己的自身体重训练削减到最基本的层次。只做六艺，每项练习只练两组，每周每项练习只练一次。就这样慢慢开始，不久之后再增加反复次数——这说明你正在培养训练势头。这意味着你将开始从一项练习进入到另一项练习。如果你升级了，说明你正在变强大；如果你的身体正在增加力量，那么，优秀的肌肉也将随之而来。

放心，只要坚持下去，你一定会取得成就，这就如明天的太阳一定会升起一样确定无疑。

恶魔三：痛苦

"我身体疼痛……如果继续高强度训练，那我会练成关节炎，得不偿失。"

很多人都对体验疼痛很在意。他们并不经常谈论疼痛（这是大男子气概在作怪），但是这却比你想象的更影响锻炼动力。

疼痛与训练可谓携手并进。在努力锻炼改善练习表现时，确实可能出现短暂的强烈疼痛；而高强度地锻炼身体也会使身体的肌肉有酸痛的感觉。

但这些都是有益的疼痛。就是在这种疼痛中，你的身体变得更大、更强、更坚韧，实现了自我进步。让我们都来拥抱这种疼痛吧。这种有益的疼痛不同于受伤的疼痛，受伤的疼痛来自对肌肉的过分要求。这是有害的疼痛，会对身体造成内部创伤，并持续累积导致长期的关节问题。这两者有明显的不同，有益的疼痛主要发生在肌肉上，而且与练习的确定时间相关联；而有害的疼痛则主要发生在关节与结缔组织上，而且历久犹存，或以不可预测的方式出现。

体操是人类已知的最安全的肌肉训练形式，可以以自然的方式准确锻炼身体。体操可不是让你在未来几年内把身体练残，而是让你保持强壮和轻盈敏捷，就算退休之后还能如猎豹一般。恐怕大家都曾有过疼痛的经历，那是生活的题中之意。停止训练也并不能阻止奇怪的关节疼痛，从长远来看，这实际上会增加疼痛。适当的自身体重训练可以

自身体重——没有极限

当你需要鞭策自己时，用那些超级运动员的事迹来激励一下自己也不无裨益。说到追求极致，你和西夫·约翰·莫罗（Sifu John Morrow）还差得远呢。

莫罗是黑带七段，其谦卑的举止与高强的武艺形成鲜明对照。他不仅是格斗冠军，而且也是最伟大的体操大师之一。他虽然没有许多（公开露面的）美国运动员出名，但我不骗你，说到自身体重训练，此人绝对是一个传奇人物。

想获得最佳的表现，关键在于精神力量的培养，而不是类固醇或昂贵的补品，莫罗就是活生生的例子（或许你已经在杂志上了解不少了）。

自 20 世纪 70 年代起，每到春天，莫罗都会节食。在 2004 年，莫罗连续节食 41 天，仅靠果汁、水、大豆饮料摄入养分，得以生存（而且是健康生存）。在此期间，他也并非无所事事，每天要练习数百个俯卧撑，还会练习、传授武术。他的力量因此减少了吗？在节食最后一天，他打破了俯卧撑的吉尼斯世

界纪录——每分钟做 139 个俯卧撑，只是没有官方在场证实而已。（嘿，你没看错。）那时他已经 52 岁了。后来，他又在官方见证下打破了自己的这一纪录。

2011 年时，莫罗已经 59 岁了，在那一年，他在一小时内用手背连做了 2000 个俯卧撑。这并不是为了荣誉，只是为拯救饥饿儿童募款。你们看，这就是没有自我设限的运动员。

避开额外的疼痛与受伤，并保持关节比之前更健康、更灵活。

至于急性受伤呢？我们总是会遇到急性受伤，而力量训练确实不是导致受伤的罪魁祸首。人们去捡起铅笔时会闪到腰，可能会被咖啡桌绊倒而伤到膝盖，可能会因为铲雪而得了疝气……正确进行的体操训练可以用和谐的方式来增强身体的力量，有助于预防这些意外受伤。而且，即便真的发生急性受伤，那也并非都是负担，受伤通常是了解自己身体与心灵真正有价值的东西的时候。

疼痛？哼！那是软弱正在离身体而去。

恶魔四：衰老

"我年纪大了，练不了这些。"

哈，这话太胡扯了，可能你都没觉得，但的确如此。

如果尚青春年少，你根本不会想着衰老。训练是新的，你也是新的。在你 20 多岁时，你可能对年老这事儿还不甚了了，就像其他人那样——几乎所有伟大的运动员在 20 多岁时都想不到自己也会有变老的那一天。似乎只是眨眼之间，你就 30 岁了，那时候，你对年龄的态度就变了。每个专业运动员都渴望年轻。是啊，哪儿有 30 多岁的冠军啊？高中时跟你一起踢足球的家伙转眼就变得又老又胖。再过几年，你就到了人生转角——40 岁。这时你开始意识到，在自己这样年纪的人里，像健美杂志里那样的人其实少之又少，在健身房里锻炼的也是如此。然后就到了年过半百的时候，这时，你已经真的老了。又没过多久，60 已经在望。到了那把年纪，再拼命训练，就是脑子有问题了。再等到了古稀之年，死亡也将随之而至。到那时，如果你还留心岁月，就会理解光阴易逝，弹指一挥间的意义。

这就是普通人的想法。你觉得如何？全是胡扯！

最开始训练我的那个家伙当时就已经 70 多岁了，我那时才 20 多岁。但是，那时的他仍然能做六艺之中的 5 项终极式，我却连一项都做不了。事实上，大多数年轻的训练者都做不了任何终极式动作。他让我感到自己的无能。

许多"权威人士"都在宣扬这样的观念：如果你想获得肌肉与力量，那么，青少年阶段才是训练的最佳时期。在此之后，效果将大打折扣。这真是一派胡言。其实，通过训练获得力量的最佳年龄是 30 ~ 40 岁。你有没有注意到有些之前瘦得皮包骨的家伙，到了而立之年以后便强壮不少，更加结实了？这是因为，他们的新陈代谢慢了下来，身体可以自然累积起肌肉——而这些肌肉在以前会由于身体的快速新陈代谢而燃烧殆尽。大多数青少年都无望练就任何真正的肌肉，因为在他们那个年龄，身体就像火炉一样，为了练就肌肉而填进去的所有能量都会耗尽，不管训练多么努力，摄入多少营养。如今，有些青少年在健美方面进步很快，唯一的原因就是现在能很容易地获得大量的药物。你可以相信，现在这帮大块头的青少年健美者到 70 岁时决不会超级强壮。到了那时，他们甚至连健康都不会有了。对大多数人来说，若那时还能在世就算万幸了。真是悲哀，年轻时就涉足健美领域的家伙绝大多数都会因为没有效果而放弃。而等到30岁或40岁时，他们却觉得自己已经老了！

获得纯粹、真正的力量需要时间，时长数年或数月之久不等。有些运动员，即使到50岁也没有达到巅峰；到70岁时，身体还完全有能力获得并维持高水平的力量。铁臂阿童木直到80多岁时还在继续锻炼！科学家到现在才开始理解这个维多利亚时代的大力士早已深刻理解的道理：身体衰退并不是因为年龄增长，而是因为不用。随着巅峰岁

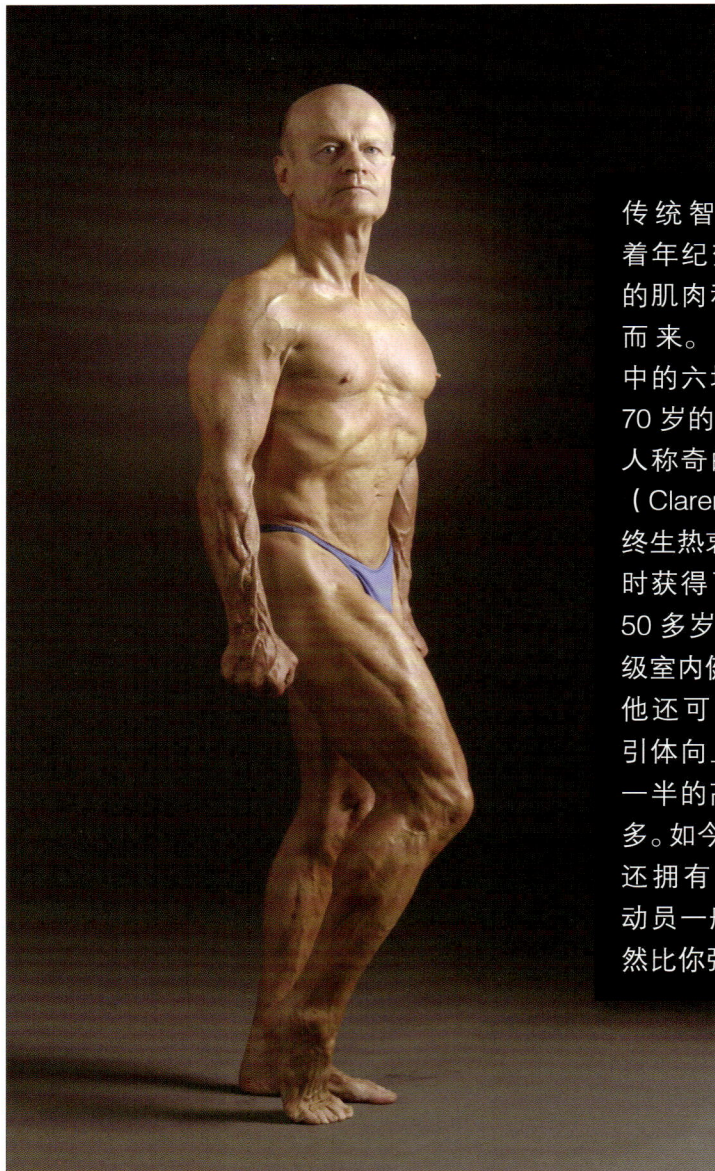

传统智慧告诉我们，随着年纪变大，松软、虚弱的肌肉和大肚腩也将随之而来。这并不正确。图中的六块腹肌就属于一位70岁的训练者，他就是令人称奇的克拉伦斯·巴斯（Clarence Bass）。巴斯终生热衷于健身，在40岁时获得了健美冠军。他在50多岁的时候，成了国家级室内健美者。60多岁时，他还可以练上一组20次引体向上，这次数比小他一半的高级健美人士还要多。如今，他已经70多岁，还拥有25岁十项全能运动员一般的体形，而且依然比你强壮。

月的流逝，身体的适应与恢复能力的确在下降，我并不否认这一点。但这可以通过只有年龄能赋予的财富来弥补，比如训练经验、身体智慧以及自律。

其实在比较大的年岁（超过 75 岁），力量训练并不危险，反而能起到积极作用，对健康不可或缺。骨质疏松、关节炎以及身体僵硬并不能通过化学药物治愈——最好的对抗方式，就是通过持续锻炼——你需要移动自己的身体。

活到老，练到老。不到人生的最后一刻，绝不会真正体味时间过得多快。不要再浪费光阴！从现在就开始练习！

恶魔五：没兴趣

"锻炼很无聊。"

我说过，训练中出现的问题，源头在心中，而不在现实中。上面这句话就是再好不过的例子。

有的家伙可以一直做俯卧撑，而且从中能感到愉悦和兴奋。对沉醉于挑战身体的他，上床睡一觉之后再练第二组简直就是煎熬，所以他会再练习一组才肯罢休。这样练习让他很振奋，得到能看得见的进步、打破自己的最好成绩都是持续的鼓励，灵感的源泉。明天肌肉会更发达、更强大，想到这个都会让人心生振奋，不是么？可是，另一些人可能在尝试引体向上几次之后就心生恨意，视之为只会让自己肌肉酸痛的药。

上面两种人的区别在哪里呢？并不在于两个人的所作所为，他们做的事情其实相同。不同在于他们的想法。

有时候，你也很可能会觉得训练无聊，提不起精神。但凡运动员，不管多么坚定笃行，都会经历兴趣随时间而波动的情况。这并不是说你"水性杨花"，只是说你是凡人。当你厌烦训练的时候，克服此问题的关键在于，把无聊理解为心灵的一种特质。要获得新的鼓舞，你需要转换你对训练的思考方式。下面是几条可靠的想法，相信会对你有所帮助。

- 心里这样想：无聊只是一时状态，只要熬过去，你最终会重拾训练热情。但是，如果真的停止训练，浪费了宝贵时间，你将来就会真的怨恨自己。
- 回想自己最初为何要训练。回顾一下当初的目标和已经为此付出了多少努力。
- 确立新的目标。这些未来目标应该具有挑战性，又可以实现，比如下个月要全面进行六艺练习。
- 训练不应该单调。即使没有强迫劳动，监狱也糟糕透顶。训练就应该是反抗行为、自由之举以及自我表达。如果你已经陷入单一的练习之中，那就适当给自己的训练日程松绑，尝试改变训练量、训练日期，并增添各种练习，再加上些变式和交叉训练。要重造自己的训练计划，学着激发创造力！
- 切记，你坚持挑战自己的极限，为的是变得更好。理想的力量水平和体形都将随着训练化为现实。想象一下，那时自己的感觉会多么棒。另外，你还要不断提醒自己，唯有训练才能使梦想成真。

- 如果一次锻炼太难，或是时间太长，你在潜意识就会反感。有时确实要奋力而为，甚至举步维艰，但是，这之后应该是相对容易的训练期，好让精神也喘口气，重新设计训练计划，加入更多休息时间，少一点锻炼组。训练确实要努力，但也要张弛有度，从容不迫。

- 如果以上想法都不奏效，那就试试下面这个"馊主意"吧：给自己奖励。在接下来的两个月内，每周训练三天，确立此目标，如果达到，就送给自己一件礼物。

反思以上这些想法并践行应该可以给你重新增加一些动力。如果还不能，那你肯定是累坏了。休息两周，别去想训练的事儿，把注意力转移到其他事情上，转到其他爱好上。精神焕然一新后，再重新开始适度训练。我保证，不久之后，你就会激情重现。

恶魔六：没有时间

"我只是没空训练。"

好吧，我承认，自己在训练生涯中还没碰到过这等恶魔。在我漫长的狱中生活中，手头有大把大把的时间。监狱禁闭占据了我狱中生涯的绝大部分。当时，我每天都有23小时的空闲时间，而这23小时则会被无聊拉得很长很长。对我自己和其他囚徒来说，锻炼就是消耗这无尽的枯燥无聊的方式，可谓绝地反击。在监狱里，别的没有，就是时间充足。

但不是人人都如此。在外界，年轻人可能要上学，还有家庭作业，还得有娱乐时间，好像真的很少有充裕时间再安排锻炼了。但是等你老了，情况也不会好转。我不骗你。我知道很多家伙都有家、有责任，你或许还得每天工作8小时，还得洗澡、刮胡子，开车上下班，一个来回又要一两个小时，另外你还得陪老

时间很可能是狱中生活唯一的福利。

婆孩子，加上家务活，修理水槽，粉刷后挡板，最后还得留点时间看看电视。如果运气不错，之后就可以钻进被窝睡上七八个小时。嘿，这哪还有时间训练啊？

好吧，这都是负面看法，下面说说公道话。

体操无须任何器械。把引体向上杆放在门框上，条件好点的，在树上、楼梯上悬个绳子或吊环，这样，在家就可以进行所有练习——只需几分钟空闲，就可以训练。如果你已经花了两三个小时锻炼，就完全可以再多说两句——我也曾经这样训练过。但是，你真的不需要为了改善力量和健康而那么投入，训练应以简易为上。如果你执意加长训练时间，那么，等你有了更多时间，就可以进行长时间锻炼。如果你在锻炼耐力，那可以把较长的练习留在周末，平时训练则集中在力量上。力量是靠训练强度，而非训练量练就的，所以，相比于训练数量，要更注重质量。一次实打实的体操锻炼只要进行两组某一练习即可完成，这只需短短 5 分钟。谁连 5 分钟都腾不出来呢？

如果你正因为缺乏时间而想停止训练，那么，我能理解你的苦衷，但这确实是错误的想法。若是认为停止训练，就可以腾出更多时间做其他事情——这个算盘也打错了。

训练能产生能量。如果你是压力重重的工作狂或是电视达人，那么，身体健康和强壮可以让你更快、更有效地完成日常工作，更不要说能让你多活数年之久了。

训练并不是盗用你的时间，从长远来看，训练是为你争取时间。

以上只是我和其他人在提升身体、变得更强的征途中所遭遇的恶魔中的几个而已。或许你也遭遇过一些，或许你有自己要对付的恶魔。不管遇到什么，我都愿意倾囊相授，真心祝福。

我们都孤身处于黑暗之中。

熄灯！

嘿，这是最后一章最后一节啦。我猜这回真的要熄灯了，是不？至少目前是。

我决定写这本书时，就在头脑中定下一个目标：在漫长的狱中生涯里，我倾心学习囚徒健身的知识，这些知识来之不易，我要把这些知识记录并出版。尽管本书都是关乎训练身体，但最后一章专门探讨心灵，我想这也是合适的。

我之所以这么说，是因为自己从训练中所得的东西，有些已经完全超越了身体力量的范畴。有些东西是内在的，有些则是心理上的，或许说几乎都是精神上的。要准确说这好处到底是什么，我也很难一一历数。最接近的说法，可能那类似于"希望"的某种东西——就是对未来抱定会好起来的信念。不管一个人犯了什么错误，不管错得多么严重，让他身陷人生最低落的时刻，我们都可以从自身学到些什么，可以改变自身的一些什么。但是，要接受这样的变化，我们需要尽弃前嫌，不管那错误有多大、多糟糕。我们需要在心中期待最好的事情，我们有力量改善的事情——不管它们可能多么微不足道。

我在别处说过，自己并没有信仰，而且我痛心地意识到自己笔拙。幸好我心中所想已经由更好的人表达出来了，即牧师莱因霍尔德·尼布尔（Reinhold Niebuhr）的《静思祷告》。这些话我在监狱里听到过多次——这是酒鬼和自我麻醉者的祷告辞——于是我无意间记下了。我想以这祷告的第一篇结束本书：

> 愿主赐我宁静，
> 接受我所不能改变的，
> 予我勇气改变能改变的，
> 并赐我智慧分辨不同。

做你的俯卧撑吧。

- 额外章节 -

第二十二章 神话、肌肉、误解

监狱里的健身房

我在最后一次刑期结束后不久，曾去看了场日间脱口秀。（至今我也不知道为何如此。）它的话题是"狱中健身房：终极威胁！"或类似的什么废话。演讲者是某个党的领导人，他认为监狱里的举重练习会把囚徒变成非常危险的强奸犯。还有一个胖胖的守旧的国会议员说，如果囚徒需要锻炼，那就让他们戴着脚镣回到采石场。好吧，他说的可能没错，但他们关于监狱健身房的其他一些想法则似乎离题甚远。其实，公众对于狱中健身房的印象大致如下：

反社会的危险卑鄙小人进了监狱，整天无所事事，一群囚徒只好在监狱的院子里练习举重；结果，这些家伙服刑期满，依然是反社会的危险卑鄙小人，但却成了比进来时块头更大、更强壮的卑鄙小人。

这似乎是常识，大多数没进过监狱的人都这样认为。这实在是一派胡言。

监狱里的确满是卑鄙小人。但实际上，监狱里的力量训练几乎不会让任何人块头变大或变得更强壮。这可能很可笑，但实情确实如此。大家都知道囚徒会因为训练而变得极其强壮和结实，对吗？大错特错！这是外界人士常有的误解，它们基于一套复杂的谬见与混淆的想法，可以分解为 4 个基本的神话。下面我一一讲解它们。

神话一：监狱都有健身房

这是个基本的神话。根据联邦法律，为健康起见，所有监狱必须提供娱乐区域。但是，有些地方只有个小院子，只能走动走动而已。带有自由重量的狱中健身房在 20 世纪 50 年代突然出现，很可能是在 80 年代达到顶峰。如今，每年都在减少。

每当有人认为所有监狱都有宽敞、设备齐全的健身房时，我都忍俊不禁。读读有关监狱和教养所的报纸，看看这方面的新闻就知道，到处都人满为患，根本没有宽敞的空间放健身设备。

即便有健身房，其空间也在不断缩小。在加州有些监狱，床铺都要叠三层，就因为没有别的地方给囚徒住。如果你以为监狱像健身俱乐部那样宽敞，那你还是再好好想想吧。

有些大监狱确实有设备齐全的好健身房。我一下就想到了里克斯岛（Rikers Island）监狱。但这些都是例外，而非常态，而且它们很可能也不会撑太久。由于媒体大肆宣传、公众强烈抗议，政客在压力之下不断缩减监狱健身房的经费。每当山姆大叔感到囊

有时：过于拥挤意味着许多监狱健身房重蹈恐龙灭绝之覆辙。加州监狱就是最好的例证。（上图）20 世纪 60 年代早期的福尔松（Fulson）监狱健身房，场地宽敞，设备丰富。（下图）今天的骡子溪（Mule Creek）监狱（注意床铺有三层。）

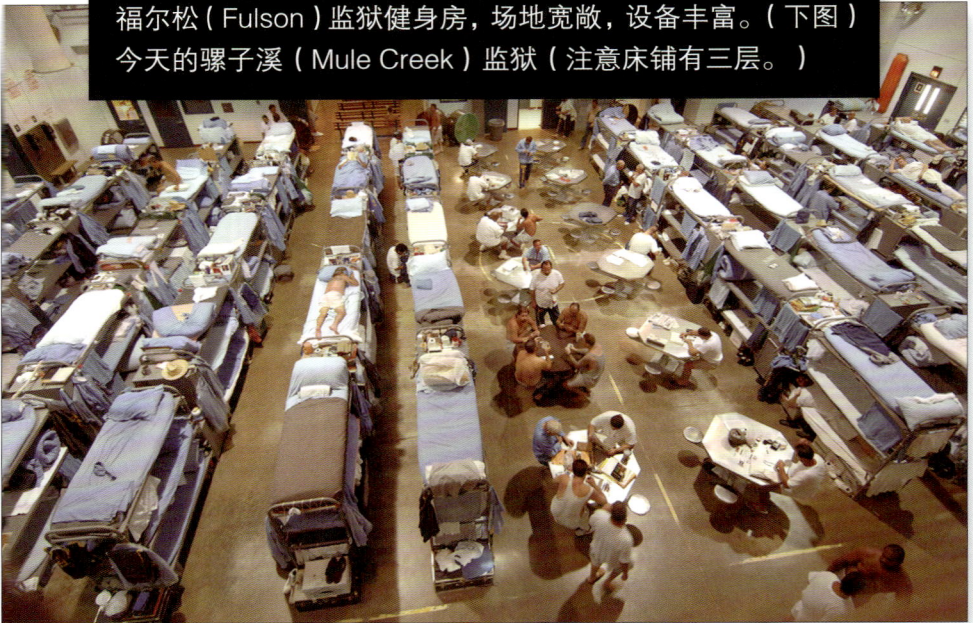

中羞涩时，总是拿给监狱的政府预算开刀。结果，监狱健身房的数量在 20 世纪 80 年代膨胀起来，如今已经停滞不前，在有些地方甚至在倒退，其中的器械甚至被廉价出售。

有些有权势之人想完全取缔监狱健身房。就在 1999 年，新泽西的国会议员鲍勃·弗兰克斯（Bob Franks）提出一项法案，要有效禁止在联邦、州立监狱中所有的健身和举重训练。这项法案没有通过，但是，在电影和电视中，囚徒的形象都是一群类固醇催大的精神病，整天无所事事，只知道举重。因此，离给监狱健身房扣屎盆子的日子很可能也不远了。

神话二：监狱健身房让那帮家伙练得更强壮、肌肉更发达

有些事情大家都没注意到，其实监狱健身房和外界的健身房很不一样。要变大块头，变得更强壮，就需要运用自由重量。对健美人士、举重运动员、举重运动员而言，自由重量就是王道。在外界，所有商业运营的健身房、大学健身房都以自由重量为基础。这就意味着要有许多哑铃和杠铃。哑铃上的哑铃片通常是焊在一起的，重量从 5 磅（2.27 千克）到 120 磅（54.43 千克）不等，每层级相差 5 磅，有的地方甚至有更重的哑铃。标准的奥林匹克杠铃都可以随意增减重量，从 45 磅（20.41 千克，空杆）到 800 磅（362.87 千克）以上，这足以压垮大多数壮汉了。你可以通过简单的加减随意调节重量，以适应自己的水平。只需增减杠铃片即可。典型的杠铃片有 45 磅、25 磅（11.34 千克）、10 磅（4.54 千克）、5 磅、2.5 磅（1.13 千克）。这很重要，因为在外界，这样就可以任意调节自己需要的杠铃重量，最小调节度是 5 磅。

监狱健身房可不是这样。尽管有些监狱健身房有哑铃，但大多数都没有。我见过 6 个监狱健身房，只有一个健身房有哑铃，还仅有 35 磅（15.88 千克）这一种重量（而且

上图为莱文沃斯（Leavenworth）监狱的举重表演。在 20 世纪 60 年代早期，监狱健身房还很罕见，但至少有这样一个健身房，其中有各种杠铃杆、杠铃片，使得成效显著的老派重量训练得以实施。到了 80 年代，这一切发生了永久性的变化，杠铃片被焊了起来。

图中，《举重新闻》的副主编及作者比尔·克拉克（Bill Clark）正表演 405 磅（183.70 千克）的泽奇深蹲。该动作以旧时代的密苏里大力士泽奇（Zercher）的名字命名，是他发展出并练习该动作——做标准深蹲练习时，双肘弯曲承担负重。如果你觉得这还不够，那你就试试看。比尔已经能完成 455 磅（206.38 千克）的泽奇深蹲。这是他在莱文沃斯监狱的表演，他帮助推动该监狱举办了一场竞赛。比尔还表演了 505 磅（229.06 千克）深蹲、550 磅（249.48 千克）硬拉以及 590 磅（267.62 千克）背后硬拉。

还绑在架子上）。那杠铃呢？大多数监狱健身房确实有很重的杠铃，就像你在电视或电影中看到的那种。但这些杠铃并不能像商业健身房里的那样可以通过增减杠铃片随意调节重量，又大又旧的杠铃片还永久焊在了杆上。设备齐全的健身房确实存在，只是大家鲜有耳闻，并且通常安全设施都保障不足，只有极少数是例外。

为何大多数严格的监狱健身房都是这个样子？狗腿子作者马上就会告诉你，那是为了不让囚徒把这些重物当武器用！一个沉甸甸的哑铃（尤其是铁铸的六角形哑铃）可是极好的武器，可以轻而易举砸破人的脑袋。奥林匹克杠铃使用的更重的杠铃片，也同样危险。1994 年，在里克斯岛监狱的健身房发生一起小暴动，10 名囚犯和 15 名狱警受重伤。有些狱警就是被杠铃上的 45 磅（20.41 千克）杠铃片击中头部，几乎丧命。即便是杠铃杆，那也是相当危险的长棍。在 1993 年卢卡斯威尔（Lucasville）监狱的复活节暴动中，几名狱警藏在通往健身房的走道。一帮囚徒使用铁杠铃杆打倒了狱警借以藏身的水泥墙，其中一名狱警死亡。在这次暴动中，也有几个囚徒丧命。

囚徒（尤其是帮派成员）对于领地都极为看重，在有重物的练习区经常会发生激烈的打斗。如果哑铃和杠铃片散放，那么，在狱警反应过来处置的时候，健身房早已尸横满地。因此，在监狱中，自由重量比外界认为的少之又少，而且以后还会越来越少。

我的意思是，囚徒无法得到可以小额度逐渐增重的杠铃和哑铃。不经常进行重量训练的人不会理解，这对尝试通过举重变得更强的人来说是怎样也无法克服的大问题。

乔·南尼（Joe Nanney），24 岁，198 磅（89.81 千克），是莱文沃斯监狱的囚徒，他使用奥林匹克杠铃单手硬拉 455 磅（206.38 千克），这可是令人难以置信的抓握力。

举很重的重量时，身体会发生"过度适应"。所有这些会使人不舒服的努力都会给身体施加压力。你的细胞将认为这是生死关头，而身体会反思：外界的压力太无情了，我还是变得更强壮点儿好。因此，你的身体会尽职尽责，在一周左右变得更强壮一点儿，以防再发生同样的事情。但是，这只会让你强壮一点点而已，顶多也就 1%（大多数时候还远远低于这一幅度）。这意味着你下次训练时能举起多一点点的重量，但只多出 1%！比如，你之前能卧推 250 磅（113.40 千克），下周变强壮之后，就可以多卧推 2.5 磅（1.13 千克）。人们通过举重变强壮的唯一方式就是周复一周，月复一月，年复一年，利用这种小幅度增加重量获得。身体就是这样变强的。别无他法。

如果你没有各种重量的重物，那你

就无法利用这种小幅度的适应调节现象。我们以卧推为例说明。可能你还处于初学者水平，卧推 100 磅（45.36 千克），坚持了一两个月。这时，你的肌肉已经通过过度适应变得强壮了一些，现在，你正准备尝试 105 磅（47.63 千克）。要是在外界，举重者可以将 2.5 磅（1.13 千克）的哑铃片分别加在杠铃的两侧，这样就增加到了 105 磅。（许多举重者甚至使用更小的哑铃片，重量为 1 磅甚至 0.5 磅。）但在监狱健身房里，不可能利用这种过度适应现象。杠铃杆的重量是 45 磅（20.41 千克），上面的哑铃片每个重 45 磅（20.41 千克）。这意味着，在大多数监狱健身房里，你要卧推的最轻重量就是杠铃杆的重量。其两端各加一个大的杠铃片，总重就为 135 磅（61.23 千克）——这可完全超出了初学者的能力范围。要是再增加重量，就是每侧变成两个杠铃片，总重 225 磅（102.06 千克）。第三级（大多数监狱健身房最多就这些哑铃片）每侧三个哑铃片，总重 315 磅（142.88 千克）。一旦你能卧推 135 磅，之后就要猛增 90 磅（40.82 千克）。但仅仅使用 135 磅的杠铃，无法使你变强到足以卧推 225 磅的程度。同样，仅仅运用 225 磅的杠铃，也无法练到 315 磅的水平。在监狱里能直接卧推 225 磅和 315 磅的家伙，他们在刚入狱时就能卧推这么大的重量。就算不能说没有人在监狱里能练到这般水平，至少那也极为罕见。而且，在这种情况下，类固醇的使用就在所难免了（参见神话三）。

在监狱里，确实有能让你变得极为强壮的法子，但这要涉及我在《囚徒健身》中讲述的老派体操。在体操中，虽然阻力——

"只用重物"训练，不论在监狱，还是在外界，都是相对新鲜的理念。说到以前，所有伟大的力量训练者都深知自身体重训练的价值。在 20 世纪 60 年代，帕特·凯西（Pat Casey）就有"起重机之王"的称号，而且是第一位正式卧推 600 磅（272.16 千克）的人。但是，尽管他拥有令人敬畏的力量，并且致力于利用重物锻炼，可是，他仍然对自身体重训练的有效性深信不疑。

也就是自身体重——保持不变，但你可以学到转换重心或调整力臂的技巧，使重量可以循序渐进地增加。在监狱里，有些家伙不使用类固醇，却可以把自己练得像怪兽般强壮。他们并不是在监狱健身房锻炼出来的，而是通过在牢房里运用体操做到的——人体比焊死在监狱里的重物更灵活多样。

神话三：所有囚犯都是整天举重，练得肌肉硕大畸形

我可以理解这个神话出现的原因。如果有机会看看美国最大监狱中训练场地里的锻炼情景，你的确能看到有些大块头在锻炼。他们胳膊有 19 英寸（48.26 厘米）粗，甚至可以举起卡车。但是，这样的家伙基本上都不是在监狱里通过训练获得这样的力量和块头的。其实，这些家伙在外界时就一直训练不辍，入狱之后，也极力想保持这般令人畏惧的肌肉。大块头总是会惹麻烦。通常，监狱里的大块头都会参与打斗，或卷入帮派犯罪，而且会因此服刑数月至 3 年不等。

这种事情我已见过很多。通常是大块头的健美者（偶尔会有国家级选手）进了监狱，耀武扬威几周，然后就因为缺乏类固醇，身体开始缩水。我从来都没见过真正肌肉发达的家伙进了监狱后还能改善体形的。他们最大的希望就是得到走私的类固醇来补充身体，运用监狱里的不规范的重物训练场来保持身体状态，坚持到出狱。

尽管如此，有些家伙在监狱里确实增加了块头。但是，他们中的 99% 都不是得益于重量训练，而是类固醇在作怪。像所有药物一样，在美国监狱系统里，类固醇可以轻易获得。不骗你，在监狱中，类固醇被广泛地使用着。许多进了监狱的家伙都想变成大块头，而且恨不得能一夜实现，药物结合健身房锻炼帮他们实现了目标。

但是，类固醇也有副作用。类固醇的作用是模仿身体中促进肌肉增长的激素——睾酮。但人的身体很聪明，当你摄入大量睾酮（或类似物）时，身体就会明白不需要自己合成任何睾酮了。为了节省能量，身体开始关闭自己的生产线。（睾酮由睾丸产生，因此名字也相像。这就是为什么服用类固醇的人蛋蛋会萎缩的原因。他们的睾丸不再工作了。）你服用类固醇的话，问题还不大，只是蛋蛋萎缩而已。但是，当囚徒停止摄入类固醇后——通常是他们出狱之后——就有大麻烦了。到了那个时候，他们的身体就会有很长很长一段时间缺乏类固醇。这意味着，他们之前通过服用类固醇获得的肌肉将全部失去，甚至还会继续"缩点水"。由于缺乏男性激素，他们通常也会变胖，变得呆滞而无活力。在本书前面的部分，我更深入地讨论了这一影响。

这就是那些监狱中的骇人"肌霸"出狱之后的命运。人们只看到监狱里有大块头在锻炼，却不明其里。

神话四：囚徒无所事事，只能日复一日整天举重，难怪肌肉都很大很强壮

这是一条不实之论。所有监狱，不管有没有重物训练场，都严格限制放风时间。在有健身房的监狱，利用健身房的时间同样受到严格限制，而且绝不是随意安排的。通常，囚徒必须填写各种表格才能获得时间空当使用健身房，而且这些时段限制在每周两次（要求严格的地方次数更少）。确实，在有些监狱里，囚徒每天都可以有大量时间在监狱院子里的重物训练场练习，几乎每天都这样。但是，这会让囚徒更强壮吗？非也。

许多新手和不训练的人都无法理解自由重量锻炼会给身体造成的巨大伤害。杠铃训练会磨损关节（这种损伤科学家称之为微创），使软组织发炎，时间一久，就会削弱更精细的结构，比如肩部、膝盖、肘部、下背部与腕部。关节疼痛与肌肉受伤都是真正的重量训练者常见的问题。更严重的是，沉重的杠铃和哑铃还会对内分泌系统造成很大压力，尤其是对肾上腺。如果你通过过度训练来练身体，那么，这种训练会使身体释放可的松这样的抗敏激素，这类激素会伤害身体组织，并从内部消耗身体。

每当听到有人说整天进行重量训练会使囚徒变强大，我就忍俊不禁。其实结果跟他们想象的恰恰相反，重量训练不仅不会使他们变得更强，还会损耗他们！如果有人（即便是有运动天赋的人）想尝试这样锻炼的话，他们最终只会落得满身伤病。有些家伙可能还挺得住，但只是因为他们在入狱前有着长时间的锻炼历史，即便如此，每天进行重量训练也不会使他们增长太多的块头和力量。只有类固醇可以做到这一点。

既然不太见效，那为什么在有些监狱，只要一有空，囚徒就在重物训练场闲逛呢？答案很简单：那是身份的象征。许多帮派成员和"刺头"在监狱里都特别没有安全感，由于容易受到攻击，他们煞费苦心地想塑造凶神恶煞的大男子形象。所以每到放风的时候，只要有机会，他们就会出现在重物训练场。

典型的监狱重量训练计划

不可思议的是，以上神话在外界特别流行，甚至在有些对锻炼不甚了解的新来的菜鸟那儿也很流行。这些神话可能在我入土为安之后还会长久地留存于世。同样，我仍然会努力随时随地地清除这些神话。宝贝儿，我可是铁杆老派体操训练者！但是，即便我立场明确，的确还有很多外界的家伙问我囚徒的重量训练计划，似乎大有兴趣。

我曾经有几次重拾重量训练，甚至还进入了全国监狱力量举重运动会，绝非吹牛（我还得了第三名）。尽管重量训练并不是我的主打，但我却见识过6座大监狱中成千上万的重量训练者。在监狱里，我曾和许多深谙此道的人聊过，其中还有些半职业健美者和举重者。因此，我可以闲聊一下通常在监狱里施行的训练计划。

在监狱里，你会发现每个人的情况各不相同，大家有着不同的背景和不同的体能水平。正因此，你会发现，囚徒也遵循各种不同类型的训练计划。尽管如此，也确实有几个训练指导方针是那些重量级人物遵循的，这些重量级囚徒要在漫长的狱中生涯内努力维持块头和力量。

狱中练习之王

有些练习受到了普遍欢迎，但真正的练习之王却是卧推。如果你想在重物训练场获得尊重，那主要看你能卧推多少。我在前面提到过，监狱里通常只有三种杠铃重量：135 磅（61.23 千克）、225 磅（102.06 千克）和 315 磅（142.88 千克）。315 磅杠铃在许多监狱里都有象征意义，那是具有真正力量的标志。315 磅的大杠铃在多座监狱中都有昵称。我在圣昆汀监狱时，他们称之为"老爷子"。大块头的举重者总是在重物训练场出没，所以，外人很容易以为所有囚徒都有大块头，很强壮。但实际却不然。不是每个囚徒都对重量训练感兴趣，而且感兴趣的囚徒中，有些也只是比街上的普通人多进行一些肩部练习而已。监狱中有大概 40% 的人至少可以举起 135 磅杠铃一次，或许有 5% 的人能卧推 225 磅的杠铃。但我们很难估计有多少人能卧推 315 磅的杠铃并练习数次。可以确定的是，这种人一定不多。从监狱的总人数来算，这样的人少于 1%。能卧推"老爷

卧推无疑是监狱中的终极举重练习。

子"的人在监狱里能得到极大的尊敬。

由于在监狱里展现力量甚为重要，所以，"强迫次数训练"也是通常会运用的技巧。"强迫次数训练"就是在锻炼组的最后，在你已精疲力竭，无法再推举任何重量时，由搭档帮你承担一些重量，协助杠铃顺着你的动作方向运动，以便让你可以安全完成这组练习。其实，强迫次数训练在监狱训练中完全是在滥用，在很多练习中都可以见到，尤其是卧推中。你会看到有些家伙想推举自己力所不及的重量，只有在一个伙伴（有时还得两个人！）帮助提举杠铃的情况下，才能让杠铃动弹，并以此让他的伙伴觉得自己超级强大。我称之为"虚假次数训练"，而非"强迫次数训练"。要是后来出大力协助的家伙说"嘿，几乎都没碰它，都是你自己举起来的！"之类的话，十之八九都是胡说。通常，帮忙的家伙比躺在凳子上的训练者出力还多。但说句公道话，这主要是因为在许多监狱里通常只有三个重量挡的杠铃，不可能所有举重者的力量水平都与这三挡完美匹配。

除卧推之外，最受狱中举重者欢迎的练习是引体向上——有时负重，有时不负重。你可能以为弯举会是第二受欢迎的练习，因为在外界就是如此，但是，囚徒更喜欢引体向上。这有一个重要原因——引体向上被视为推进卧推的"必做"练习。这听着可能奇怪，因为卧推是胸部和肱三头肌的动作，而引体向上则直指背部和肱二头肌。这种看法的成因与监狱健身房有关。大多数监狱健身房的金属长凳都没有商业健身房里的那种衬垫，因为这些衬垫很贵，而且可以拆卸和投掷。正因此，绝大多数监狱里的长凳在过去20年中都是由煤渣块砌成的，用混凝土粘在一起。光是躺在这种监狱长凳上，脊柱就已经很不好受了，何况还要推举225磅（102.06千克）的大铁块！这就是为什么引体向上如此流行的原因了。引体向上可以锻炼背阔肌，增加后背中部的肌肉。背部肌肉多了，实质就相当于衬垫，当你躺在硬邦邦的无情长凳上时，它们可以保护脊柱。如果你还没有肌肉发达的厚实背部，那么，就别提在监狱长凳上练习大负荷的卧推了。

引体向上更适合体重较轻的家伙。有些真正强壮的举重者由于身体笨重，不太好练引体向上，而大腹便便者更是没

哑铃划船在外界也非常流行，但在监狱里却稍逊一筹。狱中大佬都转向了杠铃划船或引体向上。

门。对无法练习引体向上的人来说，杠铃划船是非常流行的背部训练。由于背部比胸部更大、更强壮，所以，从理论上来说，经过训练的运动员应该能够划动比卧推更重的负荷。然而，并非总是如此。能划动"老爷子"的人确实比卧推"老爷子"的人多，但这只是因为划船的时候能够稍稍地借力作弊。另一个受欢迎的背部训练是反握划船，训练者握杠铃时反握而不是正握。我和一些家伙聊过，他们认为这样练习更好，比传统划船更能锻炼背阔肌。我还不知道是真是假。

痴迷于手臂

卧推之后，在监狱重物训练场里最令囚徒痴迷的就是大胳膊。大多数囚徒好像都要在健身房里花一半的时间来训练他们的"双枪"，他们对自己的大胳膊爱得极深！其实，手臂是身体最脆弱的部位，与腿部、髋部和胸部的真正肌肉引擎相比，可谓小巫见大巫。但是，由于手臂肌肉通常是最显眼的肌肉，所以，也就成了肌肉发达和健康的明显标志。这大多与想恫吓他人这一心理有关。粗壮的胳膊对囚徒而言，就像牙齿于大象一般，是展示力量与男子汉气概的重要标志。只要有机会，囚徒就会把袖子卷到肩部、穿T恤衫、紧身背心。在监狱里确实有手臂文化。我见过许多家伙使用过这样的计策：在放风之前，他们在自己的囚室里快速做几组窄距俯卧撑，好让自己的手臂鼓起来。这样会迫使血液流到手臂的肌肉中，暂时使手臂看起来更粗，肌肉更发达，也会让其他囚徒印

粗臂膀对一个囚徒来讲，就如象牙对一头公象一样，是力量和男子汉气概的重要象征。

象更深刻。

让手臂充血，使之看起来更粗，这一需要就是囚徒花那么多时间训练手臂的原因。超级组大受欢迎，即在肱三头肌练习之后立即进行肱二头肌练习，一遍一遍重复。超级组在监狱健身房里很常见，因为这很可能是快速使手臂充血的最佳途径。从长远来看，这样无尽的充血并不会使举重者的手臂变粗变强，而只是在这样做的时候使手臂看起来更粗，丝毫没有实质上的功效。这样只不过是做表面文章而已。任何重量级的健身者都会告诉你，一遍一遍让手臂充血并不会让手臂生长，只有以循序渐进的重量进行短时、剧烈的训练，才会让手臂变强。单单是不断让手臂充血，从长远来看收效甚微，甚至可能无济于事，白忙乎。但别忘了，监狱乃是非之地。在监狱里的声望和获得的地位至少与真正的运动能力同等重要。如果在监狱院子里，你旁边的家伙手臂粗壮，那你必须把自己的手臂弄得更粗壮。这是一场必须全力以赴对待的手臂竞争！

超级组通常以相对轻的负荷练习。这样就可以延长锻炼时间。具体如何锻炼要看你的恢复水平以及星期几锻炼，喜欢超级组的家伙还会在训练场以负荷更重的手臂练习开始。通常直接是 135 磅（61.23 千克）的杠铃弯举。这可不是玩笑，所以就等着看那些小块头家伙的假动作吧。只有真正的大块头才能尝试 225 磅（102.06 千克）的弯举，你也会看到很多"强迫次数训练"和"虚假次数训练"。除了三个大杠铃，有些设备精良的健身房还会有几个更轻的曲杆杠铃，它们都有助于练习弯举以及在无法推举 135 磅的大杠铃时锻炼肱三头肌。另一个常见的场景是，在手臂训练日进行毛巾训练。训练者使用毛巾，在伙伴的帮助下利用阻力进行推或拉练习。如果能得到厚实的绳索，他们也会用（这并不常见，因为有些犯人会用绳索自杀）。各种练习都可以这样做，最常见的是弯举、反握弯举、提举以及法式推举。多数人喜欢双臂练习，但我也见过一些家伙以这样的方式做单臂练习。毛巾或绳索很流行，因为其阻力非常适合保持手臂充血，但又不至于太重，以免你在放风结束之前就练成强弩之末。

然而，留心手臂训练也有实际用途。为了能够拿下大负荷的卧推，强壮的肱三头肌不可或缺。这就意味着有些更认真的力量型举重者会避免超级组的训练，转而更喜欢慢速锻炼组，大负荷少次数地进行锻炼。真正强壮之士最爱的强大三头肌练习以邪恶的"头骨粉碎机"而闻名。举重者这样练习"头骨粉碎机"：平躺在长凳上，两臂举起杠铃锁定或略微弯曲。纯粹使用手臂力量，前臂弯曲，直到杠铃接触前额。上臂不应该移动，只移动前臂。这样会孤立肱三头肌，并给肘部施加很大的压力。只有极为强大的人才能用 135 磅的杠铃练习"头骨粉碎机"。我听到过一些传说，有些家伙可以用 225 磅的杠铃练习，但我却没有亲眼见过。监狱里的力量型举重者练习很多大负荷的肱三头肌举重，以此作为卧推的辅助练习，所以他们的手臂都像柴油机一样。如果你让一个家伙给你展示肌肉，那么，他多数都会撸起袖子，弯曲肱二头肌。其实，肱三头肌比肱二头肌块头更大，更强壮。大多数家伙在重物训练场花上好几个小时调动自己的肱二头肌想，使之块头变大，却徒劳无功，却忘了手臂后面的肱三头肌占了上臂的 2/3。健美者都应该明白孰重孰轻。

巨大肩部

在经典的健美文化中，圆滚的肩部与瘦腰结合，是高品质身材的标志，创造了完美身形的幻象，即圣杯美学。但是在监狱里，肩部训练是手臂训练之后的事情。大家喜欢的练习似乎是直立划船、站姿推举、抓举以及坐姿推举、站姿耸肩与颈后推举，这些都是在手臂训练之后练习的。直立划船受欢迎是因为它可以使用惯性，可以借力偷懒，这意味着很多家伙都可以用 135 磅（61.23 千克）练上几次。而块头更大、更强壮的举重者似乎更喜欢坐姿推举。这可能有练习习惯的原因，也有可能只是因为这比能借力的直立划船更难，是只有强壮的家伙才能拿下的动作。

下身训练

针对腿部，大家喜欢两种大练习：杠铃深蹲和硬拉。两者都以力量举重的形式进行，这意味着深蹲是在大腿大约平行情况下的练习，而硬拉则是全幅度的曲腿练习。腿部训练远不及上身训练那般流行。许多家伙会一周有六七天锻炼上身，深蹲则只是作为附加练习进行几组而已，练习次数通常也一周不会超过一次。奇怪的是，尽管一般举重者硬拉的重量都比深蹲大，但深蹲却比硬拉更流行。

其实，所有商业健身房都有架子可以帮助练习深蹲，而监狱健身房则没有这些，顶多有几个独立的深蹲架，还锁在了一起，以便让这些东西更难以当作棍棒使用。在许多地方，甚至都没有这些东西，举重者必须把杠铃从卧推凳的架子上推起（卧推架子并不是用来干这个的），而且，大块头的家伙还必须缩身钻到杠铃下面，才能把杠铃放到脖子后面。也许这就是深蹲不如外界流行的原因所在。

狱中的健身者通常只是偶尔锻炼腹肌，经常将它放在上身训练的间隙以延长训练时间。尽管有些监狱健身房里有仰卧起坐的罗马椅，但腹肌更多是通过在引体向上横杆上做提膝和举腿得到锻炼。我也见过摔跤两人组那样风格的腹肌练习：一个家伙站在另一个家伙的脚上，这样后者便可以练习仰卧起坐，然后再换过来练习。腹肌练习的反复次数都相对较多，而且也不会那么难。在外界，腹肌练习对于获得六块腹肌特别重要，那可是女士的最爱。在监狱里，凹凸有致的腹部并不那么有用，除非你是某人的好基友。

小腿训练是健美的重要部分。在健美比赛中，因为在台上，健美者的脆弱部位要和强大部位一样来评分。但是在监狱里，在将近 20 年的狱中生涯里，我就看到过三位在重物训练场锻炼小腿的人，其中有两位是国家级健美人士，入狱后想尽力保持身形。这三位的练习都是以杠铃多次练习提踵。了解健美的人可能会认为，鉴于大多数监狱里都缺乏小腿训练器械和哑铃，要锻炼小腿，显然驴子提踵——训练者俯身，当他克服阻力提踵时，有人骑跨在他背上——是最好的选择了。

这可不是在监狱环境中锻炼的明智选择。

在监狱绝少看到罗马式硬拉或拉伸硬拉。这些都需要更多协调技巧，而不太需要大重量。在监狱里，更可能看到的变式动作是允许不太需要技巧，而更需要重量的动作，比如站在卧推凳上硬拉。

熄灯！

美国各大监狱中有很多伟大的运动者。这些家伙块头大，令人生畏。但是，尽管这些"大块头"很显眼，在监狱里实际却只占很少一部分。而且这些强壮或健壮的家伙几乎都不是靠在狱中练习举重获得的块头。他们入狱之前就已经块头不小，而且威风凛凛了。使用类固醇在狱中很猖獗，就像滥用毒品一样，但是，类固醇对举重者来说效果短暂，而且从长远来看，还会有负面效应。

在狱中，只有很少一部分人才能变得极为强壮，达到体能的巅峰状态，有些人甚至是世界纪录保持者。这些家伙合理训练，但不是在监狱里的训练场地，而是以传统方式（即老派体操）训练。如果练习得法，那么尽管你身在外界，也可以像在狱中一样学会这些技巧。

如果你不曾入狱，那就很容易被那些肌肉鼓鼓的壮汉吓到。这些家伙很多都是滑头之辈。我非常相信这句话：不要相信任何人。这在外界和监狱里同样适用。有一套著名理论说：监狱里的家伙比大街上的一般人分泌更多的睾酮，这就使得狱中的家伙更有侵犯之心，更加容易犯罪，尤其是暴力犯罪。我觉得这都是胡扯。你们那些在华尔街上买股票或打扫垃圾的家伙与狱中一般人的睾酮同样多。他们的不同只不过在于身处的环境不同，所以做的决定也就不同，并不是他们体内的化学物质有差别。这只是我的一己之见。但我不是心理学家，我只是比外界普通人在监狱里待的时间长而已。从我的个人经验看，外界的不轨之徒和狱中同样多。只不过那些大街上的家伙不是太笨，没有被抓到罢了。

致　谢

感谢约翰·杜·凯恩有胆量出版我这老朽不走寻常路的草草笔墨。万分感谢你提出的意见、指导与支持。致意最佳老板。

我还要感谢帕维尔·塔索林（Pavel Tastsouline）。没有这位邪恶的俄国人让公众认识真正的自身体重训练的开拓之功，我不敢确定这本书能否面世。我提笔开始撰写《囚徒健身2》时，几乎想囊括自身体重训练的全部高级方法。但在搁笔之前，我又舍弃了。我认识到，那些不过是画蛇添足，因为帕维尔的经典大作《赤身战士》在先，我无法出其右。想要提升自我的运动者，都应该捧读这本经典之作。立刻，孩子们！

感谢布鲁克斯·库比克（Brooks Kubik）为本书撰写序言。在力量训练方面，布鲁克斯是万千人心中的良师益友和英雄，请到他为本书着墨，真是无上荣耀。

吉姆·巴瑟斯特（Jim Bathurst）真是不可思议，他是《囚徒健身》的模特，已经为此奉献良多。我想在本书中让他多做示范，但他忙于自己的网站、课程以及训练，无暇他顾。然而，我有幸叨扰他，就此而言，亦非憾事。感谢兄弟。

有机会与马克斯·尚克（Max Shank）共事，何其有幸！碰到真正堪称"健身天才"之人，绝非易事——约翰·格里梅克即其一，马克斯即其二。你第一次完成顺风旗是在什么上面？第二次呢？哇！小子，你让大家情何以堪。

我们有幸请到阿尔·卡瓦德罗（Al Kavadlo）时，一定是九星连珠之日。阿尔是世界上最伟大的私人教练，关于自身体重训练，这家伙忘记的比大多数人知道的都多。阿尔是本书顺风旗部分的顾问，若没有他的想法参与其中，《囚徒健身2》便不会这般出色。

阿尔的哥哥丹尼·卡瓦德罗（Danny Kavadlo），也为本书慷慨奉献了数幅顺风旗动作的照片。

与《囚徒健身》一样，本书若没有俄式壶铃大师布雷特·琼斯（Brett Jones）批校改订，也不会出版。我在《囚徒健身》中说，本书所有错误都由我负责，任何机智与出色之处，都是布雷特的功劳……至于本书，此言同样不虚！想了解布雷特，请访问 www.appliedstrength.com。

本书中得见西夫·约翰·莫罗（Sifu John Morrow），真是有幸。约翰是美国体操界的无名英雄。只要有他还在那破纪录，提升人体能力的极限，这个世界就还不至于那么糟糕。约翰也教学生功夫，而学生还身在福中不知福。请访问他的网站：www.morrowsacademy.com。

我还要感谢强大的克拉伦斯·巴斯（Clarence Bass）为本书惠赠一幅照片。克拉伦斯是最有智慧的健身作者之一，对先锋派健身者来说，他的网站 www.cbass.com 是知识和灵感的宝藏。

本书主要动作模特是马克斯·尚克。马克斯是一位力量教练、运动矫正专家、武术家，也获得过海军陆战队的官方嘉奖——由于他曾为提升彭德尔顿营的海上炮火支援队的体能素质而做的贡献。马克斯的网站：www.ambitionathletics.com。去围观吧！

阿尔·卡瓦德罗是纽约最有激情、最成功的教练，健身界风云变幻的不倒翁。阿尔的顾客包括运动员、模特，甚至还有奥林匹克运动会奖牌得主。阿尔以惊人的自身体重力量绝技而名扬四海，他的博客（www.AlKavadlo.com）已经成为力量训练与体操方面最流行的在线信息源。

本书许多图片的模特都是资深运动员吉姆·巴瑟斯特。吉姆研究体操和杂技已逾10年。他充满热情，经验丰富，还创办了网站BeastSkills.com，以传播利用自身体重的力量技艺。该网站在健身界也颇有口碑，吉姆也曾应邀主持国际研讨会。他还是美国国家体能协会认证的体能训练专家。吉姆现居华盛顿，从事私人教练。